복 있는 사람

오직 여호와의 율법을 즐거워하여 그 율법을 주야로 묵상하는 자로다.
저는 시냇가에 심은 나무가 시절을 좇아 과실을 맺으며 그 잎사귀가 마르지 아니함 같으니
그 행사가 다 형통하리로다. (시편 1:2-3)

이 책은 우리가 가장 듣기 싫어하는 주제이면서도 가장 긴급하게 들어야 하는 메시지를 전한다. 오늘날 교회에 만연하게 나타나는 방종과 타락의 근저에는 죄가 무엇인지에 대한 인식의 결여가 도사리고 있다. 사람들이 무엇이 옳고 그른지를 하나님의 말씀과 상관없이 자기 소견에 좋은 대로 규정하고 사는 세대를 맞이하였다. 그러나 죄가 무엇인지 알지 못하면 은혜가 무엇인지도 알 수 없다. 본서는 죄의 치명적인 독성을 낱낱이 파헤쳐 혼미한 우리 마음에 새로운 경각심을 불러일으킨다. 특히 죄의 세력과 죄의 유혹이 얼마나 간교하고 끈질기게 성령으로 거듭난 신자까지 괴롭히는지를 일깨워 준다. 신자의 마음속에도 항상 타오르는 죄의 불꽃을 끄기 위해서 우리는 계속 통회의 눈물을 흘려야만 한다는 것이다. 그러나 그런 경건한 슬픔은 거룩한 기쁨을 수반한다. 이 책은 죄에 대한 바른 인식과 애통해함으로 예수 그리스도의 십자가 은혜와 사랑을 더 풍성하게 누리도록 돕는다.

박영돈 고려신학대학원 교의학 명예교수, 작은목자들교회 담임목사

목회를 하면 할수록 은혜를 더욱 깨달아 가고, 세월이 흘러갈수록 나의 죄와 허물이 얼마나 많은지 그리고 죄를 아는 지식과 은혜와 성령으로 죄를 이기는 일이 얼마나 중요한지를 더 크게 느낀다. 우리는 막연한 선입견에 따라 이 중요한 지식을 애써 외면하거나, 왜곡된 지식을 가짐으로써 신앙의 바른 성숙에 이르지 못하는 경우를 많이 본다. 마크 존스는 이 책『죄란 무엇인가』에서 청교도들과 오랜 개혁파 선배들의 전통을 따라 죄에 대한 탁월한 통찰을 우리에게 제시해 준다. 이 귀한 책이 조국 교회 성도들에게 죄의 깊이와 사악함을 자각하게 하여 영혼의 의사이신 구주께로 잘 인도하리라 믿는다. 또한 이 책이 죄를 이기는 거룩한 삶을 향한 성도들의 열망을 더욱 간절하게 하고, 온 교회가 성결과 성숙으로 나아가는 데 귀하게 쓰이기를 기대한다. 모든 그리스도인이 꼭 읽기를 바란다.

화종부 남서울교회 담임목사

이 책에서 저자는 하나님과 인간 자신을 직시하려면 반드시 죄에 대한 깊은 이해가 필요함을 역설한다. 죄는 인간에게 모국어와 같아서, 배우지 않아도 고민하지 않아도 노력하지 않아도 우리의 의식과 생각을 차지하고 있기 때문이다. 기독교의 합법화 이후, 외부의 공격에 대한 변증의 시대는 끝나고 교회의 내부를 성찰하는 정통의 시대로 접어들었다. 대표적으로 아우구스티누스는 내부의 적인 죄를 주목하고 고백했다. 그런 고백을 이어 간 청교도는 기독교의 역사에서 마음의 심연에 기생하는 죄의 실체를 가장 철저하게 파헤친 그리스도인들이었다. 저자는 이들의 문헌에 흩어져 있는 사상의 주옥들을 발굴하고 다양한 시대의 거인들과 대화하여, 자신의 것으로 체화하고 재구성해 뛰어난 죄론을 빚어냈다. 죄에 대한 이해가 더할수록 은혜도 깊어진다. 세상과 자신과 하나님에 대한 이해가 깊어지기 때문이다. 이 은혜를 경험하고 싶다면 이 책이 제격이다.

한병수 전주대학교 교의학 교수

현대 문화는 전반적으로 죄에 대한 올바른 이해를 약화시킨다. 죄를 사회 구조의 결과로, 개인적인 실수나 약점, 혹은 호르몬의 변화나 유전인자에 따른 문제 정도로 환원한다. 놀랍게도 현대 신학 역시 그런 설명에 동조해 왔다. 마크 존스는 이런 잘못된 경향에 단호하게 "아니요!"를 외친다. 죄를 모르면 은혜를 알 수 없기 때문이다. 사실상 죄를 모르는 사람은 아무것도 모르는 사람이다. 성령께서 우리에게 하나님 사랑의 높이를 알려 주실 때 먼저 죄의 깊이를 알려 주시는 것도 그런 까닭이다. 우리가 죄인이라는 사실을 알려 주시는 그리스도만큼 무서운 분은 없다. 하지만 우리 대신 죄를 담당하시고, 우리와 기꺼이 연합하고자 하시는 그리스도만큼 사랑스러운 분도 없다. 죄를 다루는 이 책의 모든 장이 그리스도에 대한 설명으로 끝나는 것은 이상한 일이 아니다. 이 책은 죄에 관한 잊혀진 교리를 설득력 있고 감화력 있는 메시지로 다시 우리 앞에 제시한다. 그렇게 함으로써 우리를 다시금 그리스도 앞으로 데려간다. 이 책의 제일 마지막 문장에 나오듯이, 그리스도인이든 비그리스도인이든, 온 인류의 가장 큰 필요는 바로 죄인을 구원하기 위해 이 세상에 오신 그분을 만나는 것이기 때문이다. 죄를 다루는 이 책에서 그리스도를 진심으로 만날 수 있는 것이 복음의 신비다. 여러분을 그러한 신비로 초대한다.

우병훈 고신대학교 신학과 교의학 교수

어떤 의사가 자세한 진단도 없이 치료법을 제시한다면, 누가 그 말을 귀담아듣겠는가? 하지만 우리는 인간 영혼의 치명적인 질병인 죄에 관해 엄밀히 진단받기를 꺼린다. 하나님의 거룩한 말씀은 어떤 의료 장비보다 더 정확하게 우리의 내면을 꿰뚫고 드러내며, 이를 통해 마크 존스는 우리 죄가 얼마나 사악한지를 보여줌과 동시에 위대한 의사이신 그분께로 인도해 간다. 이 책에는 청교도들을 비롯한 여러 고전적인 개혁과 저자들의 성경적인 지혜가 담겨 있으며, 죄의 본성에 관해 심오한 통찰을 제시한다. 자기 죄와 씨름하는 이들이라면 누구든지 이 책을 통해 큰 도움을 얻게 될 것이다.

조엘 R. 비키 퓨리턴 리폼드 신학교 총장

우리에게는 이 책이 꼭 필요하다. 우리는 모두 죄인이며, 본성상 하나님과 이웃을 미워하는 자들이기 때문이다. 하나님은 우리에게 죄에 대해 죽고 의를 향해 살라고 요구하시며, 우리는 이 치명적인 대적에 맞서 싸워야 한다. 이 싸움에서 승리하려면 반드시 그 정체를 알아야 한다. 이 책은 죄의 실상을 알려 주고 우리로 그것을 더욱 미워하게 하며, 그 속박에서 벗어나야 할 이유와 방법을 제시해 준다.

팀 챌리스 그레이스펠로우십 교회 목사

지금 죄가 온 세상에 가득하다는 사실은 모든 이들의 눈앞에 분명하게 드러나 있다. 하지만 현대인들은 인간의 실존에 깊이 뿌리 내린 이 사실을 외면하려 들 때가 많다. 충격적인 것은 오늘날 많은 그리스도인들까지 (청교도들이 지적했던) 이 '죄의 전염병'이 지닌 심각성을 무시한다는 사실이다. 죄에 대한 청교도들의 가르침을 통찰력 있게 살핀 이 책에서, 마크 존스는 안일함에 빠진 우리 시대의 곤경을 극복하는 데 꼭 필요한 성경의 진리들을 충실히 전달한다. 모든 이에게 일독을 권한다.

마이클 A. G. 헤이킨 서던 뱁티스트 신학교 교회사 교수

이 책의 저자인 마크 존스는 청교도들의 전통에 근거해서 죄의 **본질**과 **기원**을 충실하게 서술한다. 그뿐만 아니라 그는 성부 하나님이 예수 그리스도 안에서 성령의 사역을 통해 우리 마음속에 믿음과 소망, 사랑을 새겨 주셨으며, 그리하여 우리가 매일 죄를 십자가에 못 박는 삶을 살게 된다는 점을 보여준다. 죄 문제를 다룬 현대의 서적들 가운데서 이처럼 정통 교리를 엄밀하게 제시하면서도 독자들의 속마음을 세심하게 살피는 책을 본 적이 없다.

샤오 카이 알렉스 쳉 저장 대학교 철학과 교수

나는 『죄란 무엇인가』가 앞으로 오랫동안 신실한 그리스도인들의 필독서가 되리라고 믿는다.

로자리아 버터필드 전 시러큐스 대학교 영어학 및 여성학 교수

이 세상에는 이미 우울한 소식들이 넘쳐나는데, 우리가 얼마나 죄에 물든 사람들인지 일깨워 주는 책을 굳이 들여다볼 이유가 있을까? 마크 존스의 『죄란 무엇인가』를 읽고 나면, 분명히 그럴 필요가 있음을 알게 된다. 내게 이 책을 읽는 것은 사실 불편한 경험이었다. 이 책에서는 우리가 처한 죄의 실상을 가차 없이 보여 주기 때문이다. 이 책의 서술은 매우 자세하며 구체적이다. 그러면서도 성경적이다. 마크 존스는 과거 청교도들의 사상에 근거해서 죄의 기원을 파악하고, 죄 문제에 관한 각종 오해를 해소한다. 그는 우리가 죄를 미워해야 할 이유들을 새롭게 제시하면서 동시에 힘써 물리쳐야 하는데도 은연중에 간과해 왔던 우리의 죄들을 다시 보게 한다. 그리고 무엇보다 존스는 우리가 그리스도의 완전한 삶과 대속적인 죽음, 승리에 찬 부활을 통해 의와 용서를 얻는다는 복음의 진리를 일깨워 준다. 나는 지난 몇 주 동안 이 책의 내용을 숙고하고 주위 사람들에게 소개해 왔으며, 앞으로도 계속 그럴 것이다. 이 책은 그만큼 훌륭하다.

밥 카우플린 Sovereign Grace Music 디렉터

마크 존스의 『죄란 무엇인가』를 읽는 일은 내게 무척 힘든 경험이었다. 물론 그 이유는 저자의 잘못에 있지 않다. 존스는 숙련된 저술가이며, 그의 간결하면서도 인상적인 표현 방식 덕분에 이 책은 매우 읽기 편했다. 그는 또 청교도 전통의 탁월한 해석자로서, 그 사상을 적절히 활용하고 있다. 다만 그 이유는 독자인 내 편에 있다. 이 책을 읽는 동안 다시금 내 죄를 깨달았으며, 그 죄가 나 자신과 주위 사람들의 삶에 끼친 해악을 깊이 절감했기 때문이다. 이 책의 가장 큰 유익은 이런 죄의 자각을 통해 우리를 주님께로 더 가까이 인도하는 데 있다. 그분의 복음은 죄에 지친 우리 영혼을 위한 진정한 치료제다. 이 책의 출간에 깊이 감사하며, 우리 그리스도인들이 하나님 앞에서 회개의 삶을 살아가는 데 이 책이 큰 도움이 되기를 바란다.

이언 클러리 콜로라도 크리스천 대학교 역사신학 조교수

마크 존스는 청교도 사상에 근거해서 하나님 말씀의 메스로 죄를 해부하며, 죄의 깊이와 더러움, 그 사악한 영향력을 생생히 드러낸다. 이 책에서는 경건한 성도들의 글을 적절히 인용하면서, '죄'라는 심각한 주제를 쉬운 언어로 잘 풀어서 설명하고 있다. 각 장의 끝부분에서는 죄의 교리를 우리의 실생활에 적용하는 흥미로운 요점이 제시된다. 이 책은 죄에 관한 우리의 지식을 심화시키며, 이를 통해 성화를 향한 우리의 열망이 더욱 간절해지게 만든다.

아지우 마갈량이스 호세 마누엘 다 콘세이상 신학교 학과장

죄란 무엇인가

Knowing Sin _Mark Jones

Knowing
Sin
}

죄란
무엇인가

마크 존스 지음·송동민 옮김

복 있는 사람

죄란 무엇인가

2023년 4월 17일 초판 1쇄 발행
2023년 6월 9일 초판 2쇄 발행

지은이 마크 존스
옮긴이 송동민
펴낸이 박종현

(주) 복 있는 사람
주소 서울특별시 마포구 연남동 246-21(성미산로23길 26-6)
전화 02-723-7183, 7734(영업·마케팅)
팩스 02-723-7184
이메일 hismessage@naver.com
등록 1998년 1월 19일 제1-2280호

ISBN 979-11-92675-82-4 03230

Knowing Sin
by Mark Jones

조엘과 에밀리 티그린에게

차례

서문

"마음만의 고유한 자리가 있지. 그 안에서는 천국도 지옥이 되고, 지옥도 천국이 될 수 있네." 17세기 존 밀턴의 서사시 『실낙원』에서 사탄은 이렇게 선포한다. 이제껏 수많은 신학자와 철학자, 시인들이 죄와 그 아비인 사탄을 흥미로운 사색의 주제로 삼아 왔다. 에덴동산에서 아담은 실로 중대한 죄를 범했으며, 온 창조 세계가 그 저주 아래 신음하고 있다. 그러나 이 시대의 사람들은 그 죄의 진상을 최대한 축소하거나('열매를 따 먹은 일이 뭐 그리 큰 문제겠어?'), 하나님을 탓하고('인간을 그렇게 시험하다니 하나님은 얼마나 잔인한 분인지!'), 죄를 은혜로 둔갑시키기도 한다('아담의 죄 덕분에 우리 인생이 얼마나 흥미진진해졌는지 몰라!').

우리 자신이 만들어 낸 이 죄의 절벽 아래로 사탄과 함께 추락하지 않으려면, 그 본질을 철저히 파악해야 한다. 그리스도를 아는 지식(이것은 마크 존스가 앞서 출간한 책의 제목이기도 하다)을 얻기 위해서는 먼저 죄를 아는 지식이 요구된다. 우리는 죄 가운데 태어나,^{시 51편} 하나님과 다른 이들, 혹은 우리 자신을 거슬러 늘 죄를 짓는다(때로는 이들 모두가 그 대상이 된다). 죄는 마치 우리의 모국어와 같다. 이 때문에 우리가 그 죄의 실상을 파악하고 미워하며 회개하고 그것과 맞서 싸우며 그 속박에서 벗어나려면, 외부의 도움이 필요하다. 우리 그리스도인들의 과업은 이처럼 죄를 미워하되 우리 자신은 미워하지 않으면서, 날마다 우리 안에 남아 있는 죄를 다시금 십자가에 못 박는 데 있다.

그런데 솔직히 말해 이런 가르침을 진지하게 믿고 따르는 이들이 아직도 남아 있을까?

사람들은 더 이상 죄에서 돌이키는 일, 또는 (웨스트민스터 신앙고백서의 표현을 빌리자면) '생명에 이르는 회개'에 관심을 두지 않는다. 그들은 이런 식으로 생각한다. '만약 사랑이 다 사랑이라면^{love is love}(이는 주로 성 소수자들의 권리를 옹호하는 구호다—옮긴이), 예수님이 우리 죄를 미워하실 리가 없어.' '예수님이 정말 자비로운 분이라면, 성경이 아닌 나 자신의 처지에서 죄 문제를 헤아려 주셔야 해.' '예수님은 내가 지은 죄들이 일종의 방어 기제일 뿐이라는 걸 아실 거야.' 현재의 시류에 영합하는 교회의 강단이나 소셜 미디어에서는 이같이 비성경적인 사고방식이 전파되고 있으며, 그 결과는 실로 치명적이다. 한 예로, 이른바 '처치투'^{#ChurchToo} 운동을 생각해 보자. 이는 최근에 자기 죄를 회개했던 일 자체를 뉘우치는 여성들의 목소리를 부각시킨 운동이다. 일부 유명한 여성들이 자신의 간음 사실을 공개적으로 고백하며 회개했을 때, '처치투' 운동은 그들이 그 일을 죄가 아닌 일종의 학대 경험으로 여기도록 부추겼다. 이 (페미니스트적인) 논리의 흐름은 이렇다. '만약 그 상대자가 더 나이 많고 지위가 높은 남성이었다면, 그들의 성적인 부정은 그저 그들 자신이 피해자였음을 드러낼 뿐이다. 그것은 그들의 죄가 아니다.' 세상의 지혜에서는, 이처럼 어떤 죄를 범한 이들을 향해 '당신은 그 일의 피해자일 뿐이지 죄인은 아니다'라고 선포한다. 이 말은 진실일까? 결코 그렇지 않다. 이 책에서 마크 존스는 청교도들의 탁월한 분별력에 힘입어, 우리가 어떤 죄의 피해자인 동시에 실제로 그 죄를 범한 자가 될 수 있음을 보여준다. 아무도 고통을 겪은 희생자의 삶에 더 중한 짐을 부과하기를 원하지는 않는다. 이는 이 책의 저자 역시 마찬가지다. 하지만 어떤 죄로 피해를 본 여성이 참된 신자일 때, 그를 신학적인 무지 상태에 빠뜨리고 회개의 필요성을 잊게 만드는 것은 그의 삶에 가장 무거운 짐을 얹어 놓는 일이 된다.

이 책에서 마크 존스는 독자들이 죄의 본질을 깨닫도록 충실히 인도한다. 죄가 무엇인지를 헤아릴 때 우리는 더 성숙한 분별력을 기를 수 있으며, 이 세대의 혼란상을 헤쳐 나갈 수 있다.

나는 『죄란 무엇인가』가 앞으로 오랫동안 그리스도인들의 필독서가 되리라고 믿는다. 요즈음 나는 교회 안팎에서 터져 나오는 각종 추문과 '탈-회심'de-conversions(기독교로 회심하기 이전의 상태로 돌아가는 일—옮긴이) 현상들을 이해하려고 노력한다. (그리고 같은 노력을 기울이는 다른 이들의 말을 경청하기도 한다.) 그러는 동안에 나는 현재 많은 그리스도인들이 엉뚱한 곳에서 답을 찾아 헤매고 있음을 깨달았다. 지금 우리에게 꼭 필요한 것은 (이 『죄란 무엇인가』에 담긴 바와 같이) 죄의 본질과 윤리에 대한 철저한 분별과 탐구다. 현재 복음주의 문화권에서는 죄의 본질을 규정하는 어휘들이 사라졌으며, 죄의 윤리 역시 심리적인 관점에서 재정의되고 있다. 그 결과 지금 이 세계에서는 어떤 이의 실제 행동 대신에 '의도'에 근거해서 죄의 성립 여부를 따진다. 이 책의 3장에서 이 문제를 적절히 다루고 있으며, 그것만으로도 이 책을 사서 읽을 가치가 충분하다.

나는 이 책을 모든 독자에게 적극 추천한다. 하나님이 이 책을 사용하셔서 우리 삶의 내부와 외부, 과거와 미래에 두루 퍼져 있는 죄의 위험성을 깊이 깨닫게 하시기를 빈다. 죄의 본질에 대한 무지는 우리 영혼을 철저히 몰락시킨다. 이 사실을 직시할 때 하나님이 우리를 새로운 영적 소생과 부흥의 길로 인도해 주시리라 믿는다.

로자리아 버터필드
전 시러큐스 대학교 영어학 및 여성학 교수

들어가는 말

: 허리케인처럼 우리를 뒤흔드는 죄[1]

"죄는 최악의 악이요 악 중의 악이며, 유일한 악이다. 죄만큼 악한 것은 없으며, (정확히 말하면) 오직 죄만이 악하다. 그것에 견줄 만한 악은 없다."[2] 17세기의 청교도였던 랄프 베닝[c. 1622-1674]은 죄에 대한 자신의 고전적인 작품인 『최악의 전염병인 죄』에서 이렇게 언급했다.

우리의 가장 위대한 옹호자이신 하나님을 아는 것 외에, 우리의 가장 큰 대적인 죄를 아는 것보다 더 중요한 일은 없다. 아마 사람들은 가장 내성적이고 침울한 이들이나, 죄의 문제를 꼼꼼하고 폭넓게 다루었던 청교도의 영향을 받은 이들만이 죄를 다룬 책을 읽는다고 여길 것이다.

하지만 오늘날의 교회에서 죄의 교리[hamartiology]만큼 꼭 필요한 신학적 주제도 드물다. 하나님의 은혜를 바르게 깨닫기 위해서는 죄에 대한 철저한 파악이 요구되기 때문이다. 죄에 대한 왜곡되고 미약한 이해는 무력하고 망가진 신학, 열매 없는 신학을 낳는다. 토머스 왓슨[c. 1620-86]은 이 점을 다음과 같이 잘 지적한다. "우리가 죄의 쓴맛을 깊이 맛볼수록, 그리스도 안에 있는 은혜의 달콤함을 더욱 생생히 알게 된다."[3]

하나님의 성품과 은혜가 가장 놀랍게 나타나는 몇몇 장면은 바로 죄의 맥락에서 드러난다. 예를 들어 창세기 3장과 출애굽기 33장, 시편 51편과 이사야 53장, 로마서 3장은, 하나님과 그분이 행하시는 구속의 목적에 관한 성경의 그림을 가장 명확하게 보여주면서, 동시에 이를 죄에 대한 강력한 선포와 밀접하게 연관시킨다. 우리는 죄를 다루는 책을 통해 많은 유익을 얻을 수 있다. 삼위일체 하나님이 죄인인 우리를 구속하기 위해 어떤 일까지 행하셨는지를 더욱 실감하기 때문이다. 사실 성경 전체가 죄를 다루는 책이지 않은가? 하나님은 선한 이들을 위해서가 아니라, 우리 같은 죄인들을 구원하려고 오셨다.[눅 5:32]

우리의 죄도 문제지만, 진정한 딜레마의 근원은 우리 자신의 본질적인 정체성에 있다. 심지어 하나님의 은혜 안에 머물 때도, 우리 마음속에는 죄의 불씨가 있다. 이에 관해 토머스 브룩스[1608-1680]는 이렇게 언급한다. "가장 온전한 사람들의 마음속에도, 가장 사악하고 지독한 온갖 죄의 씨앗이 존재한다."[4] 나아가 그는 이렇게 덧붙인다. "[우리의] 악한 본성은 지옥에 있는 최악의 존재들이 지닌 것보다 결코 덜하지 않다. 주님이 억제해 주시지 않는다면, 우리 본성은 언젠가 자신의 본모습을 드러내고 만다."[5] 이처럼 우리의 원래 모습대로 방치되어 있을 때, 어떤 사람도 다른 이보다 더 낫거나 열등하지 않다. 오직 하나님만이 우리로 변화된 삶을 살게 하신다.

우리는 누구일까? 이 책은 그 질문에 더 철저하고 정확하게 답하도록 도와줄 수 있다(다만 이 책에서도 그 문제의 핵심을 남김없이 다루지는 못했음을 인정해야겠다). 어쩌면 그 답은 우리를 불편하게 만들 수도 있다. 하지만 여러분은 하나님과 자기 자신을 정직하게 대면하고 싶지 않은가? 만일 우리가 거짓말과 아첨을 듣기 원한다면, 정치인을 찾아가는 편이 낫다. 물론 우리는 자신의 마음과 삶을 들여다보며 그 속에 있는 어둠을 헤아리는 일을 견디기 힘들어할 때가 많다. 그래서 진리를 듣는 것을 고통스러운 일로 여기게 된다. 하지만 우리가 믿는 하나님과 그분의 복음을 생각할 때, 그 고통을 감수할 가치가 충분히 있다. 이 일에 관해 데이비드 클락슨[1622-1686]은 이렇게 말한다. "가장 신실한 벗은 우리의 죄를 직시하게 돕는 이들이다. 우리는 그런 이들을 소중히 여기고 사랑해야 한다."[6] 여러분이 그 말을 옳게 여긴다면, 이 책도 그런 마음으로 받아 주기 바란다.

끝으로 우리는 이 점을 늘 기억해야 한다. '그리스도는 진실로 우리를 위하신다. 그런데 그분이 그리하시는 것은 우리가 그저 외관상의 죄인이기 때문이 아니다. 우리가 정말 그러한 자들이기 때문이다.' 1521년 8월에 필립 멜란히톤[1497-1560]에게 보낸 편지에서, 마르틴 루터[1483-1546]는 (그저 가상적인 것이 아닌) 진정한 자비에 관해 설교할 것을 당부했다. 이때 그 자비는 진정한 죄가 우리 안에 존재한다는 맥락 가운데 전파되어야만 한다. 이는 하나님이 실제로 죄인인 자들을 구원하시기 때문이다. 루터는 자신의 편지를 이렇게 끝맺는다. "그대 자신도 정말로 죄인임을 생각하며 열심히 기도하십시오."

이제 여러분 자신도 그런 죄인임을 기억하면서 이 책을 읽으라.

01 } 죄의 기원: 마귀의 편에 설 때[1]

태초에 있었던 일

죄의 기원에 관한 논의는 흥미로울 뿐 아니라 지극히 중요하다. 자기
자신과 이 세상, 하나님과 내세의 삶을 이해하고자 하는 이라면 아무
도 그 논의를 소홀히 할 수 없다. 그리스도인들뿐 아니라 믿음의 공동
체 바깥에 있는 많은 이들도 이 세상에 있는 악의 존재를 인식하며,
그 악이 어디에서 왔는지 알고자 한다.

네덜란드의 신학자 G. C. 베르카우어[1903-1996]는 죄에 관해 이렇게
언급한다. "우리에게 특별한 재능이 없더라도, 여기저기서 사람들의
삶이 무너지고 훼손되는 모습을 쉽게 목격할 수 있다. 탁월한 지혜가
없더라도, 인간의 삶이 얼마나 망가질 수 있는지 금세 헤아릴 수 있
다."[2] 이 세상의 역사와 근래의 뉴스를 조금이나마 아는 사람이라면,
누가 모든 일이 다 바람직한 상태에 있다고 말할 수 있겠는가?

이 우주가 순전히 물질적인 곳이라 믿는 이들은 다음의 딜레마
에 직면한다. '과연 우리는 객관적인 선과 악이 있다고 말할 수 있는
가?' 그러나 그리스도인들은 이 세상을 창조하신 후에 그곳을 두고

"심히 좋았다"고 말씀하신 하나님을 믿는다.^{창 1:31} 우리는 하나님께 선과 악을 결정할 권한이 있음을 고백한다. 이는 그분만이 홀로 선하시기 때문이다.^{막 10:18} 죄가 아담을 통해 세상에 들어왔을 때, 이 세계는 어떤 의미에서 "심히 나쁜" 곳이 되었다. 이 일에 관해 또 다른 네덜란드 신학자인 헤르만 바빙크¹⁸⁵⁴⁻¹⁹²¹는 이렇게 말한다. "인간의 죄는 온 창조 세계를 망쳐 놓았다. 이제 그 세계의 의는 죄책으로, 그곳의 거룩함은 불순함으로, 그 영광은 수치로, 복됨은 비참함으로, 조화는 무질서로, 빛은 어둠으로 변질되었다."³ 죄의 기원을 살필 때, 이처럼 자신의 창조 세계가 심히 좋았다고 선포하신 하나님의 말씀을 염두에 두지 않고서는 그 죄의 파멸적인 결과를 제대로 헤아릴 수 없다.

죄를 다룰 때, 우리는 다음의 근본적인 질문 두 가지를 숙고해야 한다. 죄는 어디로부터 왔는가? 그것은 무엇인가?

죄는 우리 인간의 문제이며, 그 책임은 우리 자신에게 있다. 하지만 그 문제를 해결할 힘은 우리에게 있지 않다. 표범이 자신의 얼룩무늬를 바꾸지 못하듯,^{렘 13:23} 하나님의 은혜 없이는 우리 자신을 깨끗게 할 수 없기 때문이다. 죄 문제의 해결은 하나님께 달려 있으며, 궁극적으로 인간의 모든 죄는 그분을 거슬러 짓는 것이 된다.^{시 51:4} 오직 하나님만이 그분의 지혜로써 부정한 자들을 정결케 하고 추한 자들을 아름답게 만들며, 구부러진 우리 마음을 바르게 펴실 수 있다.

하나님은 그분의 깊은 뜻 가운데 우리 인간이 죄를 지을 수 있는 가능성과 맥락을 창조하셨다. 하나님은 처음에 아담을 지으시고 그에게 자신의 규례를 부여하셨으며, 그중에는 아담이 순종해야 할 구체적이고 적극적인 명령이 포함되었다. "선악을 알게 하는 나무의 열

매는 먹지 말라. 네가 먹는 날에는 반드시 죽으리라 하시니라."^{창 2:17}

하나님은 우리의 첫 조상인 아담과 하와를 죄와 죽음의 가능성
이 아예 배제된 상태에 두지 않으셨다. 우리가 알듯이, 아담과 하와는
하나님의 의로운 계명을 거슬러 죄를 짓게 된다.^{창 3:6} 처음에 아담은
온전하고 순수한 상태에 있었다. 그에게는 죄를 짓지 않을 힘이 있었
지만, 그 힘이 완벽하거나 불변하는 것은 아니었다. 하나님이 아직 그
를 불변하는 선함의 상태로 이끌지 않으셨기 때문이다. 그 일은 오직
우리가 성자 하나님과 연합해서 성령의 임재를 누림으로써 가능하게
되며,^{롬 8:9-11} 장차 우리가 부활하여 영광의 상태에 들어갈 때 온전히
실현된다.

아담의 타락에는 두 가지 주된 원인이 있었다. 하나는 내적인 것
(자신의 자유의지), 다른 하나는 외적인 것(마귀)이었다. 이 중 후자를
염두에 둘 때, 인간적인 죄의 기원을 살피려면 하늘의 천사들 사이에
서도 똑같은 일이 있었음을 고려해야 한다. 곧 아담과 하와를 유혹하
여 죄를 짓게 만든 '악한 자'가 이미 있었다.

사탄의 타락

창세기 3장에는 뱀이 등장하는데, 그 존재가 에덴동산에 있었던 이
유에 관해서는 아무 설명이 제시되지 않는다. 하나님의 계시가 진전
됨에 따라 우리는 더 자세한 정보를 얻지만, 처음에는 그 뱀이 여자
를 꾀어 하나님께 불순종하게 만드는 모습을 보면서 깜짝 놀랄 수 있
다. 이후 우리는 이 땅에서 일어난 인간의 타락에 앞서 영적인 영역에
서 천사들의 타락이 있었음을 알게 된다. 그리고 창세기 3장 본문에

서, 우리는 그 타락한 천사 중 하나로서 하나님의 철저한 대적을 대면하게 된다. (히브리어로) '사탄' 또는 (헬라어로) '마귀'라고 불리는 자가 바로 그 존재다.요 8:44, 요일 3:8

에덴동산에서 뱀은 아담과 하와를 죽음으로 몰아갔으며, 그 일을 위해 거짓말까지 했다. 유다서에서는 "자기 지위를 지키지 아니하고 자기 처소를 떠난 천사들"에 관해 말한다.16 달리 말해 아담과 하와가 죄를 범하기 전에 먼저 천사들 사이에서 죄가 생겨났다. 천사들이 범한 죄의 문제는 하나님께 맞서는 권력 다툼과 관계있었던 듯하다. 그리고 아담의 타락 역시 이 권력에 대한 욕망 때문에 생겨났다. 캔터베리의 안셀무스1033-1109는 『사탄의 타락에 관하여』On the Fall of Satan에서, 마귀가 하나님과 동등한 자가 되기 위해 그분께 반역했다고 주장했다. 이는 그 타락이 권력의 문제 때문에 생겼음을 보여준다. 이런 안셀무스의 설명이 온전히 만족스럽지는 않더라도, 사탄의 타락이 지녔던 성격을 이해하는 일은 우리 인간의 타락을 헤아리는 데도 얼마간 도움을 준다.

바울은 디모데전서 3:6에서 다음과 같이 권면하는데, 이는 마귀의 고의적인 배교가 교만 때문에 생겼음을 시사한다. "새로 입교한 자도 말지니 교만하여져서 마귀를 정죄하는 그 정죄에 빠질까 함이요." 아마 마귀는 하나님의 위엄을 흠모하며 바라보던 원래의 자리를 벗어나, 자신의 영광에 초점을 맞추었을 것이다. 이 일은 그의 교만과 반역으로 이어졌다. 이후 사탄은 주님을 향해 자신을 경배하라고 유혹했는데, 이는 오직 하나님께만 속한 존귀와 영광을 빼앗으려는 그의 헛된 노력을 보여준다. 만약 사탄이 그 존귀와 영광을 얻고자 했다면, 하나님이 친히 자기 앞에 무릎 꿇고 경배하는 것보다 더 나은 일은 없었을 것이다. 이런 마귀의 갈망은 지독히 악한 것이었다. 마귀는 성령이 충만하신 그리스도께서 성부 하나님과 그분 자신을 부인하고 마귀를 만유의 주로 받들게 되기를 원했다.

사탄은 하늘에 있는 천사들 중 3분의 1과 함께 타락했다.^{계 12:4} 이제 그는 결코 하나님의 자비를 얻지 못하며, 그분의 거룩한 진노 아래 놓이게 될 뿐이다. 이 천사들의 반역 가운데는 그들 자신의 의지가 작용했다. 이는 그들이 고의로 선에서 악으로 돌이켰기 때문이다.

사탄은 "시험하는 자"^{마 4:3, 살전 3:5, 딤후 2:26}이면서 동시에 마음속에 "간계"가 가득한 살인자다.^{엡 6:11} 그는 늘 인간의 영혼을 삼킬 기회를 노리며,^{엡 4:27, 벧전 5:8} 우리를 고발하고 정죄한다.^{욥 1:6-12; 2:1-5, 슥 3:1-2} 그는 우리를 부추겨서 죄를 짓게 하는 자다.^{대상 21:1} 하지만 그 "옛 뱀 곧 마귀라고도 하고 사탄이라고도 하며 온 천하를 꾀는 자"는 마침내 최종적인 패배를 당하며, 하나님의 백성들을 향한 그의 비난과 모략도 끝날 것이다.^{계 12:7-10}

부활하신 그리스도께서 사탄을 물리치셨지만, 사탄과 그의 천사들은 여전히 이 세상에서 상당한 영향력을 행사하고 있다. 다만 그리스도의 승천 이후에 그들의 힘이 다소 약화되었을 뿐이다.^{엡 4:8} 어둠의 권세^{눅 22:53}는 명백히 이 세상의 임금인 사탄과 결부되어 있다.^{요 12:31} 지금 그리스도 바깥에 있는 이들은 "공중의 권세 잡은 자……곧 지금 불순종의 아들들 가운데서 역사하는 영" 아래 속해 있다.^{엡 2:2} 사탄은 불신자들의 마음과 생각을 어둡게 하며,^{고후 4:4} 많은 사람을 억누른다.^{행 10:38} 그는 우리의 선교 활동을 훼방하며,^{살전 2:18} 신자들을 감옥에 가두는 자다.[계 2:10] 사탄은 가룟 유다의 마음속에 그리스도를 배신할 생각을 심었을 뿐 아니라, 직접 그 인격 속에 들어가기까지 했다.[요 13:2, 27] 그러니 아무도 마귀가 게으르다고 비난할 수 없다. 그는 지금도 하나님의 뜻을 방해하려고 애쓰면서, 그분의 백성인 우리를 향해 끊임없이 "불화살"을 날리고 있다.[엡 6:16]

아담의 범죄

아담과 하와를 찾아온 뱀은 무서운 원수였다. 성경에서는 그 뱀에 관해 이렇게 말한다. "여호와 하나님이 지으신 들짐승 중에 가장 간교하니라."[창 3:1] 그것은 모든 선한 일을 파괴하는 데 온 힘을 쏟는 존재였다. 그는 이미 하나님의 권위를 멸시했으며, 에덴동산에 있는 아담의 권위에 관해서는 아예 신경도 쓰지 않았다. 뱀은 아담까지도 하나님의 권위를 배척하게 만들려는 의도를 품고, 그분의 말씀과 경고를 의심하도록 부추겼다.[창 3:1, 4] 그리고 아담의 불신 가운데서 교만이 생겨났다.[창 3:5] 곧이어 아담과 하와는 하나님이 계시하신 진리보다 사탄의 거짓말을 믿는 편을 선택했다. 마귀와 마찬가지로, 배교한 아담은 하나님께 등을 돌린 채 오직 자신의 영광에 생각을 집중했다. 이런 측면에서 우리는 마귀와 아담의 배교가 매우 유사하다는 점을 알 수 있다.

아담은 하나님의 도덕법 전체를 거스르는 죄를 범했다. 이는 곧 하나님의 형상으로 지음 받은 그의 마음속에 기록되어 있었던 법이다.[창 1:27] 아담의 불신과 교만을 통해, 오직 자신의 이익만을 사랑하고 추구하며 스스로를 높이려는 그의 태도가 드러났다. 이는 하나님이 주신 첫 계명을 위반하는 일이었다. 아담은 성전인 에덴동산을 돌보는 선지자이자 제사장, 왕으로서, 오직 그분의 규례들을 좇아 하나님께 경배해야 했다. 그 규례 가운데는 그가 행해야 할 일과 하지 말아야 할 일이 모두 포함되어 있었다. 그러나 아담은 금지된 나무의 열매를 먹었으며, 이를 통해 합당한 경배 규례들을 어겼다. 그는 그 성전 안에 거짓 종교가 들어오는 것을 묵인했으며, 자신이 그곳의 수호자임에도 불구하고 마귀의 일들을 멸하지 않았다. 그는 이런 식으로 하나님의 두 번째 계명을 깨뜨렸던 것이다. 또 하나님의 형상을 지닌 그분의 자녀로서, 아담은 거룩한 삶을 통해 아버지 하나님께 영광을 돌려야 했다. 하지만 아담은 하나님이 마음속에 새겨 주신 규례들을 소홀히 여겼을 뿐 아니라, 그분이 직접 주신 경고의 말씀까지 거슬렀다. 그럼으로써 아담은 하나님의 이름을 무시했으며, 이는 곧 셋째 계명을 위반하는 일이었다. 그리고 아담의 불순종 때문에, 아담과 그의 아내가 하나님의 영원한 안식에 들어가는 일이 위협을 받게 되었다.[히] 4:11 이는 그들이 하나님 바깥에서 안식을 찾으려 했기 때문이다. 그러므로 아담은 넷째 계명 역시 어겼으며, 이를 통해 그 후손들의 영원한 상태가 위험에 처했다.

이른바 십계명의 '두 번째 돌판'에 관해 살피자면, 아담은 에덴동산에서 아버지 하나님께 영광을 돌리지 못했다(다섯 번째 계명을 어김). 그리하여 그는 "땅에서 장수하는" 복을 누리지 못하게 되었다.[엡] 6:1-3 또 아담은 자기 후손들에게 생명을 물려주기는커녕, 자신의 죄를 통해 죽음을 가져다주었다. 그는 마귀와 다를 바 없는 살인자가 된 것이다(여섯 번째 계명을 어김). 그리고 아담은 남편다운 질투심과 사랑을 품고서 아내 하와를 보호하지 못했으며, 하와가 마귀의 꾐에 넘어가게 만들었다(일곱 번째 계명을 어김). 이후 하와는 하나님이 금지하신 나무의 열매를 먹음으로써 그분의 것을 훔쳤으며(여덟 번째 계명을 어김), 아담은 그 일을 막지 않았을 뿐 아니라 자신도 그 열매를 먹었다. 또 아담은 하나님의 진리로써 마귀의 거짓말에 맞서지 않았으며, 그 거짓말을 따르는 하와를 말리지도 않았다(아홉 번째 계명을 어김). 이때 그는 거짓의 아비인 마귀를 닮은 모습으로 행했던 것이다.요 8:44 끝으로 아담은 하나님이 주신 자신의 지위와 복에 만족하지 못했다. 그리하여 그는 자신에게 속하지 않은 것을 탐냈다(열 번째 계명을 어김). 한편 토머스 왓슨은 아담의 죄를 약간 다른 식으로 설명하는데, 그의 관점은 우리의 논의를 얼마간 보완해 준다. 왓슨은 존속 살인parricide(부모를 죽이는 일)에 관한 키케로의 글을 인용하면서, 그 죄를 범하는 자는 동시에 수많은 죄들을 짓게 된다고 언급한다. 이 경우에 아담은 불신과 감사하지 않음, 불만족과 교만, 불순종과 헛된 호기심, 방종과 신성 모독, 살인과 무례함의 죄를 범했다는 것이다.[4]

이런 논의는 아담의 범죄가 얼마나 악했는지 보여준다. 그것은 궁극적으로 하나님을 거역하는 죄였으며, 구체적으로는 그분의 율법 전체를 배척하는 일이었다.약 2:10-11 옛 신학자들의 표현을 빌리자면, 그의 죄는 곧 하나님을 살해하려는 시도deicide였다. 또한 그것은 온 인류를 향한 살인 행위이기도 했다. 이를 통해 그의 모든 후손이 중한 죄책 아래 놓였기 때문이다.

운데 말룸?

앞서 언급했듯이, 많은 이들은 죄의 기원을 탐구하면서 이렇게 질문한다. "죄악은 어디로부터 왔을까?"*Unde malum?* 물론 우리는 자신이 죄인이기 때문에 죄를 짓는다는 사실을 솔직하게 시인한다. 하지만 처음에 온전하게 지음 받은 천사와 인간의 경우, 우리는 그런 존재들이 어떻게 죄를 짓기로 선택할 수 있었는지 의문을 가지게 된다. 일부 이단(예를 들어 펠라기우스주의자나 소키누스주의자)이나 다른 분파(예를 들어 항론파나 아르미니우스주의자)는 아담이 타락 이전에도 이미 악을 향한 경향성(타락 이후의 우리만큼 그 정도가 심하지는 않을지라도)을 지니고 있었다고 본다. 하지만 이러한 그들의 관점은 만물을 지으신 후에 "심히 좋았다"고 선언하신 하나님 말씀의 참됨을 약화시킨다. 타락 이전에 아담의 마음속에는 아버지 하나님을 사랑하며 그분을 경배하려는 열망이 가득했을 뿐이다. 이런 그의 열망은 악을 향한 경향성과 결코 양립할 수 없는 것이었다.

그러면 우리는 인간의 죄를 어떻게 받아들여야 할까? 여기서는 하나님이 아담과 하와로 하여금 존재와 의지의 측면 모두에서 가변적인 상태에 머물도록 창조하셨음을 이해할 필요가 있다. 아담의 타락은 의와 거룩함으로 지음 받은 처음 상태에서도 아담이 어떤 식으로든 죄를 지을 수 있었음을 입증한다.

아담의 자유의지는 하나님이 주신 선물이었다. 하지만 우리가 처한 타락 이후의 정황에서 종종 경험하듯이, 많은 복이 저주로 변질될 수 있다. 에덴동산에서 마귀는 아담에게 그릇된 신학을 제시했으며, 아담은 그것을 받아들였던 것이다. 하나님은 아담에게 은혜를 베푸셔서, 죄를 짓지 않을 수 있는 본성적인 능력을 주셨다. 하지만 그분은 이른바 '견인의 은혜',*grace of perseverance* 곧 아담이 아예 죄를 짓지 못하도록 막아 주는 은혜까지 허락하시지는 않았다. 그러므로 아담에게는 **죄를 짓지 않을 능력**the ability to not sin이 있었지만, **죄를 지을 수 없는 능력**the inability to sin까지는 없었던 것이다. 하나님은 아담을 선대하셔서 죄를 짓지 않기에 충분한 은혜를 주셨지만, 아예 죄를 짓지 못하도록 막아 줄 '견인의 은혜'까지 베풀지는 않으셨다. 그러나 아담을 창조하신 하나님은 진실로 의로우시므로, 오직 아담이 마땅히 그분께 드릴 순종만을 요구하셨을 뿐이다.

타락의 내적 원인은 아담의 자유의지였으며, 그 일의 외적 원인(도구적인 원인)은 사탄의 유혹이었다. 이에 관해 토머스 왓슨은 이렇게 언급한다. "아담이 마귀의 제안에 동의하지 않는 한, 마귀가 억지로 죄를 짓게 만들지는 못했을 것이다. 사탄은 그저 아담의 마음을 얻으려 하는 구혼자였을 뿐, 그에게 복종을 요구하는 왕은 아니었다."[5]

어쩌면 하나님은 아담에게 견인의 은사를 내리셔서 죄를 짓지 못하게 하실 수도 있었을 것이다. 하지만 그분은 아담이 죄를 짓도록 허용하셨다. 아우구스티누스354-430에 따르면, 이는 "악이 아예 존재하지 못하도록 막는 것보다, 그 악에서 선을 이끌어 내는 편을 더 낫게 여기셨기" 때문이다.[6] 하지만 우리는 죄의 기원을 생각할 때마다 여전히 깊은 당혹감에 직면하게 된다. 그 문제에 관해서 어떤 논리적이거나 이성적인 설명도 찾을 수 없는 것처럼 보이기 때문이다. 우리는 아담과 하와가 무엇 때문에 그처럼 오만한 태도로 하나님께 반역했는지 헤아릴 수 없다. 어쩌면 아담이 즉시 동산 바깥으로 뱀을 쫓아내지 않은 일의 내막을 하나님이 우리에게 계시해 주지 않으신 이유는 이 때문일 수도 있다(그만큼 우리의 이성으로는 헤아리기 어려운 영역이 있다는 의미―옮긴이). 창세기에서 우리는 다만 아담이 죄를 범한 사실과 그 결과를 듣게 될 뿐이다.

그러면 우리는 인간의 죄가 하나님의 통제권 바깥에서 생겨났다고 결론지어야 할까? 아니면 만물의 주권자이신 하나님이 아담으로 하여금 죄를 짓게 만드신 것일까? 우리는 이 두 개념 모두 받아들일 수 없다. 우리는 하나님이 우리 인간의 일에 무관심하거나 혹은 무능하다는 생각을 거부한다. 우리가 믿는 하나님은 만물의 주권자이시면서 동시에 가장 선하고 지혜로운 방식으로 자신의 능력을 행사하시는 분이다.

하나님의 섭리 가운데는 "그분의 모든 피조물을 가장 거룩하고 지혜로우며 능력 있게 보존하고 다스리는" 일이 포함된다. 하나님은 "그 피조물들의 모든 활동을 주장하셔서 자신의 영광을 이루어 가신다"(웨스트민스터 대요리문답 18문의 답). 세상의 다른 일들과 마찬가지로, 인간의 타락 역시 하나님의 섭리 아래서 일어났다. 하나님은 그일이 일어날 것을 미리 아셨으며, 또 그 일이 일어나도록 정해 두셨다. 하나님은 "시초부터 종말을 알리[시는]" 분이지만,^{사 46:10} 누구의 죄에 대해서도 그분께 책임을 돌릴 수는 없다.^{약 1:13} 우리가 아담의 자유의지와 하나님의 거룩한 섭리에 관해 무엇을 확언하든지, 하나님이 조금이라도 그릇된 일을 하셨다고 여겨서는 안 된다.

어떤 이들은 이런 의문을 품을지 모른다. '어떻게 하나님이 죄의 발생을 정해 두시고는 그 책임이 아담에게 있다고 말할 수 있는가?' 여기서 우리는 성경에서 계시된 내용을 받아들이는 데 만족하고 그 너머로 나아가지 않도록 주의해야 한다. 하나님은 모든 일을 "그의 뜻의 결정대로" 이루어 가시면서 동시에 ^{엡 1:11} 아담을 비롯한 모든 이에게 그들이 범한 죄의 책임을 물으신다. 이 부분에서, 우리의 유한한 지성으로는 미처 헤아릴 수 없는 수수께끼가 하나님의 마음속에서는 해소될 수 있음을 인정해야 한다. 예를 들어 베드로는 예수님의 십자가 죽으심에 관해 설교하면서, 하나님의 주권과 인간의 책임 모두를 확언하는 데 아무 문제를 겪지 않았다. 사도행전에서 그는 예수님이 "하나님께서 정하신 뜻과 미리 아신 대로 내준 바" 되었다는 것과, "너희가 법 없는 자들의 손을 빌려 [그분을] 못 박아 죽였[다]"는 것을 모두 선포했다.^{행 2:23}

앞서 언급했듯이 하나님은 아담에게 견인의 은혜, 곧 그의 타락 자체를 막을 수 있는 은혜를 베풀지 않으셨다. 그분은 주권적인 의지로 아담을 움직여서 마귀에게 저항하게 만드실 수도 있었을 것이다. 하지만 우리가 알 수 없는 어떤 이유로, 하나님은 그러지 않으셨다. 그분은 자신의 심오한 의지 가운데 아담이 죄를 범하도록 허용하셨다. 이 일이 실로 수수께끼 같을지라도, 우리는 아담의 타락이 하나님의 섭리 아래 일어났다는 것과 그에 대한 도덕적 책임이 아담 자신에게 있다는 것을 모두 확언해야 한다. 이미 말했듯이 마귀는 아담의 죄에 대한 외적 원인이며 아담 자신의 의지는 내적 원인(주된 작용인^{principal efficient cause})이었다. 만약 아담 자신의 의지가 그 일에 관여하지 않았다면, 우리는 아담을 탓할 수 없었을 것이다. 만약 마귀의 유혹이 없었다면, 대체 어떻게 아담이 죄를 범할 수 있었는지 헤아리기 어렵다.

적용

어떤 이들은 악의 기원을 논하면서, '그것은 복된 범과*felix culpa*였다'고 답해 왔다. 선하게 창조된 이 세상 속에 죄가 들어오도록 하나님이 허용하신 데는 그분만의 복된 이유가 있었다는 것이다. 거룩하신 주 하나님은 이 세상의 악한 일들까지 다스리신다. 인간의 죄는 늘 최악의 영향을 끼치지만, 하나님은 그 일들을 통해서도 그분이 원하시는 최선의 결과를 이끌어 내신다. (하나님은 결코 최선이 아닌 일을 행하실수 없기 때문이다.) 이 세상에 있는 인간의 죄들을 통해, 그분의 존귀한 성품이 더 뚜렷이 드러난다. 만약 그 죄가 없었다면, 지금 우리에게 계시된 하나님의 일부 속성들은 아마도 신성의 깊은 심연 속에 계속 감추어져 있었을 것이다. 예를 들어 우리 죄인을 향한 그분의 자비가 그런 경우다. 존 오웬은 이렇게 말한다. "세상에서 가장 큰 악은 인간의 죄이며, 인간의 가장 큰 죄는 바로 아담이 범한 첫 번째 것이었다. 하지만 초대 교회의 교부 그레고리우스는 이렇게 담대히 선포했다.……'오, 복된 범과여! 너로 인해 우리가 귀하신 구주를 알게 되었도다!'"[7] 하나님은 인간의 죄에서 최상의 선을 이끌어 내시며, 오직 그분만이 그리하실 수 있다.

존 덩컨[1796-1870]에 따르면, 새뮤얼 러더퍼드[1600-1661]는 다음과 같이 언급한다. "아담의 범죄는 몹시 추악했지만, 그 일을 허용하신 하나님의 작정은 지극히 숭고했다. 이는 인간의 죄가 없었다면 그분의 놀라운 속성 중 일부가 우리 앞에 드러나지 않았을 것이기 때문이다. 그속성들은 복된 신성의 심연 속에 영원히 숨겨져 있었을 것이다."[8] 하나님이 그리스도 안에서 베푸신 은혜는 아담이 타락하지 않았을 때 우리가 얻었을 은혜보다 훨씬 더 크고 귀하다. 그래서 우리는 늘 하나님을 찬미하며 그분의 지혜와 선하심을 기뻐하게 된다. 그분만이 인간의 깊은 비참함 가운데서 이같이 복된 결실을 이끌어 내실 수 있기 때문이다.

이 땅의 삶에서 우리는 아담이 왜 하나님께 죄를 범했으며 선한 천사들이 하나님께 반역했는지, 선하신 하나님이 인간의 죄를 허용하실 뿐 아니라 그 일을 미리 정해 두신 이유는 무엇인지 다 헤아릴 수 없다. 하지만 우리는 아담과 사탄이 범한 죄의 책임이 온전히 그들 자신의 것임을 안다. 아담의 경우, 마귀의 외적인 유혹에 자극받았던 것은 사실이다. 하지만 그 죄의 책임은 여전히 아담 자신에게 있다. 아담은 하나님 앞에서 자기 행실을 변명하려 했지만,[창 3:12] 그 책임은 부정할 수 없는 것이었다. 우리는 스스로 책임져야 할 자신의 죄들에 대해 다른 이들을 탓하기 쉽다. 하지만 하나님은 아담에게 이렇게 말씀하지 않으셨다. "미안하다. 내가 네 앞에 너무 큰 시험을 두었구나. 그 일은 네 잘못이 아니란다." 우리 역시 주위 사람들이나 환경에 자기 책임을 전가하려는 유혹에 저항해야 한다. 예를 들어 어떤 이는 자신이 쉽게 분노하는 문제의 책임을 어린 시절에 자신을 학대했던 부모에게 떠넘길 수 있다. 그리고 부모들은 주변 환경 때문에 자녀들의 행실이 나빠졌다고 변명할지 모른다. 물론 주위 사람이나 환경의 영향력은 죄의 외적인 원인 혹은 자극제가 될 수 있다. 하지만 우리는 여전히 죄인 자신에게 그 책임을 물어야 한다. 우리가 어떤 죄를 범할 때, 사탄을 비롯한 외부 요인 때문에 그 일을 행할 수밖에 없었다고 주장하면서 자신의 무고함을 내세우거나 책임을 회피해서는 안 된다. 우리 마음속에서 다음과 같은 변명들은 아예 제거해 버려야 한다. "나도 어쩔 수가 없었어." "저항할 힘이 없었어." "마귀가 그렇게 시켰어."

우리를 죄의 길로 끌어당기는 외부의 영향력이 아무리 클지라도, 하나님은 우리에게 늘 피할 길을 주신다. "하나님은 미쁘사 너희가 감당하지 못할 시험 당함을 허락하지 아니하시고 시험 당할 즈음에 또한 피할 길을 내사 너희로 능히 감당하게 하시느니라"고전 10:13

02 } 죄의 전염력: 이렇게 태어났을 뿐[1]

하나님은 사람을 바르게 창조하셨다

영화 「반지의 제왕」 시리즈의 첫 번째 편에서, 아라고른은 절대 반지가 자신에게 미칠 영향력을 몹시 두려워한다. 그 반지가 자기 선조인 이실두르를 어떻게 파멸시켰는지 알기 때문이다. 연인인 아르웬은 이렇게 그를 다독였다. "어째서 과거를 두려워하시나요? 당신은 이실두르의 후손일 뿐, 그 자신이 아닙니다. 당신은 그 운명에 매여 있지 않아요."

이에 아라고른은 이렇게 대답한다. "그의 것과 똑같은 피가 내 몸속에 흐릅니다. 나도 연약한 인간일 뿐이니까요." 원죄의 교리와 연관 지어 생각할 때, 아라고른의 이 말에는 깊은 통찰력이 담겨 있다. 이에 반해 아르웬의 '신학'은 우리 인간의 실제 상태와 상당히 동떨어진 모습을 보인다.

이제껏 많은 그리스도인이 거룩한 상상력을 발휘해서, 우리의 원부모인 아담과 하와가 에덴동산에서 어떤 삶을 누렸을지 헤아려 보려 했다. 우리는 죄 없던 그들의 상태를 떠올리면서 일종의 거룩한 질투심을(그들의 복된 삶이 그리 오래가지 못했음에도) 느끼기도 한다. 지금 우리에게는 죄와 그 결과에 시달리지 않는 삶이 지극히 낯설게 다가올 수 있다. 우리가 아직 이르지 못한 미래의 복된 상태에 대해서는 그저 바라고 소망할 뿐이며, 겪어본 적 없는 태초의 상태에 대해서는 아무 느낌도 품을 수 없기 때문이다. 이 세상에서 그런 삶을 누려 본 이들은 오직 아담과 하와, 그리고 이후에 강림하신 우리 주 예수 그리스도뿐이다.

전도서의 저자는 이렇게 진술한다. "내가 깨달은 것은 오직 이것이라. 곧 하나님은 사람을 정직하게 지으셨으나 사람이 많은 꾀들을 낸 것이니라."^{전 7:29} 하나님은 태초에 만물을 창조하시고, 여섯째 날에 그 모든 것이 지극히 선하다고 선포하셨다. 그분은 특히 창조의 절정인 남자와 여자를 그런 존재로 여기셨다.^{창 1:31} 하나님은 그분의 풍성한 지혜를 가지고 아담과 하와를 지으셨고, 그들에게 거룩한 그분 자신의 형상을 심어 주셨다. 그들은 행복과 사랑, 위로가 충만한 피조물로서 마땅히 성령과 진리 안에서 하나님께 경배해야 했다. 아담과 하와는 하나님의 형상이자 그분을 아는 자들로 지음 받았으며, 그 마음속에는 그분의 법이 새겨져 있었다.^{롬 2:14-15} 이처럼 "하나님은 사람을 정직하게 지으셨으나", 이제 우리의 인격은 깊이 왜곡된 상태에 있다.

하나님은 아담에게 자연적인 생명과 영적인 생명을 주셨다. 아담의 자연적인 생명은 몸과 영혼의 연합을 통해 유지되었으며, 따라서 그는 하나의 영-육 결합체 또는 '영혼이 담긴 육체'였다. 그리고 아담의 영적인 생명은 그가 하나님과 누렸던 친밀한 교제와 연관되어 있었다. 원래의 순수한 상태에서 아담이 소유한 자연적인 생명을 충만히 누리기 위해서는 하나의 영적인 통로가 요구되었다. 아담의 행복은 하나님과 교제를 나눌 수 있는 능력과 밀접하게 결부되어 있었고, 그 능력이 없었다면 그는 그저 비참한 존재가 되어 버렸을 것이다.

하나님은 아담을 의롭고 거룩한 존재로 지으시고 그 마음속에 도덕법을 기록하심과 동시에 성령을 베풀어 주셨다. 토머스 굿윈[1600-1680]은 이렇게 확언한다. "하나님이 아담의 마음속에 성령을 보내신 이유는 그에게 풍성한 은혜를 부어 주어, 그 은혜가 아담의 삶 속에서 복된 결실을 낳게 하시려는 데 있었다. 하나님은 아담의 마음을 성령으로 감화하여, 그분이 주신 삶의 원리대로 살아가도록 이끄셨다."[2] 여기서 우리는 에덴동산에서 아담의 심령에 임하셨던 성령과, 그리스도의 중보 사역에 근거하여 우리에게 주어진 성령 사이의 차이점을 구별할 필요가 있다. 그리스도 안에서 주어진 성령은 우리를 마침내 영광의 상태로 이끌어 가시지만, 에덴동산에 있던 아담에게는 아직 그런 약속이 주어지지 않았기 때문이다.

바빙크는 하나님과의 교제에서 성령의 사역이 갖는 중요성을 이렇게 설명한다. "성령은 모든 피조물의 생명을 창조하셨으며, 특히 인간이 지닌 종교적-영적인 생명의 창시자이시다. 만약 그분의 내주하심이 없다면, 우리 인간은 단 한 순간도 진정한 하나님의 형상으로 존재할 수 없다."[3] 성령이 아담의 마음속에 역사하셔서 하늘에 계신 성부 하나님을 사랑하고 섬기게 하셨기에, 그분의 사역 없이는 아담이 영적인 생명을 누릴 수 없었다. 성령은 아담과 성부 하나님 사이의 '중재자'이자 양자를 이어 주는 사랑의 끈이었다. 이는 성령께서 성부와 성자 사이에서 행하시는 역할과 마찬가지다.

이에 관해 존 오웬[1616-1683]은 아담과 그리스도 모두 하나님의 풍성한 은혜를 받았다고 지적한다. 그에 따르면 아담과 그리스도의 삶 속에는 성령의 사역이 필요했다.

우리 인간의 본성적인 기능, 곧 영혼과 지성, 의지와 감정이 순전하고 흠 없는 상태로 지음 받았다 해도, 그것만으로는 충분하지 않다. 온전히 하나님을 섬기는 삶을 살기 위해서는 그 이상의 은혜가 필요하다. 예수 그리스도 역시 그런 본성적인 기능만을 소유하신 분은 아니었다. 우리가 참된 생명을 누리기 위해서는 초자연적인 은혜가 그 위에 더해져야 한다. 그것은 우리 영혼의 본성적인 기능들 위에 덧입혀진 은혜다. 우리가 하나님을 향해 살기 위해서는, 우리 안에 자연적인 생명뿐 아니라 영적인 생명의 원리가 존재해야 한다. 그 원리는 바로 아담 안에 존재했던 하나님의 형상이었으며, 이 형상은 성령의 사역을 통해 그리스도의 인격 속에도 자리 잡고 있었다.[4]

오웬은 이처럼 아담에게 자연적인 생명과 영적인 생명이 모두 필요했다고 언급한다. 아담이 영적인 생명을 누릴 수 있었던 것은 바로 성령의 사역 덕분이었다.

상실된 하나님의 형상

인간이 죄를 범했을 때, 이 초자연적인 은사들을 잃어버리는 동시에 그 안에 있는 하나님의 형상이 심하게 손상되었다. 스티븐 차녹[1628-1680]에 따르면 모든 죄는 우상 숭배, 곧 "사탄을 암묵적으로 받드는 일"

과 같다. 그렇게 우리는 모두 우상 숭배자가 된 것이다. 이제 우리는 하나님의 형상을 상실했으며, 그분께 합당한 경배와 찬양을 드릴 수 없게 되었다.[5]

아담이 선악과를 따 먹는 죄를 지었을 때, 우리의 본성 전체가 더럽혀졌다. 그리하여 인간의 모든 인격적인 기능이 그 영향 아래 놓이게 되었다. 이 때문에 바울은 에베소 교회의 신자들을 향해 이렇게 권면했다. "하나님을 따라 의와 진리의 거룩함으로 지으심을 받은 새 사람을 입으라."[엡 4:24] 우리가 하나님의 형상을 따라 새롭게 지음을 받는 일 속에는, 아담의 타락 때에 상실했던 참된 의와 거룩함을 되찾는 것이 포함된다. 이와 마찬가지로, 바울은 그리스도인들을 향해 "옛 사람을 벗어 버리[라]"고 당부한다.[엡 4:24] 아담의 타락 이후에 인간의 모든 본성이 부패했고, 당시의 신자들은 그리스도 바깥에 있던 이전의 삶에서 이미 그 부패성을 절실히 경험한 바 있었던 것이다. 원래의 의를 상실했기 때문에 인간은 자기 마음속에서 깊은 부패성을 발견한다.

하나님이 아담에게 경고하신 것은 단순히 신체적인 죽음만이 아니었다. 인간은 도덕적인 기능과 신체적인 기능을 모두 지닌 존재다. 도덕적인 측면에서, 죄를 범한 아담은 자신의 죄책을 짊어짐과 동시에 본성의 오염에 시달리게 되었다. 죄책은 곧 그가 (모든 후손과 함께) 하나님의 진노 아래 놓이게 되었음을 의미했다. 그리고 본성의 오염은 그가 널리 부패한 존재 또는 '전적으로 타락한' 존재가 되었음을 의미했다. 우리가 아예 마귀같이 악한 존재가 되어 버린 것은 아니라 하더라도, 지금 우리의 본성은 실로 오염되어 있기 때문에 마음속 어디에서도 참된 선을 찾아볼 수가 없다. 신체적인 측면에서 아담은 이른바 '재난과도 같은 죽음'death of disaster을 경험했다. 이 신체의 고난 가운데는 우리가 이 세상에서 겪는 비참한 일들, 이를테면 질병과 건강의 쇠퇴, 고된 노동과 헛수고 등이 포함된다. 이 고난은 우리의 육신적인(혹은 현세적인) 죽음을 통해 그 절정에 이르며, 이는 하나님의 경고가 거짓이 아님을 보여준다.

하지만 인간이 하나님의 형상을 상실했다는 말의 의미를 이렇게 이해해서는 안 된다. '이제 우리는 그분의 형상을 철저히 잃어버렸기에 짐승과 다를 바 없는 존재가 되었다.' 역사적으로 개혁신학자들은 넓은 의미의 하나님 형상과 좁은 의미의 하나님 형상을 서로 구별해 왔다. 좁은 의미의 그 형상은 아담의 죄를 통해 상실되었지만, 넓은 의미의 형상은 심하게 망가졌을지언정 완전히 사라지지는 않았다는 것이다. 어떤 의미에서 그 형상의 뒤틀린 흔적이 아직 남아 있으며, 우리는 죄에도 불구하고 인간을 여전히 하나님의 형상으로 지음 받은 존재로 여길 수 있다. 창세기에서 하나님은 다른 이를 죽인 자들을 사형에 처할 것을 명하시는데, 이는 각 사람이 그분의 형상으로 지음 받은 사실에 근거를 둔다.

> 다른 사람의 피를 흘리면
> 그 사람의 피도 흘릴 것이니
> 이는 하나님이 자기 형상대로 사람을 지으셨음이니라. _창 9:6

야고보는 독자들에게 악한 말을 삼갈 것을 당부하면서, 일부 그리스도인이 하나님을 찬미하면서도 그분의 형상으로 지음 받은 다른 이들을 저주하는 모습에 개탄한다.약 3:9 아담은 타락한 때에 거룩한 성품을 상실하고 말았다. 그 성품은 오직 성령님의 사역을 통해 유지되는 것이었다. 원래는 아담이 추구해야 할 최상의 목표가 하나님께 있었지만, 이제는 그를 비롯한 모든 인간이 그들 자신을 삶의 목표로 삼게 되었다. 이제 우리는 선한 본성을 잃어버린 채로 태어나며, 우리 마음 속에는 악을 추구하는 보편적인 경향성(우리의 모든 기능이 그쪽으로 기울어 있다)이 자리 잡았다. 지금 우리는 영혼의 눈이 먼 채 깊은 어둠 속에서 살아간다. 우리는 마땅히 하나님을 사랑해야 하지만, 오히려 그분을 깊이 미워한다.롬 8:7 과연 그분을 향한 이 적개심을 어떻게 설명해야 할까?

원죄

로마서 5장에서 바울은 아담의 죄가 온 인류에게 전해졌으며 이로 인해 모든 이들이 죽음을 겪게 되었음을 진술한다. "한 사람으로 말미암아 죄가 세상에 들어오고 죄로 말미암아 사망이 들어왔나니"12절 그 뒤에 이어지는 이 본문의 세부 내용은 다소 복잡하고 해석상 논란의 여지가 있다. 하지만 이 주제를 다루기가 어렵다고 해서, 지금 우리의 상황이 어떠하며 죄의 깊은 수렁에 빠지게 된 이유가 무엇인지에 관한 논의 자체를 회피해서는 안 된다. 여기서 '우리가 죄인인 이유는 무엇인가?'라는 질문의 답은 두 단어로 요약될 수 있다. '원죄 때문에.' 어떤 이의 유명한 표현처럼, 이 원죄는 우리의 경험으로 입증될 수 있는 기독교의 유일한 교리다.[6] 하지만 세상 사람들은 이 교리를 몹시 불쾌하게 여기며, 기이하게도 일부 신자 역시 그런 태도를 보인다.

우리는 흔히 '원죄'라는 표현의 기원을 아우구스티누스에게서 찾곤 한다. 하지만 이 주제에 관한 그의 여러 생각은 초대 교회의 다른 교부들 사이에서 이미 공유되던 것이었다. 여기서는 원죄의 개념에 관해 몇 가지 설명을 덧붙이려 한다. 첫째, 이 개념은 아담이 '처음에 범한' 죄를 가리키는 것이 아니다(이것은 교회 안팎에 널리 퍼져 있는 오해다). 오히려 원죄는 그 후손인 우리의 '본성 속에 있는' 죄를 나타내며, 이 일의 책임은 우리의 원 부모인 아담과 하와에게 있다. 바울은 로마서에서 이 점을 밝히면서 다음과 같이 확언한다. "모든 사람이 죄를 지었으므로 사망이 모든 사람에게 이르렀느니라." 롬 5:12 그리고 『뉴잉글랜드 초급 독본』(17세기 미국 식민지에서 널리 쓰인 읽기 교과서—옮긴이)에서는 이 가르침을 이렇게 요약한다. "아담이 타락했을 때, 우리 모두가 죄를 범했다.In Adam's fall, we sinned all"7 원죄는 아담이나 우리 자신의 어떤 의지적인 행위를 지칭하는 것이 아니다. 오히려 그것은 우리가 행한 일과 상관없이 그에게서 물려받아 소유하게 된 죄의 본성을 가리킨다. 우리는 어머니의 뱃속에서 잉태되는 순간부터 이미 죄인이었으며, 하나님 앞에 무거운 죄책을 짊어지게 되었다. 우리의 삶이 존재하는 한, 우리는 늘 죄인으로 남는 것이다.

원죄는 이 세상에 무수한 죄악이 존재하는 이유를 설명해 준다. 이는 못된 나무가 나쁜 열매를 맺듯이, 우리의 부패한 본성에서 온갖 사악한 행동이 흘러나오기 때문이다. 마 7:17-18 창세기 6:5에서는 "[사람]의 마음으로 생각하는 모든 계획이 항상 악할 뿐"이라고 말씀하는데, 그 이유는 우리의 원죄에 있다. 이에 관해 왓슨은 이렇게 언급한다. "우리 마음은 오피치나 디아볼리,^Officina diaboli 곧 마귀의 상점 혹은 작업장과 같다. 그 가운데서 모든 해악이 생겨난다."[8] 우리 모두의 마음속에는 가공할 만한 악의 본성이 있으며, 우리는 감히 입 밖으로 낼 수 없는 일들을 상상하곤 한다.

웨스트민스터 소요리문답 제18문에서는 원죄를 이렇게 설명한다. "지금 인간이 처한 죄악 된 상태^the sinful estate of man 가운데는 아담의 첫 번째 죄로 인한 죄책과 원래 지녔던 의의 결핍[상실] 그리고 모든 본성의 부패가 포함되는데, 이는 흔히 '원죄'로 불린다. 이 원죄로부터 온갖 실제적인 악행이 나온다."

교회가 이 교리를 부인할 경우, 기독교 신앙은 심각한 손상을 입는다. 이때 우리는 펠라기우스의 인간관을 좇게 되며, 그리스도의 인격과 사역에 관한 진리들이 무너지기 때문이다. 고대의 펠라기우스주의자들은, 아담의 죄로 인해 아담 자신의 본성은 훼손되었지만 그의 후손들은 아무 영향을 받지 않았다고 주장했다. 그들의 관점에서 롬 5:12 이하의 내용은 그저 우리가 (자발적인 의지로) 아담의 죄를 모방한다는 점을 나타낼 뿐이다.

물론 아기들이 어머니의 뱃속에서 "죄 중에" 태어난다는 개념은 믿기 어렵게 여겨질 수 있다. 하지만 우리가 자녀(특히 여러 명의 자녀)를 키워 보면 그 말이 옳음을 실감하게 된다. 만약 아이들이 죄 없는 존재로 태어난다면, 그들이 일찍부터 비뚤어진 모습을 보이는 이유를 어떻게 설명할 수 있겠는가? (주위에서 쉽게 볼 수 있는 몇몇 특성만 언급하자면) 아이들이 떼를 쓰고 자기중심적인 태도를 취하며, 거짓말을 늘어놓고 물건을 훔치며, 부모를 감정적으로 지배하고 조종하려 드는 이유를 어떻게 설명할 수 있을까? 아무 죄가 없고 순수한 아이들이 이처럼 이해하기 힘든 일들을 행하는 이유는 무엇일까? 기독교에서는 아이들이 죄인으로 태어났기 때문에 어린 시기부터 이같이 죄악 된sinful 성품을 드러낸다고 설명한다.시 58:3 시편 51편에서, 간음과 살인을 범한 다윗은 자신이 날 때부터 죄인임을 시인하고 있다.

> 내가 죄악 중에서 출생하였음이여
> 어머니가 죄 중에서 나를 잉태하였나이다. _시 51:5

여기서 다윗은 자신의 간음이나 우리아를 살해한 일들을 일일이 언급하지 않고 곧장 문제의 근원을 다룬다. 이는 그 자신이 죄 중에 잉태되었다는 것이다. 시 51:5에 상응하는 신약의 구절은 엡 2:3인데, 여기서 바울은 우리가 모두 "다른 이들과 같이 본질상 진노의 자녀[였다]"고 선언한다. 우리는 하나님의 진노 아래 놓인 자들로서, 각자의 허물 때문에 징벌받아 마땅한 상태에 있다. 이는 그분을 노엽게 하는 죄악의 본성을 지녔기 때문이다. 한 아이가 자연적인 생식의 과정을 통해 어머니 뱃속에 잉태될 때, 그 아이는 하나님 앞에서 중한 죄책을 짊어진 죄인으로 태어난다. 그런데 많은 이들이 지적했듯이, 우리가 지닌 죄책의 문제는 세상 역사의 시초까지 거슬러 올라간다.

전가된 죄책

성경에 따르면, 사람의 죄는 주로 다음의 두 가지 방식으로 다른 이들에게 전달된다. 첫째, 열왕기상에서 여로보암 왕이 거짓 예배를 드렸을 때 이스라엘 백성들도 그의 죄에 휘말렸다.*participatione culpae* 그들은 그 일에 동참함으로써 우상 숭배의 죄책을 짊어지게 되었다. 둘째, 죄는 아담의 범죄에서 생겨난 죄책의 전가를 통해 다음 세대의 후손들에게 계속 이어진다.

어쩌면 악한 천사들도 여로보암이 이스라엘 백성들을 죄에 빠뜨렸던 것과 유사한 방식으로 하나님께 죄를 짓고 타락했을 것이다.[9] 사탄은 많은 천사들을 유혹해서 악에 빠뜨렸으며, 아담과 하와 역시 그 피해자가 되었다. 그런데 온 인류가 죄의 수렁에 "빠지게" 된 최악의 원인은 곧 아담이 범한 첫 번째 죄의 책임이 그들에게도 전가되었다는 데 있다.

토머스 굿윈에 따르면, 모든 죄는 "다음의 두 가지 유형에 속한다." 어떤 이로 하여금 "그 일의 죄책을 짊어지게 만드는 그 자신의 악행과, [둘째로] 그 죄책 때문에 생겨나는 마음의 내적인 부패"다.[10] 아담이 선악과를 따 먹었을 때, 그는 이 두 가지 죄를 모두 범했다. 그는 하나님 앞에서 영원한 죄책을 짊어졌으며, 그로 인해 죽을 수밖에 없는 자가 되었다. 그리고 안타깝게도, 아담의 모든 자연적인 후손들 역시 그와 동일한 상태에 놓였다. 우리는 다 하나님 앞에서 중한 죄인이며 거룩함을 잃어버린 자들이 된 것이다. 지금 우리는 죄책과 오염에 시달리고 있다. 아담과 마찬가지로, 우리에게는 하나님이 예수 그리스도 안에서 베푸시는 은혜의 약속이 필요하다.[창 3:15] 우리 각 사람의 삶 속에 그 약속이 반드시 적용되어야만 한다.

종교개혁 이후의 개혁신학자들은 당시에 형성되던 언약신학의 빛 아래 원죄의 교리를 발전시켰다. 언약신학에서는 이 세상의 역사를 대표하는 두 '거인'의 존재를 강조했다. 바로 아담과 그리스도였다. 첫 아담의 범죄는 모든 자연적인 후손의 삶에 끔찍한 영향을 끼쳤다. 이에 반해 둘째 아담인 예수 그리스도의 구원 사역은 그분의 영적인 후손들에게 놀라운 결과를 가져왔다.

아담의 죄책이 그 후손들에게 전가된다는 이 교리는 우리의 내재적인 죄, 혹은 본래적인 죄가 다음 세대의 자녀들에게도 전달되는 이유를 설명해 준다. 굿윈에 따르면 원죄가 오직 인간의 내적인 부패와만 연관되며 아담의 죄책이 전가되는 일과는 무관하다고 보는 이들은 "대개……그리스도의 의 역시 우리에게 전가된다는 사실을 부정하곤 한다."[11]

아담의 죄책이 그 후손들에게 직접 전가되었음을 옹호하는 한 가지 중요한 논거는 그가 일종의 '공적인 인물'이었다는 것이다. 하나님의 깊은 경륜 아래, 아담과 그리스도는 각기 자신과의 언약에 따라 백성들을 대표하는 '공적인 인물'이 되었다. 바로 행위 언약(아담)과 은혜 언약(그리스도)이다.[12]

로마서 5장에서는 이 언약의 대표자들인 아담과 그리스도 사이의 유사점과 차이점을 뚜렷이 진술한다. 이 본문에서는 아담을 통해 죄가 이 세상에 들어왔으며, 그리스도를 통해 그 죄가 제거되었음을 언급한다. 오웬에 따르면 이 둘은 서로 명확히 대조되는 모습을 보인다. 12절에서 시사하듯, 이 세상에 들어온 죄는 그에 대한 징벌로 이어졌다. 아담과 온 인류 사이에 있는 언약의 유대 관계로 인해, 이제 모든 이들은(오직 예수 그리스도만을 제외하고는) 아담의 인간성뿐 아니라 그 죄책까지 공유한다. 아담이 인류의 언약적인 대표자로서 죄를 범했을 때, 그 징벌로서 그의 후손들 역시 사망 아래 놓이게 되었다. 이 일에 관해 오웬은 이렇게 언급한다. "그 후손들이 사망의 형벌을 받게 된 것은 하나님의 마땅한 법에 따른 일이었다. 이는 그들의 존재가 죄를 범한 첫 사람 아담과 긴밀히 연합되어 있었기 때문이다."[13] 오웬에 따르면, 성경에서는 아담의 죄로 인해 자연적인 생식을 통해 태어난 온 인류의 본성이 타락하고 부패하게 되었음을 밝힌다. 로마서 5장에 담긴 바울의 논증이 보여주듯, "이 세상에 죄가 들어온 이후 모든 사람이 하나님 앞에서 '지독히 불쾌한' 존재, 곧 죽을 수밖에 없는 존재가 된 것은 바로 아담이 범한 그 일의 죄책 때문이었다."[14] 아담의 죄책은 온 인류에게 전가되었으며, 우리가 죽음을 피할 수 없는 이유는 바로 여기에 있다.[15]

신학자들은 로마서 5:12의 끝부분을 어떻게 해석할지를 두고 여러 세기에 걸쳐 상당한 논쟁을 벌여 왔다. 이 구절의 끝부분 *eph' hō pantes hēmarton*은 원인을 나타내는 절로 여겨질 수 있고, 이때 그 구문은 이렇게 번역된다. "이는 모든 이들이 죄를 범했기 때문이다."for that all have sinned, KJV 본문 그러나 이 부분을 단순 관계절로 여길 때는 이렇게 번역된다. "[아담] 안에서 모두가 죄를 범했다."in whom all have sinned, KJV 여백, n. 4 이 후자의 번역은 라틴어 불가타 성경의 표현in quo omnes peccaverunt에 근거한 것으로, 존 오웬은 칭의를 다룬 저서에서 후자를 선호한다.[16] 굿윈에 따르면, 이 후자의 해석에서는 "아담이 태초에 범한 일의 죄책이 온 인류에게 전가되었으며, 우리는 그 안에서 이미 죄를 범한 자들이라는 점이 분명히 드러난다."[17] 그리고 프란키스쿠스 투레티누스[1623-1687]는 이렇게 언급했다. "이 구절의 '에피 호'eph' hō를 관계절('그 안에서')이나……원인절 중 어느 쪽으로 번역하든 간에, 그것은 동일한 진리를 나타낸다."[18]

　오웬은 12절의 내용을 살핀 뒤, 사망이 모든 이에게 이르렀다고 설명한다. 실제로 죄를 짓지 않은 이들, 아담과 같은 죄를 범하지 않은 이들에게도 그 징벌이 임했다는 것이다.[롬 5:14] 물론 아담이 범한 죄의 행실이 온 인류에게 **개별적으로** 적용되는 것은 아니다. 하지만 그의 죄는 모든 후손의 삶에 중대한 영향을 미쳤다. 이는 그 일의 죄책이 그 후손들에게 직접 전가되었기 때문이다. 오직 초자연적인 방식(동정녀 탄생)으로 출생하신 그리스도만이 그 죄책에서 면제되었으며, 그분은 죄의 오염에서도 자유로우셨다. 달리 말하자면 아담이 죄를 지었을 때 온 인류도 자신들의 대표자인 아담 안에서 그 죄에 동참했다는 것이다. 아담이 죄를 범했을 때, 그 죄책은 그의 후손들에게 직접적으로 즉시 전가되었다. 그 죄책은 이후 우리 자신이 아담처럼 죄를 범할 때 그 일로 인해 간접적으로 전가되는 것이 아니다. 오웬이 언급했듯이, 우리는 "하나님의 마땅한 법" 아래서 아담의 존재와 긴밀히 연합되어 있다. 그가 죄를 범했기에 우리도 죄 가운데서 태어나며, 아담의 죄책이 우리에게 실제로 전가되었기 때문에 사망의 형벌 아래 놓인다.[19]

　지금 우리의 본성이 부패한 이유는 이처럼 아담의 죄책이 우리에게 전가되었기 때문이다. 그는 우리의 언약적인 대표자다.

죄의 보편성

원죄는 온 인류에게 영향을 끼쳤다. 우리는 모두 첫 사람 아담과 하와의 존재에 근원적으로 연결되어 있기 때문이다. 창세기의 이야기는 이 죄의 보편성을 다양한 방식으로 드러낸다. 예를 들어 노아의 홍수 이야기에서, 우리는 인간의 사악함을 깊이 실감하게 된다. 그 사건 이전에 우리는 이런 말씀을 접한다. "여호와께서 사람의 죄악이 세상에 가득함과 그의 마음으로 생각하는 모든 계획이 항상 악할 뿐임을 보시고."^{창 6:5} 그리고 홍수 이후에 하나님은 이렇게 확언하셨다. "사람의 마음이 계획하는 바가 어려서부터 악함이라."^{창 8:21} 하나님은 결코 불의한 분이 아니시다. 그분이 온 세상을 홍수로 심판하신 데는 합당한 이유가 있었다.

열왕기상 8장에서 솔로몬은 하나님 앞에 성전 봉헌의 기도를 드리면서 이렇게 고백한다. "범죄하지 아니하는 사람이 없사오니."^{46절} 그는 전도서에서 이런 말도 남겼다. "선을 행하고 전혀 죄를 범하지 아니하는 의인은 세상에 없기 때문이로다."^{전 7:20} 솔로몬은 자기 아버지인 다윗과 동일한 인간관을 품었던 것이 분명하다. "주의 종에게 심판을 행하지 마소서. 주의 눈 앞에는 의로운 인생이 하나도 없나이다."^{시 143:2}

신약에서도 이 암울한 인간관이 옳음을 확증한다. 로마서 3장에서 사도 바울은 구약의 여러 본문을 인용하면서 이렇게 선포한다. "의인은 없나니 하나도 없으며 깨닫는 자도 없고 하나님을 찾는 자도 없고 다 치우쳐 함께 무익하게 되고 선을 행하는 자는 없나니 하나도 없도다."^{10하-12절} 지금 온 세상 사람들은 그들의 죄로 인한 하나님의 심판 아래 처해 있다.^{19절}

자신이 죄 없다고 말하는 이들은 스스로를 속이는 자들이다.^{요일}

1:8 왓슨에 따르면, "우리는 자신의 죄를 가볍게 여기면서 롯이 소알 성읍을 두고 한 말처럼 이렇게 얼버무리기가 쉽다. '그것은 실로 작은 일이 아닙니까?'창 19:20" [20] 그리스도인들은 종종 자신의 죄를 축소하는 잘못을 범하는데, 이는 하나님의 법에 대한 무지와 교만 때문이다. 그리고 불신자들의 경우, 아이러니하게도 그들의 죄 때문에 자기의 죄악 된 본성이 얼마나 참담한지를 미처 깨닫지 못한다. 사람들은 흔히 죄의 심각성에 관해 자신만의 체계를 구축하는데, 대개는 자신이 지을 법하지 않은 죄들을 가장 악하게 여기곤 한다.

전적 타락

자신에게 전혀 흠이 없다고 장담하는 이는 물론 많지 않다. 사람들은 대부분 자기 삶에 얼마간 허물이 있음을 시인하지만, 이와 동시에 자신의 허물을 축소하거나 애써 변명하며 합리화한다. 여러 신학 전통에서도 이 원죄의 교리를 약화시켜 왔다. 어떤 이들은 우리가 원래의 의를 잃어버렸음을 확언하면서도, 인간 영혼의 보편적인 부패는 부인한다. 그러나 이 점에 관해서는 장 칼뱅1509-1564의 말이 옳다. "지금은 우리 본성의 모든 부분이 심히 불결하고 비뚤어진 상태에 있다. 이처럼 부패한 우리가 하나님 앞에서 유죄 판결을 받는 것은 지극히 당연하다."[21] 이 구절에서 칼뱅은 우리 본성 속에 원죄의 영향력이 광범위하게 자리 잡고 있음을 강조한다. 그리고 '전적 타락'total depravity이라는 어구는 지금 우리가 논하는 개념의 의미를 정확히 드러내 준다.

　'전적 타락'은 우리 각 사람이 더 이상 끔찍할 수 없을 정도로 악독한 죄인임을 뜻하는 것이 아니다. 만약 그랬다면 우리 인류는 이미 서로 죽고 죽이는 가운데서 수천 번 이상 멸종되고 말았을 것이다. 하지만 독약 한 방울이 물속에 스며들 때 그 전체가 오염되듯이, 지금은 우리 영혼의 모든 부분이 죄의 영향 아래 있다. 굿윈은 우리의 심령 전체를 더럽히는 죄의 힘에 관해 이렇게 언급한다. "죄의 영향력은 그저 우리 인격의 어느 한 부분에만 머물지 않는다. 그 영향력은 우리의 지성에서 시작되어 의지와 감정까지 사로잡고, 마침내 우리 심령의 모든 부분이 그 파괴적인 힘의 지배에 시달리게 된다. 신체적인 질병의 경우, 가장 심각한 병은 우리 몸의 어느 한 관절이나 지체만을 망가뜨리는 것이 아니다. 우리 몸 전체를 썩게 만드는 것이 가장 큰 질병이다. 그리고 죄는 우리의 온 영혼과 인격에 바로 그런 영향을 미친다."[22] 이처럼 죄의 오염은 아담에게서 그의 후손인 우리들의 삶 속으로 퍼져 나갔을 뿐 아니라, 우리 각 사람의 심령 전체에 속속들이 스며들었다.

창세기 6:5과 8:21을 살피면서, 존 머리[1898-1975]는 죄의 오염에 관해 다음의 몇 가지 요점을 언급했다. "다음의 어구는 인간의 죄가 실로 **극심한** 성격을 지님을 보여준다. '사람의 죄악이 세상에 가득함과.' 그리고 그 죄는 **내적인** 성격을 띤다. '그의 마음으로 생각하는……계획이.' 성경의 용례에서, 이는 우리 인간의 생각이 본질적으로 악함을 뚜렷이 드러내는 표현이다. 또 그 죄는 **총체적이고**('모든 계획이') **지속적일**('항상') 뿐 아니라 **배타적인** 성격을 띠며('악할 뿐임을'), **일찍부터 나타난다**('어려서부터')."[23] 물론 인간의 죄를 억제하시는 하나님의 은혜가 있기 때문에 지금 우리가 마치 마귀처럼 악독한 상태에 있지는 않다. 하지만 우리는 태어날 때부터 지극히 악한 방식으로 심각한 죄를 짓곤 한다. 지금은 죄가 인간 존재의 모든 부분에 널리 퍼졌으며, 우리 몸과 영혼이 다 그 지배 아래 있다. "온 머리는 병들었고 온 마음은 피곤하였으며."^{사 1:5}

도르트 신조¹⁶¹⁸⁻¹⁶¹⁹에서는 인간의 타락 교리에 관해 간결하면서도 깊이 있는 통찰을 제시한다. 그 신조에 따르면, 인간이 처음에 지음을 받은 거룩함의 상태에서는 다음의 은사들을 간직하고 있었다. "창조주 하나님과 영적인 일들에 관한 참되고 건전한 지식, 의로운 마음과 의지, 순전한 감정"이 바로 그것이다. 하지만 인간이 거룩함을 상실했을 때, 이 "탁월한 은사들" 역시 빼앗기게 되었다.[24] 지금 우리는 깊은 타락에 빠졌으며, 그 상태에는 다음의 일들이 포함된다. "[우리의] 지성적인 판단력이 지독한 어둠에 사로잡혀 눈멀고 무익해졌으며, 철저히 왜곡되었다. [우리의] 마음과 의지는 완악하게 비뚤어진 채 하나님의 뜻에 반항하게 되었고, [우리의] 모든 감정은 속속들이 더러워졌다."[25] 그리고 똑같이 부패한 본성을 지닌 자녀들을 낳는다. 이는 우리 자신이 본질상 진노의 자녀이기 때문이다. "모든 사람은 죄 중에 잉태되어 진노의 자녀로 태어난다. 그들은 구원을 얻기에 합당한 아무 선도 행할 수 없고 오직 악한 일에 기우는 성향을 지닌 이들이다. 그들은 죄의 노예이며, 자신의 죄 가운데서 영적으로 죽어 있다."[26] 그러므로 전적인 타락 가운데는 '전적인 무능력'^{total inability}(우리에게는 자신의 심령 속에 영적인 생명을 창조할 능력이 없음)도 포함된다. 하지만 우리 그리스도인들까지도 여전히 전적인 타락의 상태에 있지는 않다. 죄인인 우리를 그리스도께 연합시키시는 성령의 주권적인 사역을 통해, 하나님이 우리 안에 영적인 생명을 친히 창조하시기 때문이다. 그러므로 그리스도인들은 더 이상 '전적인 타락'의 상태에 있지 않다. 이제 그들은 하나님을 향해 믿음과 소망, 사랑의 행실로 응답할 수 있다.

타락한 인간의 힘으로는 영적인 생명을 만들 수 없기에, 거듭나지 않은 이들의 본성에서는 진실로 선하고 존귀한 일이 생겨날 수 없다. 못된 나무는 나쁜 열매를 맺을 수밖에 없다.[마 7:17-18] 우리 자신에게는 **죄를 짓지 않을 능력이 없다.** 물론 전적인 타락의 교리는 우리에게 불행한 소식이며, 그런 소식 듣기를 좋아하는 이는 거의 없다. 이는 특히 우리가 선하다고 여기는 일들이 하나님의 의로운 표준에서는 악하다고 판정될 때 그렇다. 하지만 아우구스티누스에 따르면, 불신자들이 종종 행하는 외적인 선행은 이른바 '화려한 악덕'의 사례들일 뿐이다. 어떤 의미에서 우리는 불신자들의 '선행'이 인류의 공동선에 이바지함을 인정할 수 있다. 이는 지금도 온 세상에서 하나님의 일반 은총이 작용하고 있기 때문이다. 하지만 불신자들은 결국 그리스도를 향한 믿음이 없는 상태에서 모든 일을 행할 뿐이다. 그들은 성령의 능력에 의존하지 않으며, 하나님의 영광을 구하지도 않는다. 그런 의미에서, 그들이 행하는 어떤 일들도 참된 선행으로 여겨질 수 없다.

이 본성의 타락 교리는 불신자들의 자유의지를 부정하지 않는다. 다만 그리스도 바깥에 있는 이들에게는 참된 선을 행하려는 자발적인 성향이 없음을 밝힐 뿐이다. 안타깝게도 그들의 의지는 본성적으로 악을 향해 기울어 있다. 그리고 인간의 죄는 그들 자신의 지성 속에서도 드러난다. 이는 인간이 원죄에서 생겨나는 여러 죄를 범할 때, 대개는 그 죄를 지으려는 생각을 품는 일이 첫 단계이기 때문이다. 이처럼 인간 영혼과 지성이 원죄의 깊은 영향 아래 있기에, 그들의 의지 역시 악을 추구하게 된다.

적용

이 세상에 태어나는 순간부터, 우리는 거룩하신 하나님 앞에서 죄인의 상태로 머문다. 우리 앞에는 영원한 지옥의 심판이 놓여 있으며, 하나님이 베푸시는 구원의 은혜가 없이는 그 결말을 피할 수가 없다. 날 때부터 악한 우리 인간들의 마음은 작은 지옥과 같다. 그들의 마음속에서는 마귀가 어떤 경쟁자도 없이 통치하며, 그리스도께서 그 안에 임하시기 전까지는 계속 그 상태에 있게 된다. 이처럼 인간의 이야기는 가망이 없어 보이지만, 그리스도 안에는 그들을 위한 참소망이 자리 잡고 있다.

어떤 의미에서 인류의 대표자인 아담은 "새 사람"을 벗어 버리고 "옛 사람"을 입었다^{엡 4:22-24}(이는 아담의 타락을 가리킨다—옮긴이). 그러나 눈에 보이는 하나님의 형상이신 예수님은 "새 사람"으로 이 세상에 오셨으며, 그분 안에서 우리는 다시금 "새 사람"을 입게 된다. 바울은 "옛 사람을 벗어 버리[라]"고 촉구하는데, 이는 온갖 향락과 세상에 속한 일들을 추구했던 이전 삶의 방식을 가리킨다. 이제 우리는 그리스도 안에서 성경의 진리들을 배웠으며, 성령의 능력으로 변화되었다. 그러므로 바울은 "새 사람을 입으라"고 권면한다. 이제 우리는 세상의 죄악 된 일들에서 돌이키고, 하나님의 명령을 좇아 선을 행하는 데 힘써야 한다. 전에 우리가 상실했던 거룩함이 그리스도 안에서 회복되며, 그 결과로 우리는 아담이 죄를 짓기 전에 누렸던 것보다도 더 온전한 상태에 이르게 된다.

　원죄로 인해 온 인류는 깊은 죄책과 오염에 시달리게 되었으며, 하나님 자녀의 지위를 박탈당한 상태에 이르렀다. 하지만 그리스도 안에서 우리는 그분이 베푸시는 은혜의 유익을 누리며, 이런 문제들의 참된 해답인 칭의와 성화, 양자 됨을 얻는다.

03 } 죄에는 없는 것: 넌 사랑의 감정을 잃었어[1]

죄의 본질

우리는 죄의 결과들을 어렴풋이 헤아릴 수 있다. 영혼의 질병인 죄는 우리의 지성을 눈멀게 하며, 우리 마음을 강퍅하게 만든다. 또 그것은 우리의 의지를 어지럽히고 우리 삶의 힘을 빼앗아 가며, 우리의 깊은 감정들을 무너뜨린다.

하지만 죄의 본질은 무엇일까? 우리가 죄를 정의하는 방식은 우리가 그것을 어떻게 이해하는지에 관해 많은 것을 드러낸다. 우리는 흔히 사람들이 실제로 범한 죄들에만 초점을 맞추고는, 죄가 곧 하나님을 거역하는 일이며 그 가운데는 우리가 행한 일뿐 아니라 실제 행동으로 이어지지 않을 수도 있는 마음의 성향과 갈망 역시 포함됨을 경시한다.

어떤 이들은 죄를 곧 우리의 존재 속에 들어와서 우리를 더럽히는 낯선 실체로 오해해 왔다. 물론 죄는 지금 각 사람의 마음속에 자리 잡은 채 우리 삶을 오염시킨다. 하지만 죄는 인간성의 본질에 속하지 않으며, 물리적인 실체도 아니다. 그렇다면 죄는 무엇인가? 우리가 죄를 짓는다는 것은 무엇을 의미하는가? 우리는 자기 마음속의 모든 성향에 책임을 져야 하는가? 우리 마음의 성향들은 의지적인 성격을 띠는가, 아니면 의지와는 무관한가? 이런 질문들은 우리 자신의 존재나 하나님과의 관계를 이해하는 데 매우 중요하다. 우리는 한 사람의 죄인으로서뿐 아니라 그분께 속한 성도로서 이 질문들을 깊이 숙고해야 한다.

결여와 적극적인 경향성

죄를 정의할 때, 우리는 그 성격을 두 가지로 구분할 수 있다. (1) 결여privation 혹은 마땅히 갖춰야 할 어떤 특성의 부재와 (2) 적극적인 경향성positive inclination 혹은 악한 일을 실제로 범하려는 성향이다. '결여'(라틴어로는 privatio)는 죄가 일종의 실체성substantiality을 지닌다는 개념에 반대되는 용어로 쓰이지만, 때로는 죄의 능동성을 강조하기 위해 '실제적인 결여'actual privation라는 표현을 쓰기도 한다. 이 표현은 주로 아우구스티누스에게서 유래한 것으로서, 곧 원래의 의가 상실됨을 가리킨다. 이때 이 선의 부재를 '순전한 결여'mere privation로 여겨서는 안 된다. 죄 때문에 인간의 의지 자체가 소멸하는 것은 아니기 때문이다. 다만 이 일 가운데는 ('완전한 결여'complete privation와 대비되는 의미의) '불완전한 결여'incomplete privation가 포함된다고 볼 수 있다. 달리 말해, 지금 우리는 하나님의 형상 됨을 그 겉모습까지 남김없이 잃어버린, '완전한 결여'라고 할 만한 상태에 있지 않다. 그리고 선의 부재를 '순전한 결여'로 해석할 경우, 죄의 개념 속에 늘 함께 포함되어 온 '적극적인 경향성'의 개념을 간과하게 된다. 개혁신학자들이 '적극적인 경향성'

을 언급할 때, 그들은 윤리적인 의미에서 죄가 '적극적인 선'positively good 이라는 듯이 여기는 것이 아니다. 또 그들은 물리적인 의미에서 '적극적인 경향성'(어떤 사물이 실제로 이 세계에 존재한다는 특성—옮긴이)을 언급하지도 않는다(이 역시 하나님의 피조물로서 선할 것이다). '적극적'이라 함은 오히려 논리적인 의미로서, 곧 인간이 자신의 의지대로 계속 여러 일을 행함을 나타낸다(예를 들어 창 6:5의 "항상 악할 뿐임을").

굿윈에 따르면, 인간의 죄는 첫째로 "하나님이 처음에 인간의 존재 안에 심어 주셨으며 그분의 법 아래서 마땅히 요구되는 모든 의와 참된 거룩함이 철저히 소멸되고 결여된 상태"를 가리킨다. 그리고 둘째로, 그 죄는 "하나님의 은혜를 거스르는 모든 일을 추구하는 적극적인 경향성"이다. 이는 "그분의 법에 따라 금지되는 온갖 죄를 행하려는 성향"이며, "이 적극적인 죄의 성향은 두 부분으로 나뉜다."[2] 그에 따르면 이 두 부분은 다음과 같다.

(1) 세상과 육신에 속한 죄악 된 일들을 추구하는 우리 영혼의 무절제한 욕망
(2) 하나님과 그분의 거룩한 일들을 향한 깊은 적대감[3]

기본적으로 죄 가운데는 의의 결핍뿐 아니라 불의를 추구하는 성향 역시 포함된다. 그리고 이 후자의 성향은 늘 의롭고 거룩하신 하나님을 향한 적대감으로 이어진다. 이와 반대로 거룩함을 추구하는 성경의 기독교 윤리에서는 죄와 상반되는 참된 의 가운데 악을 삼가는 일과 부지런히 선을 행하는 일이 모두 포함됨을 가르친다.엡 4:25-29

죄는 하나님의 법을 거스르려는 성향이다. 이는 어떤 것을 행하거나(예를 들어 거짓말), 반대로 행하지 않는 일(예를 들어 진실을 말하지 않는 것)을 통해 드러날 수 있다. 죄에 대해 바빙크는 다음과 같이 설명한다. "죄를 하나의 실재하는 사물 혹은 그 속성으로 여겨서는 안 된다. 오히려 그것은 일종의 결함이자 박탈, 선의 부재인 동시에 연약함과 불균형이다. 이는 눈멂이 곧 시력의 박탈을 의미하는 것과 마찬가지다."[4] 버로스 역시 죄의 악한 성격을 공허함[nothingness]으로 설명한다. "존재하는[have a being] 모든 사물은 그 안에 얼마간의 선한 속성을 지닌다. 하나님은 절대적인 존재이시며,[hath a Being] 그분이 모든 것을 지으셨기에 모든 존재는 어느 정도 선한 성격을 띠기 마련이다. 하지만 죄는 독립적인 실체가 아니며[a Non-entity] 하나의 존재가 아니다.[a no being] [그것은] 차라리 그 어떤 존재[being]보다 존재의 속성[a Being]이 박탈된 상태다. 그리고 이것이 불법의 심오한 비밀이다. 하나의 존재가 아닌 그것이, 온 하늘과 땅 가운데 그토록 거대한 혼란과 불화를 일으킨다는 것이다."[5] 이처럼 '독립적인 실체가 아닌' 죄가 우리 삶 속에서 그렇게 강력한 지배력을 행사하는 일은 얼마나 기이한가!

죄는 마치 일종의 기생충과 같다. 지금 그것은 하나님이 선하게 창조하신 이 세계에 들러붙어 있다. 죄는 이 세계의 선한 일들을 제멋대로 조종하며, 그 모습을 왜곡하고 변질시키며 훼손하고 망쳐 놓는다. 따라서 죄를 하나의 결여, 곧 의의 결핍으로 이해하는 것은 인간들이 처한 상태에 관한 진실의 절반만을 보여준다. 우리는 중립적인 존재가 아니기 때문에, 우리가 하나님과 동료 인간들을 거슬러 반기를 들려는 적극적인 경향성을 지닌다는 사실 역시 염두에 두어야 한다. 우리 안에는 이처럼 파괴적인 영향력이 존재하며, 이로 인해 죄를 '불의', '범법', '무법' 등의 다양한 이름으로 지칭하게 된다.

만약 죄가 하나의 물질적이거나 영적인 실체라면, 다음의 두 가지 중 하나가 참이어야만 한다. (1) 하나님이 죄의 원인이시거나, (2) 하나님이 만물의 창조주이시지만 유독 죄만은 그분과 상관없이 독립적으로 존재하는 실체가 되어야 한다. 하지만 이 둘은 모두 불가능하다. 따라서 우리는 죄의 본질을 물리적인 문제로 여겨서는 안 된다. 그것은 윤리적인 사안이다.[6] 죄는 하나님을 떠난 인간의 왜곡된 의지에서 생겨났으며, 하나의 부정negation(원래부터 없는 것―옮긴이)이 아니라 결여privation(마땅히 있어야 하는데 없는 것―옮긴이)다. 물고기가 말을 하지 못하는 것은 하나의 부정이다. 그러나 인간이 말을 하지 못하는 것은 결여다. 보통의 경우 인간은 말하는 존재로 지음 받았기 때문이다. 그러므로 죄는 곧 하나님의 형상으로 지음 받은 인간이 마땅히 지녀야 할 의의 결여다.

그런데 우리는 죄를 하나의 결여로 언급하면서 동시에 일종의 '행동'으로 간주할 수 있다. 예를 들어 어떤 사람이 끔찍한 사고를 당한 뒤에 부러진 다리를 끌며 병원에 가려고 애쓰는 경우를 생각해 보자. 이때 그는 '걷기'라는 행동을 수행하고 있지만, 그 행동 가운데는 상당한 장애와 결함이 있다. 이제 이 이미지를 죄의 문제에 적용하자면, 죄인인 인간은 마치 불구가 된 자신의 다리를 끌고 처형 집행인을 향해 나아가는 사람과 같다. 그는 자신의 치료자가 있는 병원으로 걸음을 옮기지 못한다. 죄는 우리를 선한 길에서 점점 더 멀리 떼어 놓기 때문이다.

로마서 5:6-9에서 바울은 우리의 결여와 연약함뿐 아니라 불의를 따르는 적극적인 경향성 역시 강조한다. 그에 따르면 지금 우리의 본성은 "연약[하며]……경건하지 않은" 상태에 있다.⁶⁺절 그리스도는 하나님의 "원수"였던 우리 "죄인"들을 위해 죽으셨다.⁸·¹⁰절 여기서 우리의 죄악 된 본성이 지닌 결여의 측면과 적극적인 측면이 모두 드러난다. 그리스도께서 부활의 능력을 지니신 것과 달리,롬 1:4 우리는 실로 "연약[하며]" 무능력한 자들이다. 우리의 본성 가운데는 심각한 도덕적 결함이 있다. 이 점을 신체적인 관점에 빗대어 살피자면, 우리는 말기 암 환자가 침대에 누워 비참하게 죽음을 기다리는 모습을 상상해 볼 수 있다. 이제 그의 삶 속에는 아무 생명력이 존재하지 않는다. 이와 마찬가지로 영적인 관점에서 우리는 치명적인 병을 앓고 있다. 지금 우리는 살아 있으나 살아 있지 못한 자들이다.살전 3:8

이와 동시에, 우리는 본성상 불경건한godless 자들이기도 하다. 로마서의 앞부분에서 바울은 이미 구속받지 못한 이 세상의 악한 이들을 '경건하지 않은 자들'로 묘사한 바 있다.롬 1:18; 4:5 이들은 원래의 의를 상실했을 뿐 아니라 그 마음속에 불의와 사악함이 가득한 자들이다.롬 1:21-31 지금 우리는 하나님과 그분이 베푸시는 생명의 은혜를 떠났으며, 이로 인해 영적으로 무력한 상태에 있다. 경건한 이들의 심령 가운데는 하나님의 생명이 충만하며, 그들의 삶 속에는 위로부터 임하는 선한 열매들이 가득하다. 그러나 불경건한 이들은 이 세상에서 하나님도 소망도 없는 자들로서, 극심한 궁핍에 처하게 된다.엡 2:12

이처럼 하나님의 능력을 상실하고 영적으로 무력해진 이들은 죄인이 될 뿐이다.롬 5:8 결여는 죄로 이어지며, 그것은 우리의 본성을 부패하게 만든다. 죄는 우리의 심령 속에서 무기력하고 둔한 채로 남지 않고, 적극적인 영향력을 행사하기 때문이다. 거룩한 의가 머물러야 했을 우리의 마음속에는 깊은 불의가 자리 잡고, 선의 부재는 철저한 기질의 부패를 낳는다. 그리하여 우리는 '죄인'으로 불리기에 마땅한 자들이 된다.

우리 죄인들은 본성상 하나님의 원수인데, 이는 모든 죄가 궁극적으로 그분을 향해 짓는 것이기 때문이다. 우리의 죄는 우리 자신을 하나님께로부터 소외시키며, 이로 인해 우리는 그분의 뜻을 거스르는 그분의 대적들이 된다. 바울은 우리가 불경건한 죄인으로 그리스도 바깥에 머물렀던 당시의 상태를 이같이 언급한다. "전에 악한 행실로 멀리 떠나 마음으로 원수가 되었던 [이들]."골 1:21

이른바 '적극적인 범행'commission과 '소극적인 누락'omission의 죄들 역시 죄의 이 두 가지 본성과 밀접히 연관된다. '소극적인 누락'의 죄들은 하나님이 주신 계명들을 마땅히 지켜야 할 우리의 의무와 관계가 있다. 한 예로 '살인하지 말라'는 계명의 경우, 우리에게 다른 이의 생명을 보존할 것을 요구한다. 따라서 다른 이의 생명을 정당하게 돌보지 않을 때(예를 들면 차에서 내려 교통사고의 피해자들을 돕는 일), 우리는 율법에서 요구하는 의가 결여된 상태에 있게 된다. '적극적인 범행'의 죄들은 하나님이 금지하신 일들을 행하여 불의를 추구하는 우리의 적극적인 경향성과 연관이 있다. '소극적인 누락'의 죄들은 우리 영혼에 치명적인 영향을 끼친다. 우리에게는 삶의 여러 상황 속에서 특정한 방식대로 행할 의무가 있지만, 그 죄들로 인해 하나님의 창조 원리에 부합하는 존재가 되지 못하기 때문이다. 그뿐 아니라 우리는 하나님 앞에서 마땅히 해야 할 일 대신에 그분이 금하신 일들을 계속 행한다. 곧 하나님이 명하신 것과는 정반대되는 일을 '범하는' 것이다. 원죄는 어머니의 태중에 있을 때부터 우리 존재에 깊은 영향을 끼친다. 이로 인해 우리는 하나님의 법을 거스르게 된다. 그분이 요구하시는 원래의 의가 결여된 상태이기 때문이다. 나중에 다루겠지만, 이 원죄의 문제는 그저 우리 마음속에만 머무는 죄들에 관해서도 깊은 함의를 지닌다.

윤리적이며 영적인 함의들

죄는 하나의 독립적인 실체로 존재하지 않으며, 다만 이 세상의 선한 일들과 윤리적인 대척점에 놓인다. 그 죄의 참모습이 드러나기 위해서는 그 선한 일들이 꼭 필요하다. 죄는 오직 이 세상의 선한 일들에 기생해서 존재하며, 그 일들과의 대조 가운데 나타날 뿐이기 때문이다. 사탄이 악한 존재로 타락하기 이전에 그는 거룩한 천사였다. 그리고 죄가 아담의 본성을 손상시키기 전에 그는 의와 거룩함으로 지음 받은 사람이었다. 이처럼 죄의 존재는 이 세상의 선한 피조물들에 의존하며, 하나님의 창조와는 무관하게 존재하는 어떤 독립적인 악으로부터 생겨나지 않는다. 그리고 죄가 하나님의 형상으로 지음 받은 우리의 인간성을 철저히 말살해서 우리의 의지와 감정, 열망 자체가 소멸된 상태에 있는 것도 아니다. 처음에 아담은 자신만의 의지와 열망을 지닌 존재였으며, 이러한 인격적인 속성들을 소유한다는 사실은 타락 이후에도 본질적으로 달라지지 않았다. 다만 그 인격적인 속성들의 형태가 심하게 왜곡되고 변질되었다. 그 후에도 아담은 여전

죄란 무엇인가

히 사랑하며 갈망하는 존재였지만, 이제 그 사랑과 갈망은 깊은 혼란과 무질서에 빠졌다. 바빙크는 이렇게 언급한다. "실재의 관점에서 볼 때, 죄는 인간의 본성에서 어떤 것도 거둬 가거나 덧붙이지 않았다. 우리는 여전히 동일한 인간이지만, 이제는 하나님께 등을 돌린 채로 멸망을 향해 걸어가고 있다."[7]

이렇듯 죄가 윤리적인 성격을 띠기 때문에, 어떤 행위의 옳고 그름을 결정하는 기준도 하나님의 존재와 법에 근거해야 한다. 어떤 의미에서 불신자들의 '화려한 악덕'은 '미덕'으로 여겨질 수 있다. 그 동기와 맥락에 따라 다르지만, 그리스도 바깥에 있는 이들도 외적으로는 덕스러운 일을 행할 수 있다. 이는 곧 하나님의 법에 부합하며, 온 인류에게 베푸시는 그분의 일반 은총 가운데서 나타나는 일들이다. 하지만 이 사안을 더 깊이 들여다볼 때, 우리는 하나님의 법이 그저 의의 기준 역할을 하는 일종의 외적인 규범에 그치지 않음을 알게 된다. 오히려 그 법은 하나님 자신에게서 나온 것으로서 신적인 성격을 띤다. 이 때문에 불신자들의 외적인 미덕은 신자들의 선행과 동일한 것이 될 수 없다. 선행은 믿음 안에 있는 이들이 성령의 사역에 의존해서 하나님의 영광을 위해 행하는 것이다. 하나님은 이 세상이 창조될 때 인간의 마음속에 자신의 법을 친히 심어 주셨으며, 시내산에서 이스라엘 백성에게 재차 그 법을 선포하셨다. 그리고 그 법은 은혜 안에 있는 우리 그리스도인에게도 여전히 삶의 규준으로 남아 있다.[롬 13:8-10] 그러므로 우리의 선행은 이 영적인 법의 요구를 충족하는 것이 되어야 한다.

자발적인 죄와 비자발적인 죄

오직 의지를 지니도록 창조된 존재들만이 하나님의 법을 거슬러 죄를 범할 수 있다. 하나님은 이성적인 피조물인 우리 인간에게만 의지를 부여해 주셨다. 인간의 의지는 늘 그분이 주신 도덕법과의 관계성 가운데서 움직이며, 이는 우리가 그 법의 요구에 순종하든 불순종하든 간에 마찬가지다. 무지와 정욕에서 기인하는 죄의 경우, 그 죄악된 정도는 의지에서 나온 죄보다 덜할 수도 있다. 하지만 그 일이 죄가 아니거나 쉽게 용납될 수 있는 것은 아니다. 의지의 직접적인 움직임과 관련없이 우리의 지성에서 생겨나는 불순한 갈망 역시 죄다.

죄의 자발적인 성격을 바르게 헤아리기 위해서는 좁은 의미의 (엄밀한) 의지와 넓은 의미의(일반적인) 의지를 구별할 필요가 있다. 좁은 의미의 의지는 곧 '인간 의지의 직접적인 움직임을 통해 이루어지는 어떤 행위'를 가리킨다. 반면 넓은 의미의 의지는 '인간의 의지에 영향을 끼치거나 그 의지의 힘에 의존하는 온갖 행위'를 지칭할 수 있다. 후자의 의미에서는 모든 죄가 자발적이다. 하지만 좁은 의미에서 살필 경우 모든 죄가 자발적이지는 않다. 물론 그렇다고 해서 어떤 죄가 우리의 의지와 상관없이 생겨날 수 있는 것은 아니다. 의지의 움직임은 실제로 죄를 낳지만, 우리는 그 의지의 행위 이전에도 죄를 범할 수 있다. 예를 들어 우리 마음속의 부정한 생각은 실제 죄의 행위로 이어지지 않을 수도 있다. 하지만 그 생각을 죄로 여기지 않는 것은 개혁파 전통을 비롯한 개신교 전체의 일관된 가르침에 어긋난다. 한편 로마 가톨릭 전통에 속한 일부 학자의 경우, 하나님의 법에 어긋나는 마음의 움직임 자체는 죄가 아니라고 주장해 왔다.

이에 관해 프란키스쿠스 투레티누스는 이렇게 지적한다. "정욕의 첫 움직임은 자발적인 것이 아니며 우리 힘으로 온전히 통제할 수도 없지만, 그것은 여전히 죄다."[롬 7:7 8] 넓은 의미의 의지를 살피면서, 바빙크는 비자발적인 죄 역시 인간의 의지를 떠나서는 생길 수 없음을 설명한다. "인간이 죄를 짓기 전에 발생하는 의지뿐 아니라, 인간의 죄에 수반되며 그 결과로서 생겨나는 의지, 그 죄의 행위를 승인하는 의지 역시 존재한다. 우리가 어떤 죄를 범한 이후, 우리의 의지는 자신의 죄악 된 본성을 승인하고 받아들이며 그 안에서 즐거움을 찾는 것이다.……우리가 원치 않게 지은 죄 역시 우리의 의지와 전혀 무관하게 발생하는 것은 아니다."[9] 이런 논의들은 우리의 부정한 생각이나 갈망이 그저 하나의 자발적인 행위가 아니라는 이유로 용납될 수 없음을 보여준다. 어떤 의미에서 이런 생각과 갈망 속에는 늘 우리의 의지가 개입되어 있는 것이다. 인간은 끊임없이 의지력을 발휘할 수밖에 없는 존재이기 때문이다. 따라서 우리의 죄는 다양한 수준과 단계에 걸쳐 나타난다.[약 1:14-15]

토머스 맨턴[1620-1677]은 야고보서 4:16을 논하면서 이렇게 언급했다. "우리는 먼저 죄를 지은 다음에 그것을 옹호하며, 끝으로는 그것을 자랑하게 된다. 죄는 처음에 우리의 짐이 되었다가 나중에는 하나의 관습이 되며, 그런 다음에는 우리의 즐거움이 되었다가 마지막으로 우리의 미덕이 된다."[10] 더 정확히 살피자면 우리는 죄의 단계들을 다음과 같이 정리할 수 있다.

1. 죄를 지으려는 생각. (넓은 의미의 의지에 속한다.)

2. 실제로 죄를 범하려는 결정.

3. 죄의 행위. (자발적인 범죄로서, 좁은 의미의 의지에 속한다.)

4. 자신이 범한 죄를 즐거워하는 태도. (이때 그 죄는 더욱 가증한 것이 된다.)

5. 자신이 범한 죄를 자랑하는 일. (진심 어린 회개와 정반대에 있다.)

이 중 첫 단계는 우리의 지성에서 일어나며, 다음 단계들보다는 그 가증한 정도가 덜하다. 앞서 살폈듯이 이 단계의 죄 역시 (넓은 의미의) 인간 의지와 전혀 무관하지는 않다. 야고보서에서 언급하듯, 우리를 유혹하여 내적인 시험에 들게 하는 갈망(헬라어로는 *epithymia*) 역시 죄다.약 1:14-15 그것은 "탐내지 말라"출 20:17, 롬 7:7-13고 하신 열 번째 계명을 범하는 일이기 때문이다. 죄를 지으려는 생각은 곧 무질서한 갈망이며, 설령 그 생각을 행동으로 옮기지 않았다고 해도 대수롭지 않게 용납될 수는 없다. 물론 그 죄의 깊이는 그 일을 실제로 행하고 즐겁게 여긴 경우보다는 덜할 것이다. 하지만 그것은 여전히 죄다. 결국 우리는 자신의 마음과 영혼, 생각과 힘의 내적인 작용들에 관해 마땅히 책임을 져야 하기 때문이다. 그러나 감사하게도 하나님은 성령 안에서 우리 자신의 생각을 사로잡아 그리스도께 복종시킬 능력을 주셨다.롬 8:13, 고후 10:5 우리는 내적인 죄의 유혹이 늘 닥쳐올 수 있음을 의식하고, 하나님이 우리의 속사람을 변화시키셔서 그리스도의 마음을 품게 하시기를 간구해야 한다.고전 2:16 우리에게 은혜를 베푸셔서, 그분의 뜻에 어긋나는 일들을 점점 더 원하지 않게 되기를 바라고 구해야 하는 것이다. 이때 우리 자신의 무질서한 생각들을 용납하지 않음과 동시에, 하나님이 그 악한 생각대로 행하지 않도록 지켜 주심을 찬양해야 한다. 이는 모두 그분의 깊은 자비에서 나오는 일들이다.

인간의 행동

우리는 인간의 행동이 대개는 악하지 않음을 기억해야 한다. 앞서 살펴봤듯이 타락 이후에도 인간의 이성적인 기능들은 소멸되지 않았다. 예를 들어 아담이 음식을 먹고 숨을 쉬는 존재로 지음 받았듯이, 우리도 날마다 음식을 섭취하며 숨을 쉰다. 물론 타락 이전의 아담은 폭식의 죄를 짓지 않았을 것이다. 심지어 개혁신학자들은 물리적인 측면에서 살필 때 몸의 행위든 마음의 행위든 인간의 모든 행동이 선하다고 주장했다. 다만 모든 행동이 도덕적으로 선한 것은 아니다. 물리적인 선함과 도덕적인 선함 사이에는 뚜렷한 구분이 존재한다. 우리의 눈으로 무언가를 바라보는 일은 선하지만, 정욕을 품고서 그렇게 하는 일은 나쁘다. 차녹은 이렇게 말했다. "어떤 행동의 물리적인 선함은 하나님께로부터 나오지만, 그것의 도덕적인 악함은 우리 자신에게서 생긴다."[11] 누군가의 목숨을 거두는 일은 각각의 정황에 따라 선하거나 악할 수 있다. 우리의 물리적인 행동 자체는 나쁜 것이 아니지만, 그 행동의 도덕적인 선함은 "그 대상과 상황, 그 일을 행하는 우리의 마음 상태"에 달려 있다.[12]

하나님은 우리를 그분께 예배하는 존재로 지으셨으며, 그 일에는 우리의 온몸과 마음이 연관된다.[신 6:4-6] 물리적인 측면에서 이 예배의 행위는 중립적인 성격을 띠는데, 예를 들면 고개를 숙이거나 엎드려 절하는 일이 있다.[출 24:1, 행 10:25] 그리고 하나님께 예배할 때 우리는 마음과 생각도 그분께 내어 드린다. 하지만 하나님 외의 다른 존재에게 경배할 때, 예를 들어 거짓 신이나 그분을 상징하는 어떤 조각상 앞에 경배할 때, 우리는 도덕적인 악을 범한다. 이는 우리의 언어생활에서도 마찬가지다. 말하는 행위 자체는 물리적인 선이다. 그것은 하나님이 주신 선물이다. 하나님은 말씀하시는 분이며, 우리도 그분을 닮도록 창조하셨다. 하지만 우리의 혀는 자칫 악의 도구가 될 수 있다. 야고보는 이렇게 경고한다. "이것으로 우리가 주 아버지를 찬송하고 또 이것으로 하나님의 형상대로 지음을 받은 사람을 저주하나니."[약 3:9] 우리의 말을 가능케 하는 신체적인 동작 자체는 선한 것이지만, 그 말이 과연 도덕적으로도 선한지는 그 내용과 진실성에 달려 있다.

　　이제 인간 행동의 관점에서 죄의 정의를 다시 살펴보자. 차녹에 따르면, 우리 행동의 죄악 됨sinfulness of our actions은 "그 속에 마땅히 담겨야 할 의가 결여됨에 있으며, 그 행위the act가 하나님의 법에 부합하지 못함에 있다.……이제 행동의 죄악 됨은 그 행위 자체가 아니다. 다만 그것은 그 행위와 하나님의 법 사이의 연관성을 살필 때 드러나는 것으로, 곧 그분의 법을 벗어난 상태를 가리킨다. 따라서 행동의 죄악 됨은 행동에 밀접하게 덧붙은 것이며, 그 행위 자체와는 서로 구분되어야 한다. 그 행위 자체는 죄악 된 성격이 깃드는 하나의 대상일 뿐이다."[13] 차녹에 따르면, 우리가 어떤 행동을 죄악 된 것으로 지칭할 때 "인간의 행동은 하나의 (중립적인―옮긴이) 대상이며, 그 위에 죄악 된 성격이 부가된다. 행동이 곧 죄악인 것이 아니며, 죄악이 곧 행동인 것도 아니다. 둘은 서로 구분된다. 이는 신체의 각 부위와 그곳에 생긴 질환이 서로 구분되는 것과 같다. 예를 들어 팔과 그 마비 증세의 경우를 생각해 보자. 우리의 팔은 마비 증세가 아니며, 마비 증세 역시 우리의 팔과는 다르다. 다만 그 증세는 우리 팔이 겪는 하나의 질병일 뿐이다. 이처럼 죄악 된 성격도 우리의 행위에 밀접히 결부된 하나의 기형적인 상태다."[14]

이 점을 살필 때, 우리는 사랑에 관한 아우구스티누스의 유명한 설교를 떠올리게 된다. 그 설교에서 그는 요한일서 4:4-12을 본문으로 삼아, 우리 그리스도인들의 행위는 사랑의 근원에서 우러나는 것이 되어야 한다고 가르친다.

한 아버지는 어린 아들에게 매를 드는 반면, 그 아들을 유괴하려는 자는 아이의 머리를 부드럽게 쓰다듬어 준다고 생각해 보십시오. 매질과 부드러운 손길 중 어느 하나를 골라야 할 때, 매 맞는 편을 택할 사람이 누가 있겠습니까? 하지만 그 행동의 배후에 있는 이가 누구인지를 생각할 때, 우리는 아버지의 매질이야말로 사랑에서 우러나는 반면에 유괴범의 손길은 사악한 마음에서 나온 것임을 깨닫게 됩니다. 그러므로 나는 다음의 진리를 강조하고 싶습니다. 이는 곧 인간의 행동은 오직 그것이 참사랑에 근원을 두었느냐에 따라 분별될 수 있다는 것입니다. 사람들의 온갖 행동이 선하게 보이지만, 실제로는 진정한 사랑에서 유래하지 않은 것일 수도 있습니다. 우리는 가시나무에도 외관상 보기 좋은 꽃이 피곤 한다는 사실을 기억해야 합니다. 이와 반대로 어떤 이들의 행동은 매우 거칠어 보이지만, 우리를 옳은 길로 이끌려는 사랑의 동기에서 나온 것일 수도 있습니다. 마지막으로 여러분 앞에 이 짧은 권면을 드리고 싶습니다. '하나님을 사랑하십시오. 그리고 여러분이 원하는 대로 하십시오.'love God, and do what you will [15]

문제의 핵심은 우리의 행동 자체에 있지 않다. 오히려 어떤 동기에서 그 일을 행하느냐가 중요하다. 우리는 하나님의 법에 순복하는 방식으로 모든 일을 행해야 한다. 이는 인간의 죄가 윤리적인 동시에 영적인 사안이기 때문이다. 그리고 바울의 권고처럼, 사랑은 실로 중요하다. "내가 내게 있는 모든 것으로 구제하고 또 내 몸을 불사르게 내줄지라도 사랑이 없으면 내게 아무 유익이 없느니라."^{고전 13:3}

적용

죄는 우리가 도저히 헤아릴 수 없는 수수께끼지만, 그것의 존재를 인정해야만 한다. 이에 관해 바빙크는 두려우면서도 감동적인 말을 남겼다.

> 우리는 죄가 어디서 왔는지, 그것이 무엇인지 알지 못한다. 죄는 분명히 이 세상에 있지만, 그것에게는 그렇게 존재할 권리가 없다. 죄가 실재하지만, 아무도 그것의 기원을 설명하지 못한다. 죄는 아무 이유^{motivation} 없이 이 세상에 들어왔지만, 그것은 인간의 모든 생각과 행동을 움직이는 원인이 된다. 추상적인 관점에서 보면 죄는 그저 하나의 결여일 뿐이다. 하지만 구체적인 관점에서 그것은 모든 사람과 사건을 통제하는 강력한 힘이다. 죄는 자신만의 독립적인 원리를 소유하지 않지만, 온 창조 세계를 황폐하게 만드는 하나의 법칙이 된다. 죄는 선한 일들에 기생해서 존재하지만, 그럼에도 그 일들을 파멸시키려고 애를 쓴다. 죄는 아무 것도 아니고 아무것도 소유하고 있지 않으며, 하나님이 창조하신 실재와 세력들이 없이는 어떤 일도 할 수 없지만, 죄는 그 모든 것을 한데 모

죄란 무엇인가

아서 그분께 반기를 들려고 한다.……죄는 하나님이 그분의 창조 세계 가운데 허용하신 가장 큰 모순이다. 하지만 하나님은 죄를 자신의 영광을 위한 하나의 도구로 쓰시며, 이를 통해 그분의 의와 공의를 이루어 가신다.[16]

결국 하나님은 마귀의 뜻을 거스르는 방식으로 마귀의 일들을 사용해서 자신의 뜻을 이루신다. 마귀는 그리스도를 향해 견딜 수 없는 증오심을 품었기 때문에, 어떻게든 그분을 죽이고자 했다. 그러나 하나님은 바로 그 죽음을 통해 사탄의 권세를 무너뜨리셨다. 하나님은 그분의 무한한 지혜 가운데, 자신의 영광과 우리의 유익을 위해 인간의 죄들을 사용하신다.

우리는 죄의 진정한 실체를 도저히 헤아리지 못한다. 하지만 그것의 개략적인 본성과 영향력은 어느 정도 감지할 수 있다. 우리는 죄가 인간의 삶에 이중의 영향을 끼침을 안다. 죄는 우리 인격에서 의와 거룩함을 빼앗아 가며, 악한 경향성을 품게 만드는 것이다. 예를 들어 우리에게는 지나친 쾌락과 정욕을 추구하는 갈망이 있다. 그리고 그 갈망은 흔히 하나님과 그분의 길에 대한 완고한 반역의 태도와 함께 나타난다. 우리는 죄를 따라 하나님을 떠나며, 하나님을 떠나 죄를 좇아 가게 된다.

우리에게는 늘 하나님의 법에 어긋나는 생각과 행동에 대한 죄책이 있다. 우리 마음과 생각의 죄악 된 움직임이 실제 행동으로 드러나지 않을지라도 그것은 여전히 죄다. 이 때문에 우리는 이 강력한 죄의 세력에 맞서 싸워야만 한다. 루터는 우리의 믿음에 관해 이렇게 말했다. "이 믿음은 실로 생생하고 부지런하며, 능동적이고 강력한 힘이다!"[17] 우리는 죄 역시 그렇다고 말할 수 있다. 이 죄를 하나의 대적으로 여기지 않는 이들은 마침내 그 영향력 아래서 파멸하고 말 것이다. 그리고 우리 자신에게는 죄에 대한 아무 해답이 없음을 깨달을 때, 이 문제를 해결하실 수 있는 유일한 분에게 나아가게 된다. 그분은 바로 우리 주 예수 그리스도의 아버지 하나님이시다.

죄의 정의들

다윗은 밧세바를 범하고 그 남편 우리아를 죽게 한 후에도, 여전히 거짓 평안에 빠져 있었다. 그러자 선지자 나단이 찾아와서 그의 죄상을 통렬히 일깨워 주었다. 그 결과로 나온 것이 다윗의 시편 51편이다. 이는 회개 문학의 걸작이며, 성령님의 감화 아래서 기록된 글이었다. 이 시에서 다윗은 단순히 자신이 '죄를 지었다'고 고백하는 데 그치지 않는다.[4절] 오히려 그 과정에서 그는 죄에 관련된 성경의 어휘들을 깊이 숙고한다. 그리하여 우리는 남의 아내를 범하고 그 남편을 죽게 만든 그의 행위가 얼마나 가증했는지를 더 생생히 헤아리게 된다. 이 시편에서 다윗은 "내 죄과"[my transgressions, 1, 3절]와 "내 죄악",[my iniquity, 2, 9하반절] "내 죄"[my sin, 3절]와 "악",[evil, 4절] "죄악 중에서 출생하였음",[brought forth in iniquity, 5상반절] "죄 중에서" 잉태되었음[in sin, 5하반절]과 "내 죄[들]",[my sins, 9상반절] 그리고 "피 흘린 죄"[bloodguiltiness, 14절]를 언급한다. 달리 말해, 다윗은 자신이 단지 "과녁을 빗나갔다"고 말하는 데 그치지 않았다.

인간의 죄를 그저 '과녁을 빗나가는 일'로 지칭할 때, 우리는 죄를 다루는 성경 어휘들의 의미를 충분히 담아 낼 수 없다. 우리가 죄에 관한 요리문답의 가르침을 충실히 따른다 하더라도, 성경 자체의 표현을 깊이 숙고하지 않는다면 죄의 교리를 제대로 파악하지 못할 수 있다. 예를 들어 웨스트민스터 소요리문답 14문에서는 죄를 "하나님의 법에 제대로 순응하지 못하거나 그것을 범하는 일"로 정의하는데, 여기에는 더 자세한 설명이 필요하다. 우리 죄인들은 하나님의 의로운 표준에 순응하는 데 늘 실패하며, 이에 관해 성경은 이렇게 말한다. "죄를 짓는 자마다 불법을 행하나니 죄는 불법이라."^{요일 3:4} 그런데 우리는 하나님의 명령을 온전히 지키지 못할 뿐 아니라, 그분이 금하신 일들까지 반역자의 태도로 행하곤 한다. 성경은 이 점을 다음과 같이 잘 지적한다. "육신의 생각은 하나님과 원수가 되나니 이는 하나님의 법에 굴복하지 아니할 뿐 아니라 할 수도 없음이라."^{롬 8:7}

죄에 관한 성경의 여러 표현을 살필 때, 우리는 죄의 참담한 속성을 더 뚜렷이 깨닫게 된다. 하나님은 구속사의 여러 시기 가운데 자신의 이름들을 계시하셨으며, 이는 우리에게 그분의 다양한 속성들을 알리시기 위한 방편이었다. 그러므로 죄 역시 신학적 관점에서 다양한 방식으로 묘사되어야 한다. 우리가 죄의 본성을 논할 때 중요한 점은 다음과 같은 성경의 가르침을 기억하는 데 있다. '죄는 거룩하고 의로우며 변함없이 선하신 하나님을 거스르는 일이다.'^{시 51:4} 죄는 하나님 중심적이며,^{롬 1:18-32} 그분의 법을 거역하는 성격을 띤다.^{롬 3:20} 이런 의미에서 그것은 '반^反관계적'이라고 할 수 있다. 이는 우리 인간들이 하나님을 향해 깊은 적대감을 품고서 그분의 마음을 상하게 하기 때문이다.[2] 그리고 하나님을 미워할 때, 우리는 그분의 형상으로 지음 받은 주위 사람들을 향해서도 본성적인 적대감을 품게 된다. 성경에서 언급되는 죄의 어휘들은 죄가 무엇이며 왜 문제가 되는지 일깨워 준다.

구약

죄에 대한 구약의 가르침은 중요하다. 구약에서는 수많은 단어를 써서 죄의 성격을 묘사하며, 경건한 이들과 사악한 자들의 삶 속에서 죄가 다양한 모습으로 나타나는 것을 보여준다. 우리는 구약에 담긴 개인과 집단, 나라의 이야기들 가운데 인간성의 기이한 특질이 생생히 드러남을 보게 된다. 한 예로, 창세기에서는 매우 심오한 방식으로 인간 본성을 탐구한다. 그 책의 등장인물 가운데는 교활한 야곱도 포함되며, 하나님은 그를 변화시키고자 실로 많은 일을 행하셨다(그리고 오래 참으셨다). 또 다윗과 압살롬, 므낫세는 죄의 독특성과 그 결과들을 매혹적인 방식으로 드러내 준다. 우리는 이런 구약의 인물을 탐구함으로써 생생한 통찰을 얻음과 동시에 하나님 말씀에서 죄를 지칭하는 데 쓰인 여러 어휘를 자세히 살필 필요가 있다.

　　일반적으로 히브리어 어근 '하타'*ḥāṭā*는 '실수를 범함, 그릇 행함, 과녁을 놓침, 잘못된 길로 감' 등을 나타낸다. 이 개념들은 죄와 직접 연관성이 없을 때도 있지만, 이것은 구약에서 죄를 나타내는 데 가장 널리 쓰이는 단어다. 때로 이 단어는 신체적인 동작을 통해 영적인 개념을 상징적으로 드러내기도 한다. 예를 들어 잠언 19:2의 영어 본문에서는 이 단어가 '잘못된 길로 감'*missing the way*의 의미로 번역된다. "지식 없는 소원은 선하지 못하고 발이 급한 사람은 잘못 가느니라." 여기서 우리는 그 일을 영적인 조급함으로 해석해야 한다. 어떤 이들은 아무 생각도 없이 어떤 일에 '뛰어드는데', 이는 일종의 교만이다. 이런 교만은 주님을 끈기 있게 기다리는 태도와 서로 충돌한다. 성경의 어휘를 연구할 때, 우리는 이처럼 본문의 맥락을 염두에 두면서 그 의미를 주의 깊게 살펴야 한다. 잠언의 지혜 문학에서 이 단어는 주로 도덕적 실패를 드러내는 일상의 경험을 통해 죄의 실상을 보여준다.

히브리어 동사 '파샤'^{pāšaʿ}는 하나님이나 다른 인간들을 거슬러 고의로 반역하는 일을 지칭한다. 이스라엘 백성들은 하나님을 "배반[했으며]",$^{겔 2:3}$ 인간적인 수준에서는 "다윗의 집을 배반하여 오늘까지 이르렀[다]"고 언급된다.$^{왕상 12:19, 왕하 1:1}$ 이 단어와 밀접히 연관된 다른 동사는 '사라'^{sārā}인데, 이 '사라'의 어근은 대개 '어떤 길에서 벗어나는 일'을 가리킨다. 이 동사는 하나님의 길을 저버리는 영적인 완고함을 지칭할 수 있다. "너희가 어찌하여 매를 더 맞으려고 패역을 거듭하느냐."$^{사 1:5, 신 13:5}$

히브리어 명사 '마알'^{maʿal}은 '배반', '신의가 없음'을 나타낸다. "내가 그 땅을 황폐하게 하리니 이는 그들이 범법함이니라. 나 주 여호와의 말이니라 하시니라."$^{겔 15:8}$ "그 위에 내 그물을 치며 내 올무에 걸리게 하여 끌고·바벨론으로 가서 나를 반역한 그 반역을 거기에서 심판할지며."$^{겔 17:20}$ 히브리어 명사 '토에바'^{tōʿēbā}는 무언가 역겨운 일을 가리킨다. 이는 하나님이나 주위 사람들이 끔찍이 싫어하는 일을 나타낼 수 있다. 예를 들어 어떤 이가 흠 있는 양을 제물로 드릴 때, 이는 하나님 앞에 가증한 일이었다.$^{신 17:1}$ 그리고 남자끼리 동침하는 일 등의 그릇된 성행위 역시 그렇게 여겨졌다.$^{레 18:22}$ 히브리어 '아라'^{ʾārar}는 '저주'를 지칭하며, 구약의 저주 공식에서 자주 나타난다. 이는 구체적이며 공적인 하나님의 징벌을 선포하는 단어로서,^{창 3:14, 17} 종종 위협적인 성격을 띠었다.^{렘 11:3}

영어 성경 역본들에서는 죄를 나타내는 구약의 단어들을 다양한 방식으로 번역하고 있다. "해악",^{mischief} "사악함",^{wickedness} "골칫거리",^{trouble} "허물",^{wrong} "잘못",^{error} "기만",^{fraud} "범죄",^{crime} 등이 그것이다. 이 중에서 특히 중요한 것은 히브리어 명사 '아온'^{ʿawón}인데, 이 단어는 흔히 "죄악"^{iniquity}으로 번역된다. 구약에서 200회 이상 쓰인 이 단어의 용법을 살필 때 우리는 다음의 결론을 얻게 된다. '이 단어는 첫째로 죄악 된^{iniquitous} 행위 자체를 나타낸다. 둘째로는 그 행위에 수반되는 죄책을 지칭하며, 끝으로는 그 행위의 결과로 뒤따르는 하나님의 징벌을 가리킨다.' 이사야서 53장에서 예언된 고난받는 종은 우리 죄악을 짊어지셨다.^{6, 11절}

출애굽기 34:6-7에서 주님은 이렇게 선포하신다. "[나는] 자비롭고 은혜롭고 노하기를 더디하고 인자와 진실이 많은 하나님이라. 인자를 천대까지 베풀며 악과 과실과 죄를 용서하리라. 그러나 벌을 면제하지는 아니하고 아버지의 악행을 자손 삼사 대까지 보응하리라." 이 단락은 하나님의 속성들을 가장 영광스럽게 계시하는 성경 본문 중 하나다. 그런데 여기서는 죄인들의 후손을 향한 그분의 진노 역시 격렬하게 선포되고 있다. 이 구절에서 우리는 인간 죄악의 위험성에 직면하는 것이다. 그것은 그저 각 개인만의 문제가 아니라 일종의 공동체적인 사안(예를 들어 인종 차별)이다. 의로운 부모들이 그 자녀에게 풍성한 복을 전해 주듯, 다른 자녀들이 부모의 죄 때문에 고난을 받는 것 역시 사실이다. 이처럼 어떤 이의 죄악 때문에 공동체 전체가 징벌받았던 한 사례는 사무엘상 3:13-14에서 드러난다. 여기서 주님은 제사장 엘리의 가문을 향해 영원한 징벌을 선포하면서 이렇게 말씀하신다. "[이는] 그가 아는 죄악 때문이니 이는 그가 자기의 아들들이 저주를 자청하되 금하지 아니하였음이니라. 그러므로 내가 엘리의 집에 대하여 맹세하기를 엘리 집의 죄악은 제물로나 예물로나 영원히 속죄함을 받지 못하리라 하였노라 하셨더라." 엘리는 자기 아들들의 사악한 행위를 막지 않았으며, 이로 인해 그 집안 전체가 고난을 받게 되었다. 우리의 죄가 억제되지 않을 때, 그것은 마침내 파멸적인 결과를 낳는다.

구약은 또한 사악한 자들^{the wicked}에 관해 계속 언급한다. 히브리어 형용사 '라샤'^{rāšāʿ}가 그들을 지칭하는 데 널리 쓰였으며, 그들은 흔히 의인들과 대조된다(예를 들어 "주께서 의인을 악인과 함께 멸하려 하시나이까?"^{창 18:23} "의인들의 길은 여호와께서 인정하시나 악인들의 길은 망하리로다"^{시 1:6}). 사악한 자들은 악한 꾀를 내며,^{시 1:1} 시편 10편에서는 그들이 가난한 이들을 압박한다고 말한다.^{2절} 또 그들은 주님을 저주하고 배반하며,^{3절} 사실상 무신론자로 살아간다.^{4절} 그들은 다른 이들을 속이고 억누르며, "잔해와 죄악"^{7절}을 말한다. 그들은 가련한 이들을 괴롭히며,^{9절} 하나님이 이런 자신들의 행위를 기억하지 않으시리라고 여긴다.^{11절} 이런 사악한 자들의 삶은 늘 하나님의 존재 자체를 부인하는 태도로 이어지기 마련이다. 그러나 하나님은 의인들의 옳음을 인정하시며, 완고하고 사악한 자들을 철저히 심판하신다.^{시 1:4-6} 그러므로 악인들은 회개를 촉구하는 선지자들의 부름을 듣고 그 길에서 돌이켜 하나님께로 나아가야 한다.

> 악인은 그의 길을, 불의한 자는 그의 생각을 버리고
> 여호와께로 돌아오라. 그리하면 그가 긍휼히 여기시리라.
> 우리 하나님께로 돌아오라.
> 그가 너그럽게 용서하시리라. _사 55:7

마땅히 하나님을 사랑하고 섬겨야 할 사람들이 그분께 등을 돌리는 것은 실로 사악한 일이다. 하지만 우리는 놀랍게도 하나님이 그런 이들까지 긍휼히 여기시고 풍성한 사죄의 은총을 베푸시는 모습을 보게 된다. 성경에서는 죄인들을 정죄함과 동시에, 그럼에도 하나님이 그들에게 은혜를 베푸신다는 말씀이 자주 선포된다.

신약

신약에서 우리는 "죄", "죄를 범하다",^commit sin "죄악 된",^sinful "죄인" 등의 단어들을 자주 접한다. 바울은 이 단어들을 거의 100번에 걸쳐 언급했으며, 그중 60번 가량은 로마서에서 나타난다. 여기서 죄를 '과녁에서 빗나가는 일'로 여길 경우, 우리는 그것을 단순한 실수 정도로 낮추어 보게 된다. (이는 어떤 이가 도덕적 반역을 저지를 때, "원래 실수하는 게 인간이야" 하고 감싸 주는 것과 같다.) 이때 우리는 죄가 하나님의 법을 향한 심각한 반역이며 일탈이라는 점을 간과하고 만다.

신약에서는 헬라어 동사 '하마르타노'^hamartanō (죄를 범하다)가 자주 쓰이는데, 이 동사는 하나의 구체적인 행위 또는 영향력을 지칭한

다.$^{롬\ 5:21}$ 그리고 이 단어는 특정한 무리의 사람들을 가리키는 데 사용되기도 한다. "바리새인의 서기관들이 예수께서 죄인 및 세리들과 함께 잡수시는 것을 보고."$^{막\ 2:16}$ "우리가 아직 죄인 되었을 때에 그리스도께서 우리를 위하여 죽으심으로 하나님께서 우리에 대한 자기의 사랑을 확증하셨느니라."$^{롬\ 5:8}$

신약에서 죄의 개념은 "육신"^{sarx} 등의 다른 표현들을 통해서도 드러난다. 이 용어는 사람의 몸("주 예수의 시체가 보이지 아니하더라"$^{눅\ 24:3}$)이나 인간의 신체 구조("바요나 시몬아 네가 복이 있도다. 이를 네게 알게 한 이는 혈육이 아니요"$^{마\ 16:17}$), 혹은 혈연관계("나의 형제 곧 골육의 친척"$^{롬\ 9:3}$)를 지칭할 수 있다. 또 이 단어는 우리 인간의 연약함을 가리키기도 한다("마음에는 원이로되 육신이 약하도다"$^{마\ 26:41}$). 그런데 바울의 경우, 이 단어를 써서 인간의 죄악 된 본성을 나타낼 때가 많다("내 속 곧 내 육신에 선한 것이 거하지 아니하는 줄을 아노니",$^{롬\ 7:18}$ "너희가 육신대로 살면 반드시 죽을 것이로되"$^{롬\ 8:13}$). 우리 그리스도인들은 날마다 (죄악 된) 육신과 성령 사이의 투쟁을 경험하는데, 이는 이 둘의 갈망이 서로 충돌하기 때문이다. 바울은 육신의 일들로 "음행과 더러운 것과 호색과 우상 숭배와 주술과 원수 맺는 것과 분쟁과 시기와 분 냄과 당 짓는 것과 분열함과 이단과 투기와 술 취함과 방탕함과 또 그와 같은 것들"을 열거한다.$^{갈\ 5:19-21}$ 우리는 이런 일들을 십자가에 못 박아야 하며,$^{롬\ 8:13}$ 그러지 않고서는 하나님 나라를 상속받을 수 없다.$^{갈\ 5:21}$

그리고 죄에 관한 성경적 어휘를 더 생생히 보여주는 신약의 또 다른 단어들이 있다. 마태복음 23:28에서, 예수님은 서기관과 바리새인들의 잘못을 지적하면서 "불법"^{anomía}이라는 표현을 쓰신다. "이와 같이 너희도 겉으로는 사람에게 옳게 보이되 안으로는 외식과 불법이 가득하도다." 놀랍게도 주님은 당시에 율법을 철저히 지켰던 바리새 인(과 대제사장)들을 이렇게 '불법을 행하는 자들'로 지목하셨다. 하나 님의 법은 옳고 그름의 참된 기준이며, 모든 죄는 그분의 법을 범하는 행위다. 우리는 그분의 법에 근거해서 죄의 실체를 깨닫게 된다.롬 3:20; 7:7 그래서 예수님은 불법을 행하는 그 바리새인들을 이렇게 책망하셨 다. "너희는 어찌하여 너희의 전통으로 하나님의 계명을 범하느냐?" 마 15:3 그리고 곧이어 그들이 다섯째 계명을 어겼음을 드러내셨다.4-7절 바리새인들은 첫째 계명과 둘째 계명도 위반했다. 요한의 세례를 거 부함으로써 하나님의 뜻을 저버린 것이다.눅 7:30 또 그들은 안식일에 선을 행하지 않음으로써 넷째 계명을 어겼으며,마 12:9-14, 눅 6:9-11 주님을 죽이려 했으므로 여섯째 계명도 범한 것이 되었다("모세가 너희에게 율 법을 주지 아니하였느냐. 너희 중에 율법을 지키는 자가 없도다. 너희가 어찌 하여 나를 죽이려 하느냐."요 7:19). 그들은 과부의 재산을 집어삼켰으므로 여덟째 계명을 어겼으며,마 12:40 거짓을 말함으로써 아홉째 계명을 거 슬렀다("너희는 말하기를 그의 제자들이 밤에 와서 우리가 잘 때에 그를 도 둑질하여 갔다 하라"마 28:13). 그리고 탐욕을 부림으로써 율법의 열째 계 명을 범했다("바리새인들은 돈을 좋아하는 자들이라"눅 16:14).

헬라어 명사 '아디키아'adikia 역시 신약에서 자주 언급되며, "불 의",unrighteousness "부정",injustice "악",evil "죄악"iniquity 등의 다양한 표현으로 번역된다.롬 1:18, 29; 2:8; 3:5; 6:13; 9:14, 눅 13:27; 16:9; 18:6 죄 가운데 있는 인류의 특 징은 불의함인데, 그것이 불의함이 되는 이유는 오직 하나님이 의로 우신 분이기 때문이다. 죄는 궁극적으로 하나님을 거스르는 일이다.

그분의 법을 위반하는 우리의 죄들이 우리의 불의함을 입증한다. 하나님의 법을 어기거나 그분이 금하신 영역을 침범하는 이들은 "범법"*parabasis*을 행한 것이 된다.롬 4:15하 하나님이 율법을 주신 이유는 우리 인류의 범법 때문이었으며,갈 3:19 하와도 사탄에게 속아서 "범법자가 되었다"(개역개정판에는 "죄에 빠졌음이라"라고 번역되어 있음—옮긴이).딤전 2:14 신약에서는 아담 역시 죄를 범한 자*paraptōma*로 지칭되는데,롬 5:20 이는 도덕적인 실패 혹은 위반의 개념을 함축한다.

신약에서는 또한 "부정"("더러움")이라는 단어를 사용해서 죄의 개념을 나타내기도 한다. 이는 구약의 풍성한 용례에 기반을 둔 표현으로, 인간의 죄와 고집 때문에 거룩하신 하나님 앞에 나아가지 못한다는 점을 강조한다. 바울은 하나님을 믿지 않는 이방인들의 삶에 관해 이렇게 언급한다. "그들이 감각 없는 자가 되어 자신을 방탕에 방임하여 모든 더러운 것을 욕심으로 행하되."엡 4:19 이어 그는 그리스도인들을 향해 이렇게 경고한다. "음행과 온갖 더러운 것과 탐욕은 너희 중에서 그 이름조차도 부르지 말라. 이는 성도에게 마땅한 바니라."엡 5:3 하나님이 인류에게 내리신 가장 큰 심판 중 하나는 그들을 "마음의 정욕대로 더러움에 내버려 두[신]"롬 1:24 일이었다.

유다서는 불경건한 거짓 교사들의 가르침에 맞서 진리를 옹호하는 사도의 열정적인 변증서다. 그 교사들은 하나님의 은혜를 "육욕적인 것"sensuality(개역개정판에는 "방탕한 것"으로 번역되어 있다—옮긴이)으로 변질시켰으며, 불신실한 태도로 하나님을 부인했다.4절 이 서신에서 사도는 주님이 다시 오셔서 "모든 경건하지 않은 자가 경건하지 않게 행한 모든 경건하지 않은 일[을]……정죄하[실]" 것임을 선언한다. 그러면 그들의 불경건함은 구체적으로 어떤 성격을 띠었을까? 사도는 이렇게 서술한다. "이 사람들은 원망하는 자며 불만을 토하는 자며 그 정욕대로 행하는 자라. 그 입으로 자랑하는 말을 하며 이익을 위하여 아첨하느니라."^{16절} 이 "육욕적인 것"^{4절}은 또한 일종의 '방종'^{self-abandonment}을 지칭할 수 있다. 이는 곧 자기 삶의 통제력이 결핍된 상태다. 오늘날 소셜 미디어를 자주 활용하는 이들은 이런 죄들의 실상을 보게 된다. 신약에서 이 표현은 열 차례에 걸쳐 언급되며, 종종 성적인 죄들을 지칭하곤 한다.^{롬 13:13, 벧후 2:7} 그리고 이 죄들은 '방탕함'^{debauchery, asōtia}의 죄와 긴밀히 연관되는데, 이는 자신의 죄악 된 정욕을 좇아 살아가는 무절제한 삶의 일종이다.^{벧전 4:4}

바울은 율법에 관해 다소 복잡한 관점을 드러내지만, 그것이 적법하게 쓰일 때는 선한 것임을 분명히 한다.^{롬 7:16, 딤전 1:8} 디모데전서 1:9-10에서 그는 그 율법이 의인들을 위한 것이 아니라 "불법한 자와 복종하지 아니하는 자"들을 억제하기 위해 주어진 것임을 설명하고 있다.^{9절} 그런 다음에 그는 다양한 표현을 써서 불법을 저지르는 자들이 율법의 각 계명과 어떻게 연관되는지를 서술한다.

- 첫째 계명: "경건하지 아니한 자"^{9절} ("너는 나 외에는 다른 신들을 네게 두지 말라"^{출 20:3})

- 둘째 계명: "죄인"^{9절} (이것은 이방인들의 우상 숭배를 지칭하는 표현이다.)

- 셋째 계명: "망령된 자"^{9절} ("너는 네 하나님 여호와의 이름을 망령되게 부르지 말라"^{출 20:7})

- 넷째 계명: "거룩하지 아니한 자"^{9절} ("안식일을 기억하여 거룩하게 지키

라"^{출 20:8})

- **다섯째 계명:** "아버지를 죽이는 자와 어머니를 죽이는 자"^{9절} ("네 부모를 공경하라"^{출 20:12})

- **여섯째 계명:** "살인하는 자"^{9절} ("살인하지 말라"^{출 20:13})

- **일곱째 계명:** "음행하는 자와 남색하는 자"^{10절} ("간음하지 말라"^{출 20:14})

- **여덟째 계명:** "인신매매를 하는 자"^{10절} ("도둑질하지 말라"^{출 20:15})

- **아홉째 계명:** "거짓말하는 자와 거짓 맹세하는 자"^{10절} ("네 이웃에 대하여 거짓 증거하지 말라"^{출 20:16})

적용

죄인들의 특성을 이같이 묘사할 때, 우리가 때때로 간과하는 성경의 한 가지 요점이 드러난다. 이는 우리 인간들이 '단순한 죄인'^{mere sinners}의 수준에 그치지 않는다는 것이다. 우리는 그저 "사람은 다 죄인이지"라고 쉽게 말할 수 있지만, 성경은 다양한 어휘들을 써서 그 죄의 성격을 세밀히 드러낸다. 그렇기 때문에 우리는 그 안에서 "범법", "방탕함", "죄악" 등의 표현을 보게 된다. 살인자는 한 사람의 '범법자' 혹은 '죄악을 저지른 자'다. 법정에 선 범죄자는 자신의 죄책을 이렇게 얼버무릴 수가 없다. "물론 내가 죄를 지었지만, 사람은 다 죄인이지 않습니까?" 만약 유죄라면, 그는 자신의 구체적인 죄상을 모두 자백해야만 한다. 때로는 그가 범한 죄의 심각성을 강조하기 위해 판결문에 독특한 단어나 어구가 사용되기도 한다.

물론 우리는 이렇게 말할 수 있다. "사람은 다 죄인이다."^{롬 3:23} 하지만 동성애를 '인간 본성에 어긋나며 하나님 보시기에 가증한 일'

로 언급할 때,^{롬 1:27, 레 18:22} 우리는 이 말 속에 그것과는 무언가 다른 의미가 담겨 있음을 깨닫게 된다. 우리는 이교도들의 방탕한 삶을 보면서, 그저 이렇게 언급할 수 있다. "저들이 죄를 짓고 있네." 하지만 그 모습을 하나의 '불법'<u>lawlessness</u>으로 지칭할 때, 우리는 그들이 (하나님의) 법을 깨뜨리고 있다는 사실에 뚜렷이 초점을 맞추게 된다. 이와 마찬가지로 강간은 비열하고 추악한 것으로서, 극단적으로 다른 사람의 인격적 존엄성을 침해하는 행위다. 그러한 침해로 인해 한 사람이 붙들려 공격을 당하고 치욕을 겪으며, 자신의 인격적 존엄성을 상실하는 고통을 겪게 된다.^{신 22:28-29} 그것은 물론 하나의 죄다. 하지만 하나님은 다양한 표현을 써서 그 죄의 본성을 일깨워 주신다. 죄는 다 나쁘지만, 모든 죄가 같은 무게를 지닌 것은 아니다.^{요 19:11} 죄는 다 죄지만, 모든 죄가 동일하지는 않다.

이 장에서 우리는 성경에서 죄의 속성을 드러내는 다양한 어휘가 쓰였음을 살폈다. 이제 끝으로 언급할 점은, 은혜를 나타내는 성경의 어휘가 더욱 풍성하다는 것이다. 우리는 시편 51편에 담긴 다윗의 소망 가운데 이 점을 깨닫는다. 다윗이 실로 악한 죄를 지었기 때문에, 그런 그를 구원하시는 하나님의 은혜는 더 크고 놀라운 것이 되어야만 했다. 그래서 다윗은 그분의 "인자"와 "많은 긍휼"을 간구한다.^{1절} 그는 하나님이 자신의 죄를 씻어 주시기를 원하며,^{2절} "정결하게" 되어 자기 심령이 눈보다 더 희게 되기를 갈망한다.^{7절} 하나님은 우리의 죄를 "지[우시며]"^{9절} 더 이상 캐묻지 않는 분이시다. 하나님은 회개하는 죄인들의 마음을 깨끗하게 하시며, 그들 안에 정직한 영을 새롭게 하신다.^{10절} 하나님은 우리에게 성령을 베푸시며,^{11절} 구원의 기쁨을 회복시켜 주신다.[12절] 그분은 우리를 피 흘린 죄에서 건지시며,[14절] 다시금 우리의 찬양과 예배를 받아 주신다.[14-17절] 물론 우리의 죄는 실로 악하고 가증하다. 그러나 하나님은 늘 선하시며, 그분의 선하심은 우리의 모든 악을 능가한다.

05 } 죄가 남기는 것: 안녕, 오랜 친구인 어둠이여[1]

독약보다도 해로운 것

토머스 왓슨은 이렇게 말한 적이 있다. "우리 마음속에는 항상 죄의 불꽃이 타오르고 있다. 우리는 그 불을 끄기 위해 계속 통회의 눈물을 흘려야만 한다."[2] 이 땅의 삶에서, 우리는 늘 회개할 수밖에 없다. 이는 늘 죄를 짓기 때문이다.

우리는 성령의 사역을 통해 자신의 실제 본성을 깨닫게 된다. 왓슨은 인간의 현 상태에 관해 다음의 예리한 통찰을 남겼다. "죄인은 한 마리의 두꺼비나 뱀보다도 더 열등한 존재다. 뱀은 그저 하나님이 주신 본성대로 살아가며, 그 동물의 독은 약으로도 쓸 수 있다. 하지만 우리 죄인들은 마귀가 심어 준 타락한 본성을 따라 살아간다."[3] 신자들이 회심할 때, 그들의 죄책이 제거되며 죄의 지배가 깨진다. 하지만 그들의 마음속에는 죄의 잔재가 여전히 남는다. 이 장에서는 신자들 안에 내재하는 죄의 교리를 살펴보려 한다.

회심 이후에도 자기 삶 속에 죄가 남아 있음을 부인하는 신자는 거의 없다. 어떤 이들은 이 땅의 삶에서 자신이 완전한 상태에 이르거나 근접할 수 있다는 헛된 기대를 품기도 했다. 하지만 이 문제에 관한 성경의 분명한 가르침을 염두에 둘 때,[요일 1:8] 그런 관점은 거의 논할 가치가 없다. 그보다 우리의 중요한 관심사는 신자들이 거듭나서 산 소망을 얻은 뒤에도 그 마음속에 남아 있는 죄의 본성과 세력, 그 영향력이 과연 어떤 성격을 띠는가 하는 것이다.[벧전 1:3, 23] 존 헤이든[????-1782]의 말을 따라, 우리는 신자들의 삶 속에 내재하는 죄를 이렇게 지칭할 수 있다. "이 땅에서 살아가는 동안에 모든 선한 이들이 겪게 되는 불행."[4]

청교도 목회자인 새뮤얼 볼턴[1606-1654?]은 자신의 저서 『그리스도인들이 누리는 자유의 참된 한계』에서, 이 문제를 다음과 같이 서술했다.

> 우리 신자들의 삶 속에는 여전히 죄가 남아 있다. 부패한 본성의 작용과 영향력이 계속 드러나는 것이다. 그래서 우리는 자주 애통하며 눈물을 흘린다. 하지만 그리스도께서 우리를 죄의 권세에서 해방하셨으므로, 그것은 더 이상 우리를 지배하지 못한다. 여전히 죄가 우리 심령을 괴롭힐 수는 있지만, 우리의 삶 전체를 압도하지는 못한다.······고대의 카르타고는 그 나라가 온전히 지속되었을 때보다 절반쯤 무너졌을 때 로마에 더 큰 고통을 주었다고 한다. 이처럼 경건한 이들 역시 죄의 지배 아래서보다 그 권세가 꺾였을 때 오히려 더 큰 양심의 고통을 겪는다.[5]

지금 우리가 죄 때문에 겪는 마음의 괴로움은 이전에 어둠 가운데 살았을 때보다 더 크다. 이는 하나님의 영화로우심을 실제로 체험했기 때문이다. 그래서 우리는 죄의 심각성을 더 깊이 자각하게 된다. 우리의 죄는 곧 그분을 거스르는 행위다.

두 종류의 법

로마서 7장에서 바울은 죄와의 치열한 투쟁을 묘사했는데, 그 의미에 관해서는 오래전부터 상당한 논쟁이 있어 왔다. 주된 관심사가 되는 것은 여기서 바울 자신이 그리스도인이 된 후의 일을 언급했는지, 아니면 아직 그리스도 안에 있지 않았을 때의 일을 서술했는지에 관한 것이다. 각 관점을 옹호하는 학자들 모두 설득력 있는 논증을 펼치지만, 이 본문에서 바울은 아직 회심하지 않은 이들이 결코 씨름할 수 없는 내용을 전달하는 듯이 보인다. 오히려 그의 서술에 담긴 것은 많은 그리스도인들이 자기 죄와 씨름하는 과정에서 본능적으로 깨닫게 되는 일들이다.

이에 관해 C. E. B. 크랜필드[1915-2015]는 이렇게 지적한다.

어떤 이들은 24절의 부르짖음을 아직 회심하지 못한 이들이나 저급한 삶을 살아가는 그리스도인들의 것으로 여기고, 25절 상반부에서는 그들이 갈망하던 구원을 마침내 얻었음을 보여준다고 이해한다. 그러나 25절 하반부에서, 이 해석자들은 깊은 당혹감을 느낀다. 이 부분에서는 본문의 화자가 구원을 얻은 후에도 이전과 같은 상태에 있음을 암시하는 듯이 보이기 때문이다. 그 자신의 문제를 극복하려고 쏟았던 모든 노력은 다 허사로 돌아간 듯이 여겨진다.[6]

크랜필드는 25절에 이 논쟁의 해답이 있다고 주장한다. 이는 "곤고한 사람"이 "예수 그리스도로 말미암아" 구원받고 하나님께 깊이 감사하며, 그럼에도 자신의 "육신" 안에 있는 "죄의 법"을 물리치기 위해 여전히 씨름한다는 내용이 그 구절에 담겨 있기 때문이다.

교회사에서 신자들 안에 내재하는 죄를 살필 때 주로 논의의 대상이 되었던 것은 로마서 7:21-23이다. "그러므로 내가 한 법을 깨달았노니 곧 선을 행하기 원하는 나에게 악이 함께 있는 것이로다. 내 속사람으로는 하나님의 법을 즐거워하되 내 지체 속에서 한 다른 법이 내 마음의 법과 싸워 내 지체 속에 있는 죄의 법으로 나를 사로잡는 것을 보는도다."

바울 서신에서는 '법'law이라는 용어를 다양한 방식으로 사용한다. 이 본문을 해석할 때 요구되는 일 중 하나는 여기서 그 용어가 정확히 어떤 의미로 쓰였는지를 파악하는 것이다. 존 오웬은 이렇게 언급한다. "바울이 언급하는 '법'은 엄밀한 의미의 **지시적인 규범**a directive rule 또는 **일종의 효력과 영향력을 지닌 원리**an operative effective principle로 해석될 수 있다. 후자의 경우, 하나의 내적인 법으로 여겨진다."[7]

전자의 지시적인 법은 하나님이 주신 도덕 준칙이며, 그 목적은 사람들로 하여금 그분이 명하신 일들을 행하며 금하신 일들을 삼가도록 하는 데 있다. 사람들이 이 법을 따르거나 어길 때, 종종 그에 대한 보상과 징벌이 뒤따른다. 하나님은 에덴동산에서 아담에게 이 법을 부여하셨으며, 그후 구속사의 진행 과정에서 약속과 위협이 담긴 많은 법을 자기 백성에게 내려 주셨다. 이 세상의 실정법과 도덕법, 예식법과 시민법은 모두 이 '지시적인 규범'에 속한다.

이에 반해 후자의 법은 하나의 내적인 원리다. 그것은 우리의 의지를 움직여서 어떤 일들을 행하도록 만든다. 로마서 8:2에서는 그리스도 안에 있는 이들이 "생명의 성령의 법"을 통해 "죄와 사망의 법"에서 해방된다고 선포하는데, 여기서 "법"은 하나의 내적인 원리를 나타낸다. 로마서 7:21, 23(22는 예외)에서도 바울은 이 용어로써 하나의 내적인 원리를 지칭하며, 이는 신자들 속에 있는 죄의 본성을 헤아리는 데 도움을 준다. 오웬은 이 죄에 관해 이렇게 언급한다. "그 죄는 신자들 안에 내재하는 하나의 강력하고 실질적인 원리로서, 그것의 본성에 부합하는 일들을 행하도록 우리를 압박하며 이끌어 간다.……이 '내재적인 죄'나 '죄의 법'이라는 표현을 살필 때, 우리는 다음의 결론을 얻는다. 이는 곧 '신자들이 지닌 죄의 잔재에는 엄청난 힘과 영향력이 있어서, 악한 일을 행하도록 우리를 끊임없이 자극한다'는 것이다."[8] 우리 신자들의 삶 속에는 이처럼 죄의 '법'이 남아 있다. 물론 그 죄의 지배는 깨어졌고, 원죄의 영향력은 명백히 약화되었다. 이제 그리스도 안에 있는 우리는 성령 안에서 죄의 행실을 죽일 수 있다.[롬 8:13] 하지만 이 '법'은 우리 마음속에서 여전히 강한 힘을 발휘한다. 그리고 다음과 같은 오웬의 지적은 참으로 옳다. "우리가 그 영향력을 제대로 깨닫지 못할 때, 죄의 역사는 가장 강력히 나타난다."Where it is least felt, it is most powerful [9] 상당히 역설적이게도, 자기 안에 내재하는 죄의 힘을 뚜렷이 실감하는 이들은 그 폐해를 염려할 필요가 가장 적다. 오웬에 따르면, "죄의 영향력을 깨닫지 못하는 자들이야말로 그것의 지배 아래 갇혀 있는 이들"이기 때문이다.[10]

그러나 하나님께 속한 자녀들의 삶 속에는 성령이 내주하고 계신다. 이 때문에 우리 신자들은 죄의 잔재에도 불구하고 하나님을 기쁘시게 하려는 열망을 품고 그분을 늘 섬기는 삶을 살게 되는 것이다. 오웬에 따르면, 최악의 상태에 빠진 신자조차 최상의 불신자보다 더 나은 위치에 있다.[11] 불신자들이 죄에 맞서 '싸울' 때, 그들은 자신의 본성 속에 남아 있는 양심의 빛에 근거해서 그 일을 행한다. 이는 하나님의 일반 은총에 속한 것으로, 그분이 이 세상에 주신 하나의 선물이다. 하지만 그들의 죄악 된 욕망은 사라진 것이 아니라 그저 다양한 방법으로 억제되어 있을 뿐이다. 그들이 여러 선한 법에 복종하는 것은 그들 자신이 거룩한 기질을 지녔기 때문이 아니다. 그들의 의지는 아직 성령으로 새롭게 되지 않았으며, 그저 자신의 자연적인 본성을 좇아 도덕적인 일들을 행할 뿐이다.

이에 반해 그리스도 안에 있는 신자들은 성령의 사역에 힘입어 하나님을 향해 살아 있다. 그렇기에 그들의 마음속에는 (비록 완전하지는 않을지라도) 선한 일을 추구하는 영속적인 경향성이 존재한다. 그들의 경우, 어떤 날은 선을 행하려는 마음이 가득했다가 다음날은 정반대의 태도를 보이는 식으로 살지 않는다. 다만 오웬은 이렇게 덧붙인다. "신자들 안에 내재하는 죄는 그들의 마음속에서 실질적인 효력을 발휘하여, 그들로 하여금 하나님의 뜻을 거슬러서 악한 일을 행하게 만든다. 그리고 선을 행하려는 의지 역시 고유한 방식으로 작용하여 그들로 하나님의 뜻에 순종하도록 이끈다."[12] 이처럼 우리 신자들의 삶 속에는 두 가지 원리가 존재하며, 이 원리들은 서로 치열하게 대립한다. 이제 우리는 그리스도 안에 있는 새 피조물이며, 우리 안에 내주하시는 성령께서 선을 행하려는 의지를 일으켜 주신다. 따라서 위에서도 언급했듯이, 그 의지는 영속적이다. 하지만 우리는 다음의 진리를 늘 기억해야 한다. "육체의 소욕은 성령을 거스르고 성령은 육체를 거스르나니 이 둘이 서로 대적함으로 너희가 원하는 것을 하지 못하게 하려 함이니라."^{갈 5:17, 벧전 2:11} 이 말씀은 우리 그리스도인들이 처한 상황을 요약해 주는 구절이다. 우리는 죄악 된 육신의 욕망에 끌려가는 삶을 살아서는 안 된다. 오히려 최후 승리가 보장되어 있음을 아는 이들답게 죄에 맞서 거룩한 싸움을 이어 가야 한다. "이는 너희 안에 계신 이가 세상에 있는 자보다 크심이라."^{요일 4:4}

죄의 지배력

하나님은 하나님이시며 우리는 그분의 피조물이다. 따라서 우리는 필연적으로 그분의 도덕법 아래 있다. 이제껏 이 세상에 존재했던 모든 사람이 그렇다. 우리는 어머니의 뱃속에 잉태될 때부터 이 법의 다스림 아래 있다. 우리는 하나님과 이웃에게 사랑을 드러내야 하는데, 이는 사랑이 율법의 완성이기 때문이다.^{롬 13:8-10} 하지만 지금 우리는 "아담 안에" 있으며,^{롬 5장} 하나님과 이웃을 온전히 사랑하지 못한다. 그래서 우리는 하나님 앞에서 정죄와 죄책을 짊어진다.

다시 말해 우리는 본성상 또 다른 법의 지배 아래 있다. 그것은 바로 죄의 법이다. 죄의 '법'은 하나의 내적인 영향력이며, 우리의 행동을 지시하며 명령하는 어떤 외적인 규범이 아니다. 이 내적인 법 또는 원리는 우리로 하여금 악한 일을 행하도록 이끌어 간다. 처음에 하나님이 아담에게 주셨던 도덕법도 이같이 내적인 영향력을 지니고 있었다. 아담이 아직 죄를 범하지 않았을 때, 그의 마음은 하나님과 그분의 계명들을 따르려는 쪽으로 이끌렸던 것이다. 하지만 원죄 이후의 우리에게 남은 것은 이 도덕법의 뒤틀린 '흔적'뿐이다. 그렇기에 하나님의 은혜로 우리 마음속에 그분의 법을 새로이 기록해 주시는 일이 꼭 필요하다.히 10:16 하나님이 그 아들의 형상대로 우리를 거듭나게 하신 지금도,롬 8:29 우리 마음속에는 여전히 내적인 죄의 원리가 자리 잡고 있다.

이 신자들 안에 내재하는 죄는 다양한 특성을 지니며, 그 본성을 제대로 이해하려면 적절한 설명이 필요하다. 이 죄의 원리는 우리 삶속에 늘 머물며, 마침내 이 세상을 떠나 그리스도와 함께 거하기 전까지는 사라지지 않는다. 이 죄의 거주지는 바로 우리의 영혼이다. 이에 관해 오웬은 이렇게 언급한다.

> 죄는 우리 마음속에 머물며, 결코 그곳을 떠나지 않는다. 어디에 있든, 무엇을 하든 간에 이 죄의 법은 늘 우리 안에 있다. 우리가 행하는 최악의 일들뿐 아니라 최선의 일들 가운데도 이 원리가 함께 한다. 사람들은 이 위험한 동반자가 늘 자신의 곁에 있다는 사실을 거의 염두에 두지 않는다. 하지만 우리가 다른 이들과 함께 있거나 혼자 있든, 밤이든 낮이든 간에 사정은 늘 동일하다. 우리 마음의 집 안에는 뜨거운 죄의 숯이 늘 머무른다. 그럼에도 그 숯에 주의를 쏟지 않을 때, 그것은 우리 삶을 불태우며 마침내는 파멸시키고 만다.13

우리는 이 죄의 원리가 우리 삶 속에 늘 동행하고 있음을 잊지 말아야 한다. 그것은 우리의 좋은 벗인 양 스스로를 내세우지만, 실상은 최악의 원수다.

우리 안에 내재하는 죄는 늘 우리 삶을 무너뜨릴 준비가 되어 있다. 죄는 우리를 게으르게 만들지만, 그것 자체는 결코 게으르지 않다. 바울은 "악이 눈앞에 도사린다"Evil lies close at hand고 말하는데(개역개정판에는 "악이 함께 있는"으로 번역되어 있다―옮긴이),롬 7:21 이는 죄가 그의 심령 안에 늘 머무르기 때문이다.롬 7:17 죄는 하나님을 섬기는 우리의 모든 행실 속에 함께하며, 우리 삶을 철저히 무너뜨리려 한다. 우리 안에 자리 잡은 이 죄의 '법'은 잠시도 우리의 곁을 떠나지 않는다.히 12:1 오웬은 그리스도인들의 삶 속에 있는 죄의 실재에 관해 이렇게 언급한다. "우리가 기도하거나……말씀을 묵상할 때, 하나님을 향한 믿음과 사랑으로 어떤 의무를 행하거나 의를 받들면서 유혹에 저항할 때도 이 죄는 늘 우리 삶을 짓누른다. 그리하여 바울 사도의 고백처럼, 우리는 선한 일을 온전히 이룰 수 없게 된다."롬 7:18 14

이 죄의 원리는 어떤 조력자를 필요로 하지 않는다. (다만 때로는 세상이나 마귀가 그 원리와 결탁해서 더욱 파괴적인 결과들을 가져온다.) 이 원리는 우리의 삶 속에서 '손쉽게' 활동하며, 결코 지치는 일이 없이 우리 심령을 망가뜨리려 한다.

깊은 적대감

성경은 우리 마음의 문제를 계속 지적한다.창 6:5, 전 9:3, 마 15:19 인간의 의지와 마음은 서로 긴밀히 결합해 있으며, 본질상 하나와도 같다. 그러므로 우리의 행동이 변화되기 위해서는 우리의 마음부터 온전해져야 한다. 성경에서 '마음'heart은 인간의 정신과 감정, 양심과 영혼을 나타내는 표현이기도 하다. "범죄하는 그 영혼은 죽을지라"^{겔 18:20}라는 말씀은 '죄를 짓는 그 마음은 죽을 것이다'라는 것과 동일하다.

인간의 마음속에는 원수인 죄가 거하며, 이곳에서 하나님을 향한 반역이 생겨난다. 우리의 부패한 본성이 끊임없이 우리 자신을 유혹하며, 이로 인해 죄를 짓게 되는 것이다. 설령 우리가 그 유혹을 물리치더라도, 우리 안에 내재하는 죄는 다시 그 모습을 드러내곤 한다. 이 땅의 삶에서는 우리 마음이 그 영향력 아래서 온전히 벗어날 수 없기 때문이다. 이에 관해 존 뉴턴[1725-1807]은 이렇게 말한다. "내 마음은 마치 온전히 정복되지 못한 왕국과 같다. 이곳에서는 모든 일들이 불안정한 상태에 있으며, 매일 반란과 폭동이 벌어진다."[15] 지금 우리 마음속에는 죄의 잔재가 트로이의 목마처럼 도사리면서 불시에 습격할 기회를 늘 엿보고 있다.

우리 마음속에 있는 죄의 잔재는 하나님을 향한 적대감을 계속 드러낸다.[롬 8:7] 그 적대감의 정도가 아무리 약할지라도, 그 성격 자체는 변하지 않는다. 물이 가득 담긴 컵에 한 방울의 독을 떨어뜨리면 그것은 즉시 독약이 되는 것이다. 우리는 죄의 두려운 영향력을 잠재우려고 애써 노력한다. 하지만 이 땅에서 우리의 점진적인 성화가 극치에 이르더라도, 우리 안에 남아 있는 죄의 본성 자체는 달라지지 않는다. 그 본성은 하나님의 거룩한 성품을 향해 지극한 반감을 드러내는데, 이는 이 둘이 온 우주에서 가장 대립적인 위치에 있기 때문이다.

이 적대감은 우리로 하여금 하나님을 깊이 혐오하게 만든다. 그리스도인들이 기도를 어렵게 여기는 이유는 무엇일까? 이는 그들 안에 내재하는 죄가 하나님과의 사적이며 공적인 교제 같은 영적 의무를 이행하지 못하도록 계속 방해하기 때문이다. 물론 성령이 우리 마음속에 강력히 역사하셔서 하나님께 순종하게 하실 때도 있다. 하지만 우리 안에 남아 있는 죄의 속박을 완전히 떨쳐 버리지는 못한다. 달리 말해, 이 땅에서 우리는 한 순간도 무한히 거룩하신 하나님 앞에서 완전하며 죄 없는 삶을 살아갈 수가 없다. 그분은 우리 마음이 늘 둘로 나뉘곤 한다는 것을 아신다. 우리는 하나님께 예배하려고 마음을 다잡다가도 금세 온갖 세상일에 마음을 빼앗긴다. 이는 우리 안에 있는 죄의 잔재가 틈만 나면 그 힘을 발휘하기 때문이다.

물론 우리 그리스도인들은 지금 죄의 지배 아래 있지 않다. 하지만 죄와의 끊임없는 싸움 가운데 있는 것 역시 분명하다. 이런 우리를 향해 바울은 이렇게 권면한다. "정욕을 위하여 육신의 일을 도모하지 말라."롬 13:14 육신의 욕망은 성령의 인도와 대립하며, 그 욕망들은 우리로 하여금 하나님이 기뻐하시는 거룩한 일들을 행하지 못하도록 방해하려 한다.갈 5:17 그러므로 우리의 죄에 대해 관대한 태도를 취하는 것은 곧 우리 자신의 삶을 망치는 일이다.

여기서 우리는 타락한 인간의 마음이 지속적이며 습관적인 방식으로 죄를 추구하는 경향성과, 성화된 신자의 마음속에 남아 있는 죄의 경향성을 주의 깊게 구분해야 한다. 전자의 경향성은 불신자들에게 속하며, 후자는 신자들의 것이다. 오웬은 다음과 같이 언급한다. "신자들의 마음속에는 죄의 잔재가 남아 있지만, 그 죄 때문에 그들의 삶 전체가 습관적으로 악을 지향하게 되지는 않는다. 다만 그 남아 있는 죄의 본성 자체는 여전히 악을 추구하는 성향을 지닌다."16 그러므로 우리가 늘 죄만 짓는 것은 아니지만, 이 땅의 삶에서는 우리 마음속에 죄를 향한 경향성이 늘 남아 있다.

거듭난 신자에게 미치는 영향

우리 그리스도인들은 이 죄의 잔재를 인식하고, 그것이 우리 삶에 가져오는 파괴적인 영향을 파악해야 한다. 그중 몇 가지를 살펴볼 가치가 있다. 이 죄가 우리를 공격해 오는 방식을 파악할 때, 기독교적인 삶의 본질을 더 깊이 헤아리게 되기 때문이다.

모든 신자들은 오웬이 "예기치 않은 습격"unexpected surprisals이라 불렀던 일을 경험한다. 이는 우리 심령 가운데서 "어리석고 죄악 된 상상과 공상"의 형태로 생겨나는 무의식적인 충동이다.[17] 이 죄악 된 충동은 우리가 애써 그 일을 생각하거나 어떤 구체적인 정황 속에 처하지 않더라도 갑자기 찾아온다. 이때 하나님의 법에 어긋나는 그 생각과 감정들이 우리 영혼을 "기습하는" 것이다. 우리 마음속에서는 다양한 정욕이 "의지와 상관없이" 샘솟을 수 있다. 그런데 엄밀한 의미에서는 그것들 역시 자발적인 성격을 띤다. 죄는 인간의 의지 속에 자리 잡고 있기 때문이다.

죄는 언제든지 우리를 습격할 수 있다. 우리는 궁궐에 있는 왕처럼, 여러 방어막과 보호 장치를 두어 자신의 안전을 도모할 수도 있다. 하지만 우리는 적군이 이미 궁궐 안에 들어와 있을 때는 어떤 왕도 안전하지 못함을 기억해야 한다. 죄는 다양한 방식으로 우리를 불시에 공격해 온다. 예를 들어 우리는 어떤 죄를 간절히 회개한 후에 그 죄를 향한 더 큰 갈망에 휩쓸리곤 한다. 그때 우리는 회개의 자리로 나아갈 때보다 훨씬 더 쉽게 죄의 자리로 돌아간다. 우리 안에 내

죄란 무엇인가

재하는 죄는 끊임없이 우리 영혼 속에 깊은 두려움을 불러일으킨다. 그러므로 우리 그리스도인들은 이 땅의 삶에서 잠시라도 무방비 태세를 취할 수가 없다. 우리는 날마다 자신의 십자가를 지고 자기 부인의 삶을 살아가야 한다.눅 9:23

신자들 안에 내재하는 죄는 외적인 유혹과 그 기회들을 틈타기 좋아한다. 그런 유혹 아래 놓일 때 우리는 겉으로 그 유혹과 싸울 뿐 아니라, 그 유혹을 은근히 기뻐하는 자신의 깊은 속마음과도 투쟁하게 된다. 오웬에 따르면, 주 예수님은 어떤 인간이 받았던 것보다도 "수와 질, 정도의 측면에서 더 깊고 강한 사탄과 세상의 유혹"을 겪으셨다. 이때 그 모든 유혹 가운데서, "그분이 씨름하셔야 했던 것은 외적인 악의 요소들뿐이었다(예수님 자신의 내면에는 아무 죄가 없었기 때문이다―옮긴이)."[18] 하지만 우리는 내면의 죄악 된 충동과도 맞서 싸워야 하며, 온갖 유혹에 못 이기는 척 굴복하려는 마음이 솟아남을 경험하게 된다. 따라서 그리스도인들의 삶에는 어떤 휴가나 휴일 같은 것이 없다. 이는 잠시도 죄의 충동이 우리를 내버려 두지 않기 때문이다. 물론 우리가 늘 실제로 죄를 범하는 것은 아니다. 하지만 그 충동이 우리 마음속 깊은 곳에 머물면서 습격할 기회를 늘 엿보고 있음을 기억해야 한다.

우리 마음속에 내재하는 죄는 악한 일을 행하도록 우리의 정신과 감정을 부추긴다. 외적인 유혹의 경우, 우리가 그 유혹에 동의하지 않는 한 그 일 자체에 대해서는 아무 죄책도 짊어지지 않는다. 하지만 우리 마음속의 악한 정욕과 계획에 관해서는 우리 자신에게 도덕적 책임이 있다. 그러므로 우리는 그것들을 십자가에 못 박아야 한다.^{롬 8:13} 외적인 유혹 자체에 대해서는 우리에게 아무 책임이 없으며, 주님은 온갖 유혹에 직면하면서도 죄에서 온전히 자유로운 삶을 사셨다. 하지만 악한 일을 갈망하는 우리 영혼의 움직임은 그 자체로 죄가 된다. 예를 들어 우상 숭배나 성적인 음행 또는 동성애를 행하려는 내적인 유혹은 하나의 죄이며, 이는 설령 그 일을 실제로 행하지 않았을지라도 그렇다. 이는 그 유혹 속에 이미 하나님의 법에 어긋나는 일을 향한 갈망이 담겨 있기 때문이다. 더욱이 인간의 본성을 거스르는 욕망을 품을 경우, 그 죄가 더욱 가중된다. 한 남자가 어떤 여자를 향해 음란한 정욕을 품고서 죄악 된 일을 상상할 때, 그는 외적으로 어떤 일을 행하지 않았을지라도 이미 죄인이다. 그런데 자신과 그 여성 모두가 기혼자인 경우, 그 죄가 더욱 무거워진다. 또 다른 예로, 누군가가 무언가를 훔치거나 거짓말을 하도록 우리를 부추긴다고 생각해 보자. 이때 그 제안을 거절한다면 우리에게는 아무 죄가 없을 것이다. 하지만 우리 자신이 무언가를 훔치거나 남을 속이려는 마음을 품을 경우, 설령 그 일을 실행하지 않았을지라도 이미 죄책을 짊어지게 된다. 우리에게는 그런 죄들까지 씻어 주시는 하나님의 은혜가 절실히 요구된다. 그리스도께서 우리 마음과 생각을 빚으셔서, 그분의 뜻에 합당한 일들을 원하게 하시기를 간구해야 한다. 하나님은 자신의 뜻을 구체적인 방식으로 우리에게 명하신다. 예를 들어 그분은 그저 막연한 형태의 이웃 사랑을 지시하지 않으셨다. 하나님은 우리 삶 속에서 그 사랑이 어떤 모습으로 드러나야 하는지를 친히 알려 주셨다. 여섯째 계명에서, 우리는 이웃을 죽이거나 해치는 일을 삼가고 그들의 건강과 복지를 돌보라는 말씀을 듣게 된다. 자신의 시간과 에너지, 자원을 들여서 다른 이를 돕는 일은 결코 쉽지 않다. 이는 우리 안에 내재하는 죄로 인해 그런 선한 갈망이 약해지기 때문이다. 그리하여 우리는 종종 자신의 의무를 감당하지 못하게 된다. 바울 역시 이렇게 고백한다. "내가 원하는 바 선은 행하지 아니하고 도리어 원하지 아니하는 바 악을 행하는도다. 만일 내가 원하지 아니하는 그것을 하면 이를 행하는 자는 내가 아니요 내 속에 거하는 죄니라." 롬 7:19-20 어떤 이들의 주장처럼, 여기서 바울은 한 사람의 그리스도인으로서 이같이 고백하는 것이 아닐 수도 있다. 그러나 하나님이 우리 신자들에게 명하신 선한 일들을 감당하지 못할 때가 많음은 분명한 사실이다.

적용

신자들 안에 내재하는 죄의 힘은 강력하다. 그리스도 안에서, 우리는 결국 이 끈질기고 강한 대적을 누르고 승리하게 될 것이다. 하지만 이 세상의 삶에서, 우리는 이 원수와 끊임없이 싸워야만 한다. 거룩한 그리스도인은 늘 죄의 영향력을 민감하게 의식한다. 우리는 삶 속에서 죄 때문에 수많은 패배를 경험해 왔다. 어떤 때는 우리 심령 속에서 싹트는 죄의 유혹을 즉시 떨쳐 버리지만, 그 충동에 굴복할 때도 많다. 그리고 이런 실패는 외적인 행동으로 드러날 수도 있다. 이런 죄의 잔재를 깨닫고 깊은 슬픔과 혐오감을 품는 것은 오직 참된 신자들뿐이다. 그리하여 그들은 죄에서 돌이켜 하나님께로 나아가기를 더욱 갈망하게 된다.

　　신자들 안에 내재하는 죄의 본성에 무지할 때, 우리는 그 죄와의 싸움을 제대로 준비하지 못한다. 그것은 우리 심령 속에서 벌어지는 일로서 그리스도를 향한 우리의 충성심을 시험하는 싸움이다. 이 사나운 대적은 모든 그리스도인의 삶 속에 원치 않는 손님처럼 머물고 있다. 설령 우리가 성령께 의지하여 이 죄의 잔재를 짓밟더라도, 그 대적은 불현듯 힘을 되찾아 우리를 공격해 온다. 죄가 지닌 이 '부활'의 능력을 경시해서는 안 된다. 그것은 마침내 숨이 끊어진 것처럼 보일 때도 다시 살아난다. 그러고는 이전보다 더 사악하고 교묘한 태도로 우리를 맹렬히 공격한다. 우리 안에 있는 이 대적은 강력할 뿐 아니라 지독히 간교하다.

복음은 우리 눈을 열어 그리스도와 하나님의 진리를 보게 한다. 하지만 우리 마음속에 남아 있는 죄 때문에, 그 진리를 온전히 깨닫고 행하기가 어렵다. 존 덩컨은 은혜 안에 있는 그리스도인조차 죄 없이 어떤 일을 행했다고 자랑할 수 없음을 일깨워 준다. "나는 지난 70년간 한 번도 죄 없이 어떤 일을 한 적이 없다. 하나님의 은혜를 힘입어 무언가 거룩한 일을 실천할 때도 있었지만, 그 순간에도 내 속에는 늘 죄가 자리 잡고 있었다. 인간의 삶이란 얼마나 비참한가! 우리 인간은 평생 죄를 지을 수밖에 없다는 점을 엄숙히 헤아려야 한다. 우리에게는 늘 하나님의 용서가 필요하다."[19] 이 땅의 삶에서는 우리의 가장 거룩한 행실까지도 죄에 물들어 있다. 물론 하나님은 그런 일들까지 받으시고 상을 베푸신다. 그리스도 안에 있는 그분의 자비와 은혜 덕분이다. 하지만 지금 우리의 삶 속에서 성 삼위 하나님을 섬기며 그분의 영광을 위해 드릴 수 있는 것들이 실로 온전치 않음을 시인해야 한다.

06 } 죄를 슬퍼하기: 미안하다는 말이 힘들어[1]

악을 악으로 표현하기

죄에 대한 우리의 혐오가 지나칠 수 있을까? 이에 관해 미국의 개혁 신학자 윌리엄 G. T. 쉐드[1820-1894]는 다음과 같이 지적했다. "우리 안에 죄를 혐오하는 마음이 부족할 때, 우리의 성품은 실로 무가치하게 된다."[2] 이는 우리 자신의 죄를 미워하는 정도만큼, 하나님의 형상을 드러내며 우상 숭배를 피할 수 있기 때문이다.[고전 10:14]

여기서 죄를 언급할 때, 우리는 그것의 모든 악한 특징을 염두에 둔다. 이에 관해 토머스 굿윈은 이렇게 단언했다. "악한 영혼의 배설물과 찌꺼기 같은 것이 있다면, 바로 죄다. 그것은 악의 본질이자 정수이며, 그 안에는 이 세상에 존재하는 온갖 악이 극심한 형태로 담겨 있다."[3] 우리 안에는 이런 악이 존재한다. 우리는 그 일을 생각할 때 깊은 두려움을 느끼고, 자신의 타고난 사악함을 제거하려고 안간힘을 쓴다. 사실 우리는 자신의 참모습을 보지 못하며, 우리의 무력한 실상도 제대로 깨닫지 못한다. 이는 하나님이 은혜로써 우리의 눈을 가려 주시기 때문이다. 우리 자신이 실제로 어떤 존재인지 알게 될 때 깊은 충격을 받아 심장마비가 올 수도 있다. 하지만 이와 동시에 하나님은 구원의 은혜 가운데 그분의 자녀들이 자신의 죄악 된 모습을 얼마간 깨닫도록 이끄신다. 이는 그들이 그리스도께로 피하여 죄 씻음과 구원을 얻게 하려 하심이다.

자신의 죄를 슬퍼하는 일을 논할 때, 우리는 늘 몇몇 불변하는 진리를 염두에 두어야 한다. 그중 하나는 이것이다. '죄를 슬퍼하는 일은 그것이 진실로 복음적인 성격을 띨 때만 가치가 있다.' 곧 그 일은 회개의 은혜로부터 생겨난 열매여야 하며, 이는 하나님이 우리에게 베푸시는 선물이다. 이에 반해 자신의 죄를 피상적으로 슬퍼하거나 탄식할 때는 그저 사망의 길로 가게 될 뿐이다.고후 7:10 한편 자신의 죄를 진심으로 '탄식한다'고 해서, 우리 스스로를 다른 이들보다 더 낫게 여겨서는 안 된다. 이처럼 우리가 죄를 슬퍼하는 반면에 불신자들은 그러지 않는다면, 그 차이점은 오직 그리스도 안에서 성령의 사역을 통해 일하시는 하나님께로부터 온 것이기 때문이다.

모두가 똑같이 오염되었다

아담의 죄는 그의 모든 후손에게 부정적인 영향을 끼쳤다. 그 영향은 실로 우리의 전 인격을 포괄하는 것이었다. 이에 관해 차녹은 이렇게 언급한다. "지금은 모든 사람의 본성이 비참하게 망가져 있다. 그들의 삶 속에서는 악하고 파괴적인 일들이 생겨날 뿐이다."4 이 아담의 부패성은 "모든 이들의 본성 가운데 똑같이 담겨 있으며, 어떤 사람의 경우만 더욱 치명적이거나 격렬한 것이 아니다. 온 인류는 아담이라는 동일한 근원에서 나온 줄기와도 같다. 그러므로 그들은 모두 아담의 이 사악한 본성을 소유한다. 어떤 아담의 자손도 그보다 더 낫지 않다."[5] 이것은 개혁신학의 공통된 관점인데, 이 본성이 각 사람의 삶 속에서 실제로 드러나는 방식에 관해서는 다음의 단서가 추가된다. 이는 곧 인간의 죄를 억제하시는 하나님의 은혜가 있기에, 우리 자신의 본성대로 철저히 망가진 삶을 살지 않게 된다는 것이다. 다만 이 은혜는 모든 사람에게 동등하게 주어지지 않는다. 어떤 이들은 여러 방식으로 다른 이들보다 더 깊은 본성의 횡포에 시달린다.

이에 관해 굿윈은 이렇게 언급한다. "이 세상 모든 사람의 본성 속에 탐욕이 존재한다. 바울에 따르면 원죄는 온갖 탐욕, concupiscence 곧 강하고 무질서한 정욕을 만들어 낸다. 그리고 우리 인류는 모두 그 정욕의 굴레 아래 있다."[6] 지금 우리는 모두 동일한 죄의 본성을 공유하며, 사실상 그 본성의 노예다. 도둑질이나 거짓말 등의 특정한 죄는 우리 각 사람 안에 있는 부패한 본성의 결과물일 뿐이다. 그 죄의 성격은 사람마다 서로 다르지만, 우리의 선조 아담에게서 물려받은 죄의 본성은 다 똑같다. 굿윈에 따르면, 아담의 죄는 "온 인류의 마음속에서 동일한 효력을 드러냈다." 그 결과로 하나님의 은혜가 없을 때 우리는 온갖 죄를 범하기 쉬운 상태에 있게 된다. 이에 관해 굿윈은 이렇게 설명한다. "[죄의] 영향력은 일종의 자발적인 힘이 아니라 하나의 본성적인 요인이다. 그 요인은 언제나 [최대한의] 힘을 발휘하며, 그 지배 아래 놓인 모든 이에게 동일한 타격을 준다."[7] 하나님은 자유롭고 인격적인 방식으로 은혜를 베푸시는데, 이는 성화의 과정에서도 우리 각 사람의 성숙도가 제각기 다를 수 있음을 의미한다. 이에 반해 죄는 온 인류에게 필연적인 영향을 끼치며, 누구도 본성상 자신이 다른 이들보다 낫다고 주장할 수 없다. 어떤 불신자가 외관상 다른 이들보다 더 나은 모습을 보인다면, 이는 그저 하나님이 행하시는 일반 은총의 사역 덕분이다. 하나님은 그분의 깊은 경륜 아래 인간의 죄악을 자유롭게 억제하실 수 있다.

물론 사람은 저마다 다른 죄를 짓는다. 하지만 원죄 자체는 모든 사람의 본성 가운데 동일하게 자리 잡고 있다. 맨턴은 이렇게 단언한다. "사람들이 이미 범했거나 앞으로 범할 모든 죄는 이미 우리의 본성 속에 있다. 그것들은 다만 원죄가 다양한 방식으로 그 모습을 드러낸 사례일 뿐이다.······우리를 제어하시는 하나님의 은혜가 없이 어떤 유혹에 직면할 경우, 우리도 똑같이 나쁜 일을 행하게 될 것이다. 우리 마음속에는 감히 상상도 못할 죄악들이 이미 자리 잡고 있기 때문이다."[8] 어떤 죄를 떠올리든 간에, 하나님의 은혜가 없을 때는 누구나 그런 죄를 범할 수 있다. 이론적으로 우리가 범하지 못할 죄는 없다.

우리는 인류 역사상 가장 사악했던 인물들을 떠올리면서, 자신도 본성상 그들과 똑같은 존재임을 기억해야 한다. 하나님만이 우리를 고치실 수 있으며, 그분은 자신이 선택한 이들에게 자유롭게 그 은혜를 베푸신다. 아담의 죄는 우리 모두를 오염시켰으며, 오직 그리스도만이 그 비참한 상태를 피하실 수 있었다. 맨턴에 따르면 "이 세상에 존재했던 모든 악행의 뿌리는 이미 우리 안에 잠재해 있다."[9] 그리고 차녹도 이렇게 증언한다. "가장 선량한 이들의 본성 가운데도 최악의 죄들이 자리 잡고 있다. 다만 하나님의 은혜로 그 죄들이 실행되지 않았을 뿐이다."[10] 여러분은 오늘 누군가를 죽이는 일을 삼갔는가? 그렇다면 그것은 오직 하나님의 은혜 덕분이다. 그 은혜 덕분에 여러분은 구속되어 살인죄로 재판받는 일을 피할 수 있었다.

개인적인 탄식

복음의 능력을 통해 그리스도인들은 죄의 지배에서 벗어난다.^{롬 6:14} 하지만 죄의 본성 자체는 여전히 그들 안에 남아 있으며, 우리는 그것을 신자 안에 '내재하는 죄'로 지칭한다. 이 점에 관해서는 나중에 더 자세히 논하겠지만, 여기서는 다음의 사실을 꼭 언급할 필요가 있다. 이는 곧 우리가 그리스도 안에서 영광스럽게 용서받았지만, 이 땅의 삶에서는 우리 안에 여전히 남아 있는 죄들을 늘 탄식하며 뉘우쳐야 한다는 것이다.

성경에는 신자 자신의 죄를 탄식하며 애통하게 여긴 사례들이 가득하다. 시편 51편에는 다윗이 자신의 죄를 슬퍼하며 고백한 내용이 담겨 있으며(특히 1-4절), 이 고백은 교회 안에 널리 알려져 있다. 하지만 이렇게 탄식한 이는 그뿐만이 아니다. 성경 전체를 살필 때, 하나님의 백성들은 그분 앞에서 자신의 무가치함을 다양한 방식으로 드러낸다. 때로는 그들의 죄를 직접 고백하지 않더라도 자신이 그런 존재임을 은연중에 시인한다. 예를 들어 야곱은 이렇게 표현했다. "나는 주께서 주의 종에게 베푸신 모든 은총과 모든 진실하심을 조금도 감당할 수 없사오나."^{창 32:10} 자신의 죄를 의식하는 이들은 하나님이 베푸신 유익도 깊이 헤아리게 된다. 그들 자신에게는 그런 호의를 누릴 자격이 전혀 없음을 알기 때문이다. 하나님 앞에 설 때, 성도들은 그분의 비할 데 없는 거룩함과 그들 자신의 부정함을 깨닫는다. 이사야가 그리스도의 영광을 보았을 때,^{요 12:41} 그는 완전히 '무너져' 버렸다.

"화로다, 나여! 망하게 되었도다. 나는 입술이 부정한 사람이요 나는 입술이 부정한 백성 중에 거주하면서 만군의 여호와이신 왕을 뵈었음이로다."사 6:5 베드로 역시 그물이 찢어질 정도로 많은 물고기를 잡고, 메시아이신 그리스도의 영광을 대면했을 때 그 발아래 엎드려 이렇게 고백했다. "주여, 나를 떠나소서. 나는 죄인이로소이다."눅 5:8

다윗이 그랬듯이 우리는 자주 자신의 죄를 고백해야 한다. "주께 내 죄를 아뢰고 내 죄악을 숨기지 아니하였더니."시 32:5 "내 죄악을 아뢰고 내 죄를 슬퍼함이니이다."시 38:18 이에 관해 요한은 이렇게 선포한다. "만일 우리가 죄가 없다고 말하면 스스로 속이고 또 진리가 우리 속에 있지 아니할 것이요."요일 1:8 하나님의 진리가 우리 안에 거할 때, 우리는 자신의 본성에 관한 진리 역시 고백해야 한다. 그리고 우리는 여전히 죄를 짓기에, 자신의 행실을 미워하게 된다. 스코틀랜드의 위대한 설교자였던 로버트 머리 맥체인1813-1843은 다음과 같이 자신의 허물을 고백하며 탄식한다. 오늘날 우리에게는 그의 말이 지나치게 자신을 혹독하게 다루는 것으로 여겨질지 모른다. 하지만 우리는 자기 죄를 향한 그의 거룩한 미움을 본받을 필요가 있다.

나는 내 마음속의 죄가 이미 근절되었다면 얼마나 좋았을지 생각하면서 매일 이렇게 탄식한다. "하나님은 왜 내 가슴 속에 음란과 교만, 분노 등의 뿌리를 남겨 두셨을까? 그분도 나도 그런 죄들을 미워하는데."……나 자신의 무력함을 더 깊이 깨닫는다면, 다른 이들이 실족했다는 소식을 접하더라도 그리 놀라지 않게 될 것이다.……내가 가장 대처하기 힘든 죄들이 무엇인지 돌아보아야 한다. 그런 죄들은 거센 회오리 바람처럼 연약한 내 삶을 뒤흔든다. 내게는 죄의 급류에 맞설 힘이 너무 부족하며, 이 고통은 어떤 비유로도 다 표현할 수 없을 정도다.[11]

하나님을 사랑하는 것은 곧 우리 자신의 죄를 미워하는 일을 뜻한다. 우리는 하나님이 사랑하시는 일들을 사랑하며, 그분이 미워하시는 일들을 미워해야 한다. 우리가 그분을 더 사랑할수록, 자기 죄를 더욱 미워하게 될 것이다. 지금은 우리 안에 여전히 죄가 남아 있으므로, 거룩한 혐오감을 품고서 그 잔재를 미워해야 한다. 그럴 때 우리는 다시금 그리스도 안에서 하나님을 사랑하게 될 것이다.

경건한 슬픔

토머스 브룩스는 이렇게 언급했다. "사람은 누구나 입과 혀를 가지고 태어나기 마련이다. 하지만 날 때부터 마음속에 경건한 슬픔을 품은 이는 아무도 없다."[12] 이런 슬픔은 초자연적인 산물이다. 그에 따르면, 그것은 "하나님이 우리 마음속에 직접 심어 주신 씨앗이자 묘목이다.……그것은 하늘의 소산물이며, 오직 하나님이 자라게 하신 열매다. 애통과 탄식의 영은 위로부터 임한다. 그것은 초자연적인 능력과 원리로부터 오는 것이다."[13] 웨스트민스터 소요리문답은 회개를 하나님이 주신 "구원의 은혜" 중 하나로 언급한다(87문의 답). 회개의 행위 자체는 죄인의 것이지만, 그렇게 행할 수 있는 능력은 오직 하나님의 선물이다. 우리는 마땅히 애통하며 자신의 죄를 탄식해야 하지만, 그 일을 진심으로 행하기 위해서는 회개의 영이 필요하다. 왓슨에 따르면, 그 영이 임할 때 "우리 영혼은 자기 죄들을 전부 토해 낸다."[14]

우리의 슬픔은 죄 그 자체에 대한 슬픔이다. 그의 고백록에서, 아우구스티누스는 회심 이전에 있었던 유명한 배 도둑질 사건을 들려준다. 당시 그는 자신의 마음이 실로 사악함을 느꼈지만, 여전히 그 상태에 머물기를 기뻐했다.[2권 4장] "나는 자신의 파멸과 허물을 사랑했습니다. 내가 훔쳤던 그 과일이 아니라, 그릇된 본성 자체를 기뻐했던 것입니다." 이처럼 그는 (도둑질 등의) 구체적인 행위뿐 아니라, 자신의 죄악 된 본성까지 사랑했다. 하지만 우리 신자들의 경우에는 이와 정반대다. 우리는 자신의 죄 자체를 슬퍼하며 탄식한다.

이에 더해, 죄는 여러 불이익과 손실, 징벌을 가져온다. 물론 우리는 그저 이런 일들만을 애통히 여겨서는 안 된다. 심지어 세상 사람들도 죄의 결과로 찾아오는 손실에 대해서는 후회할 줄 안다. 경건한 슬픔은 우리의 눈을 들어 모든 죄에 대해 의롭게 진노하시는 하나님을 바라보도록 이끈다.[시 51:4] 이때 우리는 죄의 결과들을 슬퍼하는 데 그치지 않고, 자기가 하나님께 죄를 범했음을 절실히 깨닫게 된다. 자신의 인구 조사가 악한 것이었음을 깨달았을 때, 다윗은 "[깊이] 자책" 하면서 이렇게 간구했다. "내가 이 일을 행함으로 큰 죄를 범하였나이다. 여호와여, 이제 간구하옵나니 종의 죄를 사하여 주옵소서. 내가 심히 미련하게 행하였나이다."[삼하 24:10]

경건한 슬픔은 겸손한 이의 마음속에서 나온다. 차녹은 이렇게 언급한다. "교만한 자에게는 심판이 기다릴 뿐이다. 어떤 이가 탑을 높이 쌓을수록, 그 탑이 벼락 맞을 가능성은 더 커진다. 어떤 물건이 크게 부풀수록, 마침내 터질 때가 가까워진다. 이처럼 어떤 사람이 점점 교만해질수록, 그는 더 뚜렷한 진노의 표적이 된다."[15] 이사야

57:15에서, 우리는 존귀하며 영원하신 주님이 "높고 거룩한 곳"에 계시면서 "통회하고 마음이 겸손한 자"들과 함께하시는 모습을 본다. 이들은 자기가 죄인임을 알며, 그분의 거룩하심을 고백하는 이들이다. 하나님은 이처럼 통회하는 이들의 마음을 "소생시[켜]" 주시며, 그들의 심령을 자신의 거처로 삼으신다.

우리 자신의 죄를 슬퍼할 때, 다른 이들의 죄에 관해서도 온전히 탄식하게 된다. 먼저 우리 안에 남아 있는 죄들을 탄식하지 않는 한, 다른 이들의 죄에 관해서도 그럴 수 없다. 우리는 주님이 말씀하신 위선자가 되지 않도록 주의해야 한다. 그는 형제의 눈 속에 있는 티를 보면서도, 자기 눈 속에 있는 들보는 깨닫지 못한다.[마 7:4-5] 때로 우리의 죄는 마치 눈 바깥으로 튀어나온 '큰 나무 조각' 같으며, 이 일은 형제의 눈 속에 있는 '톱밥 조각'보다 더 심각한 문제가 된다. 그것이 바로 자신의 죄이기 때문이다. 다른 이들의 죄를 진실하게 다루려면, 먼저 우리 자신의 죄를 미워하고 적절히 해결해야 한다.

경건한 슬픔은 또한 우리에게 위로를 준다. 죄에 대한 슬픔은 우리를 회개의 자리로 인도하며, 마침내 그리스도께로 나아가게 한다. 이 슬픔 덕분에, 인간의 연약함을 헤아리며 불쌍히 여기시는 그분을 마주하게 되는 것이다.[히 4:15] 주님은 약속하셨다. "애통하는 자는 복이 있나니 그들이 위로를 받을 것임이요."[마 5:4] 죄에 대한 탄식의 목적은 참된 위로를 얻는 데 있다. 그러므로 경건한 슬픔은 경건한 기쁨과도 결합될 수 있다. 그리스도께서 베푸시는 은혜의 신비 안에서, 이 둘은 서로 보완하는 관계에 있다. 브룩스는 이렇게 말한다. "경건한 슬픔의 샘이 높이 솟을수록, 거룩한 기쁨의 물결도 더욱 높아진다. 하나님은 죄를 깊이 뉘우치는 이들의 삶 속에 풍성한 은혜를 베푸신다."[16]

　　우리는 크고 작은 죄들을 모두 슬퍼해야 한다. 어떤 죄들이 하찮게 보인다고 해서 대충 넘겨서는 안 된다. 하나님 앞에서는 그 어떤 죄도 사소하지 않다. 예수님은 우리의 모든 죄를 위해 죽으셨으며, 이는 전능하신 하나님 앞에서 그 죄들 하나하나가 중한 것임을 뜻한다. 이에 관한 브룩스의 언급은 다음과 같다.

> 마음이 바르지 못한 이들은 자신의 양심과 평판에 큰 상처를 입힌 죄들만을 슬퍼할 수도 있다. 이는 그의 이름에 깊은 오점을 남기거나……대중의 비난과 조롱을 겪게 만드는 죄들이다.……그런 이들의 경우, 사소하게 여겨지는 죄들은 망설임 없이 간과해 버린다. 자신의 의무를 소홀히 하거나 온갖 악한 상상에 빠졌던 일, 무익한 말을 늘어놓은 일이나 영적인 무감각과 냉담, 종교적인 섬김을 게을리한 일과 불신앙, 은밀한 교만과 자부심 등이 그런 것들이다.[17]

우리는 하나님 앞에서 자신의 죄악 된 본성과 구체적인 죄들을 모두 고백해야 한다. 그 본성 속에는 거짓된 마음이 숨어 있으며, 이로 인해 구체적인 허물을 다루는 일을 간과하게 된다. 그리고 자신의 구체적인 죄들을 살필 때도, 그 죄들이 우리 안에 내재하는 악한 본성에서 나온다는 점을 꼭 기억해야 한다.

적용

죄에 대한 슬픔은 오늘날 강단에서 자주 선포되는 주제가 아니다. 실로 교회사 전체에 걸쳐 많은 이들이 이 안타까운 상황을 탄식해 왔다. 지금 북미의 복음주의 교회들은 그리스도인들의 삶에서 경건한 슬픔이 갖는 중요성을 제대로 강조하지 않으며, 이로 인해 그 슬픔에 수반되는 거룩한 기쁨 역시 찾아보기 어렵다. 그러나 경건한 슬픔은 우리를 하나님께로 인도하며, 우리는 그리스도 안에서 성령의 사역을 통해 그분의 은혜를 맛보게 된다. 이 죄에 대한 슬픔이 회복되며 그 영적인 태도를 고양시키는 설교가 많아지기를 기도해야 한다.

우리 그리스도인들은 오직 하나님의 은혜로만 세상의 악한 죄인들과 구별될 수 있음을 기억해야 한다. 그들과 똑같은 조건 아래 있었다면 우리 역시 히틀러나 스탈린 같은 괴물이 될 수 있었음을 깨달을 때, 깊은 겸손을 품게 된다. 물론 자신의 행위에 대해서는 각 사람이 책임을 져야 한다. 하지만 온 인류는 본성상 죄라는 불치병에 감염되어 있으며, 삼위일체 하나님만이 이 병을 고쳐 주실 수 있다. 하나님의 은혜로, 우리는 이전에 지녔거나 앞으로 지니게 되었을 악한 모습과는 다른 사람이 된 것에 진심으로 그분께 감사하며 기뻐할 수 있다. 그리고 우리는 여전히 자기 안에 남아 있는 죄를 기억하면서 늘 탄식해야 한다. 그리스도 안에 있는 하나님의 자비가 없을 때, 그 죄는 우리 삶을 완전히 무너뜨릴 수 있기 때문이다.

끝으로, 다윗의 시편들을 읽는 것과 그가 고백한 내용을 실제로 경험하는 것은 전혀 다른 문제다. 하나님은 그분의 깊은 섭리 아래서 우리가 죄를 짓도록 허용하신다(물론 그 일을 적극적으로 장려하시지는 않는다). 이때 우리가 범죄한 후에 그분께 어떤 반응을 보이는지가 중요하다. 다윗의 시편 38편을 생각해 보자. 여기서 그는 자기 죄 때문에 뼈가 상했다고 말한다.³절 그는 자신의 어리석음 때문에 심히 비천한 자가 되었으며,⁵절 이렇게 탄식한다. "내가 아프고 심히 구부러졌으며 종일토록 슬픔 중에 다니나이다."⁶절 이후에 그는 이렇게 덧붙인다. "내 죄악을 아뢰고 내 죄를 슬퍼함이니이다."¹⁸절 그리고 마지막 부분에서, 다윗은 하나님을 향한 깊은 갈망을 다음과 같이 고백한다.

여호와여, 나를 버리지 마소서.
나의 하나님이여, 나를 멀리하지 마소서.
속히 나를 도우소서,
주 나의 구원이시여! _21-22절

다윗의 고백처럼, 하나님은 우리의 구원이시다. 그 구원은 성부 하나님의 은혜로 성자 하나님을 위해, 성령 하나님의 능력 가운데서 이루어진다. 그분은 우리가 의롭게 행할 때뿐 아니라 자신의 허물을 간절히 고백할 때도 우리 하나님이 되어 주신다. 그러므로 우리는 존 뉴턴과 함께 이렇게 고백할 수 있다. "나는 두 가지 진리를 늘 마음에 새긴다. 바로 내가 큰 죄인임과 그리스도께서 위대한 구주이심이다."¹⁸

우리는 존 오웬의 말을 늘 기억해야 한다. "우리의 큰 허물은 그리스도의 은혜를 바르게 누리지 못하는 데 있다. 우리는 날마다 그분의 깊은 자비를 구해야 한다."¹⁹ 우리가 범하지 말아야 할 죄는 바로 주님 앞에 나아가지 않는 것이다. 예수님은 진실로 위대한 구주이시므로 우리는 늘 그분의 도우심을 힘써 찾고 의지해야 한다.

07 } 죄보다 나은 선택지: 아프지만 좋아[1]

선택

우리는 인생을 살아가면서 수많은 선택에 직면한다. 그중 일부는 매우 현실적이며, 또 다른 일부는 순전히 이론적이다.[hypothetical] 이 중 후자에 관해, 우리는 종종 올바른 신학적 해답을 제시하기도 한다. 그러나 막상 그 문제에 관해 구체적인 결정을 내릴 경우, 우리는 하나님의 진리와 어긋나는 쪽을 택할 때가 많다. 실제로 기독교인들은 마치 무신론자처럼 그분의 존재를 외면하며, 성령과 진리로 예배하는 삶을 살지 못할 수 있다. 하지만 우리는 하나님의 진리를 따르는 삶을 살아갈 때 비로소 안전해진다. 때로는 그분을 따르는 우리의 믿음이 세상 사람들의 눈에 어리석고 우둔하게 보일 수 있다. 그러나 하나님의 말씀을 끝까지 믿고 의지할 때, 우리는 참된 영광과 복, 기쁨과 위로를 얻는다.

잉글랜드의 청교도 운동 당시, 제러마이어 버로스[1600-1646]는 죄에 관한 탁월한 저서를 남겼다. 이 책의 주제는 이렇다. '가장 사소한 죄와 지극히 큰 고난 중 하나를 선택해야 한다면, 우리 신자들은 어떻게 해야 할까?' 글의 첫 부분에서, 그는 이렇게 주장한다. "우리는 어떤 경우에도 죄보다 고난을 택해야 한다. 아무리 작은 죄일지라도, 그 속에는 지극히 큰 고난이 지닌 것보다 더 중한 악이 담겨 있기 때문이다."[2] 우리는 성경의 하나님을 믿기에, "죄의 권세와 지배 아래서 안락을 누리기보다는 극심한 환난 아래 처하는" 편을 더 낫게 여겨야 한다.[3] 윌리엄 거널[1616-1679]이 말했듯이, "하나님이 입히시는 상처는 치유를 가져오지만, 죄의 입맞춤은 죽음을 불러오기" 때문이다.[4]

일시적인 것과 영원한 것

죄가 없었다면, 지옥도 없었을 것이다. 그리고 그리스도의 속죄가 없이는, 아무리 사소한 죄를 범한 사람일지라도 그곳에 들어갈 수밖에 없다. 지옥은 끝없는 비참과 환난의 장소다. 그런데 이에 관해 버로스는 이렇게 말한다. "피조물들이 이 세상과 지옥에서 겪는 모든 환난보다, 그들의 지극히 작은 죄 속에 더 큰 악이 담겨 있다."[5]

지옥에는 영원한 괴로움이 있지만, 신자들이 이 땅에서 겪는 환난은 일시적일 뿐이다. 사도 바울은 이렇게 단언한다. "우리가 잠시 받는 환난의 경한 것이 지극히 크고 영원한 영광의 중한 것을 우리에게 이루게 함이니."[고후 4:17] 이런 그의 가르침은 로마서 8:18에서도 똑같이 나타난다. "생각하건대 현재의 고난은 장차 우리에게 나타날 영광과 비교할 수 없도다." 지금 우리의 고난이 아무리 힘겹다 하더라도, 장차 누리게 될 영광에 비하면 아무것도 아니다.

그러나 죄는 영원한 결과들을 초래한다. 우리의 시련이 평생 지속되더라도, 장차 얻을 영광에 비하면 짧은 순간에 불과하다. 이에 반해, 그리스도 바깥에 있는 이들은 죄의 대가로 끝없는 사망에 들어가게 된다.^{롬 6:23} 그들은 하나님의 원수이기에 그분과 영원히 분리되는 것이다. 거짓 믿음을 고백하는 이들, 곧 종교의 겉모양만 있을 뿐 참된 믿음의 행실이 없는 이들은 영원한 벌을 받게 된다.^{마 25:46} 우리는 이 두 갈래 길의 결국을 바라보며, 죄보다는 고난을 기꺼이 선택해야 한다. 죄를 따르는 이들은 영원한 사망과 고통에 빠지지만, 믿음으로 고난을 견디는 이들은 마침내 참된 생명과 영광에 이른다.

우리 각 사람 앞에 놓인 하나님의 약속을 생각할 때, 죄보다 고난을 택할 용기를 얻게 된다. 바벨론에 포로로 끌려간 이스라엘 백성들을 향해 하나님은 이렇게 말씀하셨다.

> 네가 물 가운데로 지날 때에 내가 너와 함께할 것이라.
> 강을 건널 때에 물이 너를 침몰하지 못할 것이며
> 네가 불 가운데로 지날 때에 타지도 아니할 것이요
> 불꽃이 너를 사르지도 못하리니. _사 43:2

어려움을 겪을 때, 우리는 그것이 신실하신 하나님께로부터 온 것임을 확신할 수 있다. 신자들의 환난은 그분의 미쁘심을 드러내는 증표이며, 그 일 가운데는 때로 아버지답게 우리를 징계하시는^{discipline} 그분의 손길이 담겨 있다. 시편 기자는 이렇게 고백한다. "여호와여, 내가 알거니와 주의 심판은 의로우시고 주께서 나를 괴롭게 하심은 성실하심 때문이니이다."^{시 119:75} 로마서에서 바울은 하나님을 사랑하는 이들에게 모든 일이 합력하여 선을 이룬다고 선포한다.^{롬 8:28} 이는 곧 신자들이 처한 깊은 고난의 맥락에서^{롬 8:18-27} 제시되는 말씀이다. 그러나 죄에 관해서는 그런 약속이 전혀 없고, 오직 위협과 경고만 주어진다. "네가 [그것을] 먹는 날에는 반드시 죽으리라."^{창 2:17}

하나님은 우리의 고난을 아들 됨의 징표로 삼으신다. 우리는 그분의 자녀로 입양된 이들이며, 우리 삶에서 겪는 여러 징계와 시련은 우리를 향한 그분의 선하심과 자비를 보여준다. 이 하나님의 섭리가 없었다면, 우리는 그분을 멀리 떠난 채 살아가면서 이따금 도우심의 손길을 청하는 데 그쳤을 것이다. 그러나 하나님은 사랑하는 그분의 자녀들을 징계하신다.^{히 12:6} 이처럼 하나님이 우리를 사생자가 아닌 참 자녀로 대하실 때, 우리는 그분의 사랑과 용서를 비롯한 여러 일에 관해 확신을 품게 된다. 또한 하나님은 우리가 그분 곁을 떠나가더라도 마냥 눈감아 주지는 않으신다. 그분은 우리를 참자녀로 여기셔서 힘써 징계하신다.^{히 12:7-8} 여기서 고난받는 이들을 향한 약속을 살필 때, 우리는 아버지 하나님의 징계가 "그로 말미암아 연단받은 자들[에게] 의와 평강의 열매를 맺[게]" 함을 알게 된다.^{히 12:11} 하나님은 그저 우리가 세상의 온갖 문제와 질병들을 피해 가도록 만들지 않으셨다. 하나님은 그 일들을 통해 우리가 그분의 아들이신 예수님을 닮아 가게 하신다.

그러므로 우리는 환난 가운데서도 복을 받는 이들이다. 하지만 죄의 길에 대해서는 그런 약속이 주어지지 않는다. 시편 기자는 이렇게 고백했다. "여호와여, 주로부터 징벌을 받으며 주의 법으로 교훈하심을 받는 자가 복이 있나니."^{시 94:12} 고난은 우리에게 하나님의 길을 가르쳐 준다.^{시 119:71} 죄는 선한 열매를 맺지 못하지만, 믿음으로 고난을 감내할 때는 그런 유익이 주어진다. 요셉의 형들이 범한 죄는 실로 악했다. 하지만 요셉은 하나님이 허락하신 고난을 끈기 있게 견뎠으며, 이는 그 자신뿐 아니라 다른 이들의 삶에도 선한 결실을 가져왔다. 주 예수님의 삶에서 뚜렷이 드러났듯이, 우리의 고난 가운데서 성령의 열매가 자라나 그것이 선한 일이 된다. 오히려 하나님이 우리 삶에 시련을 가져다주지 않으신다면, 그것은 우리를 향한 심판의 징표일 수 있다.^{호 4:14}

죄는 선을 낳지 못한다

믿음으로 사는 이들은 고난을 받아들일 수 있다. 하지만 죄는 결코 용납의 대상이 될 수 없다. 따라서 우리는 늘 죄 대신에 고난을 선택해야 한다. 성경은 모세에 관해 이렇게 말한다. "모세는 장성하여 바로의 공주의 아들이라 칭함 받기를 거절하고 도리어 하나님의 백성과 함께 고난받기를 잠시 죄악의 낙을 누리는 것보다 더 좋아하[였다]." ^{히 11:24-25} 모세는 죄보다 고난이 더 유익함을 확신했다. 때로 우리는 의롭게 행하면 고난을 피할 수 없음을 깨닫고 심한 괴로움을 겪게 된다. 그리고 사소한 죄를 숨기기만 하면 그 시련을 피할 수 있다는 생각에 빠지기도 한다. 물론 인간적인 관점에서는 후자가 더 바람직해 보일 수 있다. 하지만 하나님을 믿는 이들은 고난 자체가 악한 것이 아님을 안다. 이는 설령 죄 때문에 생긴 고난이라 해도 그렇다. 악한 것은 오직 인간의 죄뿐이며, 이에 따라 신자들은 고난 중에도 기뻐할 수 있다. 그 일을 통해 죄의 결과로 닥쳐올 더 큰 시련을 피하게 되기 때문이다. 우리는 종종 죄를 지음으로써 어떤 문제로부터 즉시 벗어난 다음, 도리어 예기치 못했던 더 많은 문제에 직면하곤 한다. 인간의 죄는 오직 비참한 결과를 낳을 뿐인 것이다.

그러나 죄로부터 선한 결실을 얻으려고 애쓰는 이들이 있다. 이들에게 버로스는 경고한다. "어떤 이들은 자기 죄를 통해 일종의 선한 목표를 이루려 할 수도 있다. 하지만 그럴지라도 그들의 죄가 덮어지지는 않는다. 그들의 목표가 유익해 보인다고 해서, 그들의 죄 자체를 선하게 여길 수는 없다."[6] 또 어떤 이들은 작은 죄를 통해 더 큰 유혹을 이길 수 있다고 여기기도 한다. 이를테면 이런 식이다. '이 웹사이트를 잠깐 보고 나면 성적인 충동이 싹 사라질 거야.' 하지만 그것은 부질없는 불장난일 뿐이다! 오히려 이 과정에서 우리는 그 '사소한 죄들'의 위험성과 심각성을 점점 더 간과하게 된다. 그러고는 심지어 그 죄들 자체를 선한 일로 여기는 것이다.

여기서 작은 죄가 큰 유익을 낳을 수 있다는 가상의 시나리오를 펼쳐 보자. 버로스는 이 문제를 이렇게 제시한다. "만약 어떤 사람이 하나의 죄를 범함으로써 온 세상이 영원한 고통에서 벗어날 수 있다면 어떻게 해야 할까? 우리는 그때에도 죄를 짓기보다 차라리 이 세상이 멸망하게 두는 편을 선택해야 한다. 인간의 죄는 그만큼 악하다."[7] 과연 우리는 온 세상, 혹은 자신의 사랑하는 사람들을 구하기 위해 작은 죄를 범해도 될까? 세상의 통념과 달리 우리는 이 질문에 "아니오!"라고 답해야만 한다. 그렇게 하지 않으면 인간의 죄가 높임을 받을 것이다. 예수님도 마귀에게 이런 시험을 받으셨다. 사탄은 그분을 향해 자신의 모든 권세와 영광을 주겠다고 제안했다.[눅 4:6] 예수님이 그에게 경배하기만 하면, 그 모두가 그분의 소유가 된다는 것이다.[눅]

4:7 만약 예수님이 그 유혹에 넘어갔다면, 사탄은 그분께 '선물'을 베푼 존재로서 영예를 얻었을 것이다. 그러나 성자 예수님을 향한 성부하나님의 약속은 그분이 오직 하나님의 뜻을 신실하게 따를 때 실현되는 것이었다. 그리고 예수님은 지혜롭게도 죄 대신에 고난의 길을 택하셨다. 실로 그분의 생애 전체가 지극히 사소한 죄 대신에 극심한 시련을 감내하는 하나의 신실한 선택으로 요약될 수 있다. 예수님은 바로 이 선택을 통해 우리를 구원하셨다. 그분은 죄와 마귀의 약속들이 실로 거짓되고 헛됨을 아셨다.

죄는 하나님과 지극히 대립한다

우리가 죄를 택해서는 안 될 또 다른 이유는 그것이 하나님과 정반대되는 성격을 띠기 때문이다. 하나님의 무한한 선하심을 생각할 때(사실 그분의 선하심에 대한 우리의 이해는 지극히 빈약하다), 우리는 오직 죄만이 그분과 온전히 대립한다고 결론지을 수 있다. 버로스는 이렇게 언급한다. "하나님이 온 세상 가운데서 자신과 유일하게 대립한다고 여기시는 대상은 죄뿐이다."[8] 죄를 알지 못하셨던 예수님은 고난받는 편을 택하셨다. 예수님은 아예 죄를 지으실 수 없었다. 그분은 두 인격이 아니라 하나의 온전한 신적 인격체이시기 때문이다. 그분의 인격 속에 지극히 작은 죄의 흔적이라도 있었다면, 예수님은 우주에서 가장 개탄스러운 존재, 심지어 마귀보다도 못한 존재가 되었을 것이다. 마귀는 유한한 존재이므로 그의 악한 속성 역시 한계 아래 있다. 그러나 하나님은 무한하시다. 따라서 만일 그분의 인격 속에 죄가 있다면, 하나님은 무한한 능력으로 무한한 악을 행하시는 분이 되고 만다. 이때 그분은 우리에게 가장 깊고도 소름 끼치는 절망과 두려움을 안겨 주는 존재가 되는 것이다. 물론 무한하고 불변하시며 거룩하고 의로우신 하나님의 인격 속에 실제로 죄가 자리 잡는 일은 불가능하다. 그분의 신적인 위엄이 어떤 식으로든 죄에 물든다는 것은 전혀 생각할 수도 없는 일이다.

우리의 죄가 하나님과 대립하는 이유는 그것이 지극히 악하며 그분이 지극히 선하시다는 점뿐만이 아니다. 우리의 죄는 끊임없이 하나님을 거역하는 쪽을 택한다는 점에서도 그분과 대립한다. 죄는 지칠 줄 모르는 악이다. 설령 우리 자신은 게으를지라도, 죄는 우리의 삶 속에서 늘 부지런히 활동하고 있다. 죄는 하나님을 거스르는 일을 뜻한다. "너희가 나를 거슬러 내게 청종하지 아니할진대 내가 너희의 죄대로 너희에게 일곱 배나 더 재앙을 내릴 것이라."레 26:21 하나님은 자기 백성이 죄의 길로 행할 때, 그들의 행실대로 징벌하실 것을 경고하셨다.레 26:24-30 그러니 우리는 어떤 경우든지 하나님께 죄짓는 일을 피하고, 기꺼이 고난을 감수해야 한다.

하나님과 죄는 친구가 될 수 없다. 이 우주 안에 있는 권위의 질서가 부정될 수 없기 때문이다. 하나님은 만유의 주권자이시며, 죄는 그분이 세우신 권위의 체계에 맞서는 행위다. 인간들이 하나님의 법을 고의로 거스를 때, 그들은 가장 역겹고도 불의한 찬탈을 시도하는 것이 된다. 이때 그들이 구체적으로 어떤 죄를 범했는지는 중요한 문제가 아니다. 각각의 죄가 서로 다른 수준의 심각성을 띠기는 하지만, 버로스가 언급하듯, "모든 죄는 동일한 악에 물들어 있다. 각각의 죄에 들어 있는 독은 다른 죄에 든 것과 똑같은 독이다. 이는 그 모두가

죄란 무엇인가

하나의 뿌리에서 나오기 때문이다."[9] 어떤 죄들이 더 많은 독성을 지닐 수도 있지만, 결국 모든 죄는 동일한 독의 원천에서 나온다.

여기서 기억할 것은, 우리 자신은 죄가 얼마나 끔찍한지 제대로 분별할 위치에 있지 않다는 점이다. 우리 안에 있는 죄로 인해 죄악된 관점에 쉽게 동화되므로, 우리는 죄의 해악을 명확히 식별하지 못한다. 버로스는 이렇게 덧붙인다. "하나님이 어떤 죄의 심각성을 판단하실 때, 그저 그 죄를 범한 인간의 의도만을 살피시지 않는다. 죄인의 의도가 아니라 그 죄 자체의 본성을 보신다. 내가 죄를 지을 때 품었던 생각이 아니라, 그 죄 자체의 지향점이 중요하다."[10] 우리는 지극히 작은 죄를 짓기보다 큰 고난을 받는 쪽을 선택해야 하며, 이때 우리의 판단은 다음의 원칙에 근거한다. '사소한 죄 속에도 중대한 악이 담겨 있다.' 하나님은 사소한 죄의 끔찍함을 온전히 아신다. 우리 그리스도인들은 창조주 하나님의 시각에서 죄의 실상을 바라볼 수 있도록, 성령의 능력에 힘입어 최선의 노력을 기울여야 한다.

적용

우리는 다음의 진리를 마음속 깊이 간직해야 한다. 모든 죄는 결국 더 큰 고난을 불러오므로, 처음부터 고난을 택하는 편이 더 낫다. 리처드 십스[1577-1635]는 이렇게 말했다. "멀쩡한 상태로 지옥에 떨어지기보다, 온몸이 상한 채로 천국에 가는 편이 더 유익하다."[11]

사람들이 어리석게 죄를 짓는 이유 중 하나는 그 일이 어떤 부정적인 결과도 가져오지 않는다고 믿기 때문이다. 이에 반해 믿음으로 하나님께 순종하며 사는 이들은 극심한 환난 속에서도 그분의 신실하심을 여전히 신뢰한다. 죄를 선택하는 이들은 본질적으로 다음과 같이 선언하는 셈이다. "나는 이 죄의 결과들을 기꺼이 받아들일 것입니다." 실제로 죄는 이 땅의 삶에서 지극히 고통스러운 결과들을 가져오며, 그 영향 아래서 끝내 벗어나지 못하는 이들도 많다.

죄 대신에 고난을 선택하는 것은 곧 구주 예수님을 본받는 삶을 살아가는 일이다. 우리는 성부 하나님을 신뢰하고 의지하며, 성령의 능력에 힘입어 그분의 뒤를 따라간다. 우리는 삶의 모범이신 예수님과 함께 고난을 감내하도록 부름받았으므로, 우리의 모든 것을 하나님께 기꺼이 의탁할 수 있다. 그분이 모든 일을 "공의로 심판하시[기]"벧전 2:21-23 때문이다. 우리가 옳은 길을 택해야 할 이유는 물론 그 길이 옳기 때문이다. 그런데 우리 그리스도인들이 믿음으로 순종할 때, 하나님은 우리가 받을 자격도 없고 상상하기도 힘든 복을 약속해주신다. 우리에게는 구주께서 앞서가신 길을 조금이나마 따라가고 있다는 생각만으로 족하다.

한편 여기서 하나님의 백성들이 겪는 선택의 어려움을 축소할 뜻은 없다. 낙태를 고민하는 어느 독신 여성은 다음의 질문을 마주하게 된다. "죄(살인)와 고난(사회적 수치와 궁핍) 중에서 어느 쪽을 선택해야 할까?" 가난한 가족의 생계를 위해 애쓰는 가장은 도둑질의 유혹을 받기도 한다. 과연 그들은 몰래 '사소한 죄'를 범해야 할까, 아니면 자녀들이 굶도록 방치하는 쪽을 택해야 할까? 그리고 어린아이들의 경우, 실수로 유리창을 깨뜨린 일을 고백하고 야단을 맞는 것과 거짓말로 그 상황을 모면하는 것 가운데 어느 쪽을 택해야 할까? 많은 이들이 날마다 이런 결정 앞에 직면하곤 한다. 하지만 그리스도 안에서 하나님께 의지할 때, 우리는 다음과 같이 고백하게 된다. "나는 지극히 작은 죄를 짓기보다, 심한 고난을 받는 편을 택하겠습니다."

우리 마음이 주님을 멀리 떠날 때, 자신의 기준과 잣대를 따라 살아간다. 이때 사람들은 대개 손쉬운 죄의 길로 간다. 이쪽을 택할 때, 우리는 사랑과 구원을 베푸시는 은혜의 하나님과 대립하는 길에 선다. 그러나 하나님은 우리를 여전히 사랑하셔서, 엄한 징계를 통해서라도 다시금 우리를 옳은 길로 돌이키실 것이다. 결국 아무도 그분의 손길을 거스를 자는 없기 때문이다. 우리가 그리스도 안에 거하면서 하나님의 뜻을 따라 행할 때 반드시 승리하게 된다. 이같은 하나님과 그리스도의 돌보심을 생각할 때 우리가 선택할 길은 늘 명확하다. 지극히 큰 고난을 겪더라도 죄짓지 않는 쪽을 택해야 한다.

08 } 은밀한 죄: 네게 마법을 걸었어[1]

바울의 문제

리처드 십스는 이렇게 말했다. "마귀와 마찬가지로, 죄는 자신의 본모습을 쉽게 드러내지 않는다. 사람들은 자신의 사악한 의도를 그럴싸하게 포장하곤 한다."[2] 이처럼 자기 모습을 숨기려 하는 것이 죄의 속성이다.

자연 상태의 인간은 대개 자신의 죄가 드러나는 일을 원치 않는다. 어떤 이들은 실로 타락하여 그런 죄들을 일부러 과시하기도 하지만, 많은 불신자들은 자신이 선하고 고상한 사람으로 여겨지기를 바란다. 아마도 이들과 그리스도인들 사이의 차이점은 과연 내면에 의를 향한 갈망이 있는지 여부를 통해 식별될 것이다. 불신자들의 태도에 관해 차녹은 이렇게 언급한다. "이들은 사람들의 시선을 의식하기 때문에, 공개적으로 불경건한 일을 행하지는 않는다. 하지만 그들은 하나님의 눈길을 신경 쓰지 않기 때문에 은밀한 죄를 거리낌 없이 저지른다."[3] 곧 사악한 자들은 전지하신 하나님의 얼굴을 의식해서 죄를 삼가는 일이 없다는 것이다. 그들은 실천적인 무신론자로서 마치 하나님이 계시지 않은 듯이 살아가기 때문이다.

바울의 회심 이후, 그는 자신의 됨됨이에 관해 이전과는 다른 시각을 품게 되었다. 회심 이전에 그는 자신을 "율법의 의로는 흠이 없는 자"라고 여겼었다.빌 3:6 하지만 그 당시에도 바울은 내적으로 심각한 상황에 처해 있었다. "그러나 죄가 기회를 타서 계명으로 말미암아 내 속에서 온갖 탐심을 이루었나니."롬 7:8 그의 외적인 행실은 도덕적이었지만, 그의 속마음은 마치 탐욕이 들끓는 가마솥과 같아서 자신의 힘으로는 도저히 제어할 수 없었다. 이는 바울 자신과 하나님만이 아는 은밀한 죄들이었다. 우리는 은밀한 죄들을 그다지 문제시하지 않을 수 있지만, 하나님이 우리 자신보다 우리의 깊은 속마음을 더 잘 아신다는 '불편한' 사실만은 늘 기억해야 한다.

하나님이 보신다

죄 문제를 논할 때, 그리스도인들이 염두에 두어야 할 근본적인 진리 중 하나는 하나님이 모든 일을 온전히 아신다는 것이다. 능력이 무한하신 하나님의 지식에는 아무 한계가 없다. 하나님은 무언가를 새롭게 배우실 수 없으니, 이는 모든 일을 자신의 능력으로 이미 다 헤아리고 계시기 때문이다. 하나님은 과거와 현재, 미래의 일들을 온전히 다 아신다.시 94:9-10, 사 46:8-11 그러므로 하나님은 우리의 죄들을 전부 헤아리시며, 이는 그것이 과거의 일이든, 현재 혹은 미래의 일이든 마찬가지다. 그분 앞에서는 그 어떤 죄도 은밀한 것이 될 수 없다.

우리 그리스도인들은 이처럼 하나님이 모르시는 일이 없음을 안다. 그리고 우리 마음과 생각을 헤아려 살피시며, 우리의 어리석고 악한 행실들을 드러내 주시기를 구하기도 한다.^{시 139:23-24} 하지만 때로 하나님의 백성은 그들 자신의 죄가 은밀하게 감추어져 있다고 여기면서, 마치 그분의 존재를 믿지 않는 듯한 태도로 살아간다. 이사야는 당대의 유대 지도자들에 관해 이렇게 언급한다. "자기의 계획을 여호와께 깊이 숨기려 하는 자들은 화 있을진저. 그들의 일을 어두운 데에서 행하며 이르기를 누가 우리를 보랴 누가 우리를 알랴 하니."^{사 29:15} 우리 그리스도인은 하나님이 사람의 죄를 헤아리지 못하시는 듯이 여기며 살아서는 안 된다. 오히려 우리의 모든 행실이 그분 앞에 있음을 기억하며,^{시 119:168} 다음의 말씀을 늘 되새겨야 한다. "지으신 것이 하나도 그 앞에 나타나지 않음이 없고 우리의 결산을 받으실 이의 눈 앞에 만물이 벌거벗은 것같이 드러나느니라."^{히 4:13}

하나님은 어디에나 계시며 모든 일을 다 아시므로, 우리는 그분의 시선을 회피할 수 없다. 어떤 이들은 요나처럼 주님의 임재 앞에서 달아나거나,^{욘 1:3} 아담과 하와처럼 그분의 낯을 피해 숨으려 할지도 모른다.^{창 3:8} 우리 신자들은 하나님의 존재를 믿고 고백하지만, 어떤 죄를 범한 다음에 그분이 그 일을 미처 파악하지 못하시기를 갈망하곤 한다. 이 경우, 우리 자신이 실질적으로 무신론자와 다름없음이 드러난다. 이때 우리는 하나님이 함께하시기를 바라지 않기 때문이다.

은밀한 죄들

'은밀한' 죄란 무엇일까?『은밀한 죄들의 해부』에서, 청교도 설교자인 오바디아 세지윅¹⁶⁰⁰⁻¹⁶⁵⁸은 이 죄를 예리하게 분석했다. 그에 따르면 '은밀한 죄' 가운데는 어떤 이가 그것이 죄임을 미처 깨닫지 못하고서 행하는 일도 포함된다. 회심 이전의 바울이 맹렬히 교회를 핍박했던 일이 그런 경우다. 그리고 그 표현은 우리가 죄를 범하는 태도와 방식을 지칭하기도 한다. 어떤 죄들은 일종의 숭고한 미덕으로 "위장되기" 때문이다.[4] 아첨은 하나의 미덕처럼 여겨질 수 있지만, 사실 그것은 (상대방을 조종하는 일 등의) 사악한 목적을 위한 거짓말일 뿐이다. 그리고 "세상의 무대에서 배제된" 죄들, 곧 사람들의 눈길이 닿지 않는 데서 범한 죄들 역시 여기에 포함된다.[5] 어떤 이는 교회의 장로로 봉사하면서도, 집에서는 아내와 자녀를 학대하고 괴롭힐 수 있다. 존 버니언의 『천로역정』에 등장하는 떠벌이 씨처럼, 그는 "바깥에서는 성자이지만 집안에서는 마귀"다.[6]

끝으로, 은밀한 죄는 그저 일반 대중뿐 아니라 모든 사람의 눈에 감추어진 죄가 될 수도 있다. 예를 들면 방에 홀로 틀어박혀 포르노를 탐닉하는 남자의 경우가 있다. 세지윅은 이렇게 언급한다. "우리 육신의 눈으로는 그 죄를 간파할 수 없다. 죄인 자신은 스스로의 악함을 알지만, 주위 사람들의 눈에는 그 일이 전혀 드러나지 않는다. 심지어 친한 지인들도, 그 마음속에 있는 은밀한 죄를 깨닫지 못한 채 그를 높이며 칭찬한다."[7]

은밀한 죄는 각 사람의 마음속에서 맹렬히 활동하면서도, 외적인 말과 행동을 통해 자신의 실체를 드러내지는 않는다. 이때의 모습은 마치 우리가 어떤 멋진 산을 바라볼 때, 그 속에서 깊은 용암이 끓어올라 마침내 사방의 모든 것을 집어삼킬 준비가 되어 있음을 깨닫지 못하는 것과 같다. 사람들은 우리의 은밀한 죄를 잘 알지 못하지만, 하나님은 그 죄들을 전부 간파하시며 그것의 감추어진 토대를 헤아리신다. 토머스 왓슨은 이렇게 언급했다. "은밀한 죄를 짓지 말라. 우리 곁에 늘 두 명의 목격자가 있음을 알아야 한다. 바로 하나님과 우리 자신의 양심이다."[8]

내적인 기만

은밀한 죄가 문제인 이유는 우리를 자기기만에 빠뜨리기 때문이다. 모든 죄는 얼마간 기만적인 특성을 갖지만, 이 점에서 은밀한 죄들은 특히 위험하다. 우리는 외적인 죄의 행실을 내적인 죄보다 더 엄중하게 여기는 경향이 있다. 심지어 후자의 죄들은 실제 행동으로 옮겨지지 않았으니 용납될 수 있다고 여기기도 한다. 어떤 이를 향해 분노를 터뜨리지 않고 그저 마음속에 미움을 품기만 했을 때, 우리는 자신이 무언가 옳은 일을 행했다고 믿는다. 이때 우리는 자기 내면을 돌아보며 부끄러워하는 대신, 오히려 스스로를 칭찬한다.

우리가 자기기만에 빠지는 이유는 또한 자신이 죄를 삼가는 진짜 동기를 미처 헤아리지 못하기 때문이다. 우리는 우리 안에 거하시는 그리스도의 영과 하나님의 법 때문에 자신이 죄를 짓지 않는다고 믿으려 한다. 하지만 실제로는 수치와 징벌에 대한 두려움같이, 더 낮은 수준의 원인 때문인 경우가 많다. 이런 측면에서 볼 때 우리는 은밀한 죄를 범하기가 쉽다. 아무도 우리를 지켜보지 않으면 그런 두려움을 품을 필요가 전혀 없기 때문이다. 이때 우리는 주위에 사람들이 있었다면 엄두도 못 냈을 일들을 행한다.

모든 죄는 내적인 성격을 띠지만, 그중에서도 은밀한 죄들은 '가장 깊은' 곳에 자리 잡고 있다. 그것들은 원죄에서 곧바로 생겨나는 죄들이다. 세지윅은 이렇게 말한다. "그 죄들은 원죄의 직접적인 결과물이다. 원죄는 완전한 죄로서 모든 죄의 씨앗이며, 결코 지치지 않는 죄다."[9] 이 은밀한 마음의 정욕 가운데서 실제적인 죄들이 나온다. 때로 우리가 이 갈망을 은밀히 추구하는 이유는 아무도 그런 생각을 꾸짖거나 망쳐 놓을 리가 없기 때문이다. 하지만 이런 삶의 방식은 실로 심각한 문제를 불러온다. 우리가 우연히 어떤 죄를 범할 때, 성령의 능력으로 뉘우치지 않는다면 그 일을 반복하게 될 수 있다. 우리는 그 죄의 심각성과 허물에 대해 점점 둔감해지며, 우리 마음과 양심이 차갑게 마비되는 것이다. 세지윅에 따르면, 반복적인 죄는 마치 "여러 겹으로 꼬아서 만든 끈"처럼 강한 힘을 갖는다.[10] 그리고 은밀한 죄들의 경우, 우리의 생각 속에서 수없이 반복된다. 그 결과로 우리 안에 온갖 정욕이 뿌리내리며, 죄를 소멸시키시는 성령님의 사역이 없이는 그것들을 제거하기 어렵다.

하나님의 관점은 사람의 것과는 다르다.^{삼상 16:7} 그분은 우리의 중심을 살피시며, 우리 마음속의 죄들에 대해 분명히 징벌을 내리신다. 다윗은 이렇게 고백한다. "내가 나의 마음에 죄악을 품었더라면 주께서 듣지 아니하시리라."^{시 66:18} 주위 사람들은 우리의 속마음을 눈치채지 못할지라도, 하나님은 속지 않으신다. 우리가 이 사실을 시인하는 것은 하나님의 전지하심과 무소 부재하심 때문만이 아니다. 그분이 실제로 우리 안에 거하시기 때문이다. 어떤 의미에서 우리의 문제는 하나님의 눈을 피할 수 없다는 데 있다. 하지만 또 다른 의미에서 보면, 그것은 우리가 처한 곤경의 해답이기도 하다. 우리의 삶을 헤아리시는 하나님이 친히 우리를 정결케 하시며 회복시켜 주시기 때문이다. 성령 안에서 살아가는 이들은 이 내적인 씻음을 열망하며, 모든 참 신자들은 하나님 앞에서 다음과 같이 부르짖게 된다. "하나님이여 내 속에 정한 마음을 창조하시고 내 안에 정직한 영을 새롭게 하소서."시 51:10, 또한 마 5:8, 행 15:9 다윗은 시편 51편을 기록하기 전에도 이미 정결케 된 상태에 있었지만, 더 깊은 회복의 손길을 사모했다. 세지윅에 따르면, "다윗의 전 인격이 씻김을 받았지만, 아직 온전하지는 않았다. 그는 얼마간 은혜를 입었으나 더 큰 은혜를 간구했다."[11] 이 땅의 삶에서 하나님의 은혜를 맛본 이들은 누구나 더 깊은 은혜를 갈구한다. 이미 받은 은혜에 만족하며 머무르지 않고, 계속 더 큰 은혜를 고대하게 된다. 그들 자신의 삶 속에 남아 있는 죄를 점점 더 깊이 의식하며 미워하게 되기 때문이다.

죄에 대한 참된 미움과 슬픔

우리가 거룩해질 때, 내적인 변화가 먼저 찾아온다. 내적인 변화가 없는 외적인 거룩함은 일종의 위선이며, 예수님은 바리새인들이 취했던 그러한 삶의 태도를 몹시 책망하셨다.마 23:1-31 하지만 그 형식주의자들과 달리, 우리는 그저 어떤 죄가 외적으로 널리 드러났기 때문에 그 일을 미워하는 것이 아니다. 우리는 널리 드러난 죄와 사적이고 은밀한 죄를 모두 혐오하는데, 이는 그 죄들이 하나님과 그분의 영광을 거스르기 때문이다. 위선자들(심지어 일부 그리스도인을 포함한)은 대개 죄로 인한 결과와 수치를 염려하며, 종종 자신의 죄책을 자각한다. 하지만 그들의 경우, 이런 염려와 죄의식이 죄의 내적인 침투를 진정으로 미워하는 마음에서 나온 것은 아니다. 그것이 '꾸며 낸' 감정은 아닐지 모르나, 자칫 그들은 자신이 정말 죄를 혐오하며 그 문제에 옳은 답을 제시할 수 있다고까지 믿게 된다.

이 땅의 삶에서도 우리 그리스도인들은 어떤 면에서 온전히 거룩할 수 있다. 다만 이 점에 관해서는 자세한 설명이 필요하다. 여기서 세지윅은 우리가 얻은 '순전한 거룩함'perfection of integrity과, 아직 얻지 못한 '탁월한 거룩함'perfection of eminency을 서로 구분 짓는다. 그에 따르면 전자의 성품은 위선과 대립하는 거룩한 마음의 결과물이다. 이에 반해 후자의 성품은 모든 정욕과 철저히 대립하는 완전함의 성격을 띤다. 참된 그리스도인들은 (마태복음 23장의 바리새인들 같은) 위선자가 아니다. 이제 그들은 '순전한 거룩함'을 소유하고 있기 때문이다. 지금 우리는 참된 구원을 얻어 진실로 거룩해진 이들이다. 하지만 그런 은혜를 누릴지라도, 이 땅의 삶에서 우리 영혼은 아직 다 회복되지 않았으며, 우리 안에는 어둠, 곧 내재하는 죄가 여전히 남아 있다.[12]

우리 그리스도인들은 아직 완전하지 않지만, 어떤 의미에서는 외적으로 흠이 없는 상태에 이를 수 있다. 이것은 실제로 성경에서 제시하는 장로들의 자격 요건이기도 하다. "그러므로 감독은 책망할 것이 없으며……절제하며 신중하며 단정하며 나그네를 대접하며……술을 즐기지 아니하며 구타하지 아니하며 오직 관용하며 다투지 아니하며 돈을 사랑하지 아니[해야]" 한다.딤전 3:2-3 분명 우리 신자들 역시 겉으로 드러나는 죄를 짓지만, 그 죄의 정도는 우리가 더 늦게 회심했을 때 저질렀을 죄의 정도보다는 덜하다. 우리는 성인이 된 후에 회심한 많은 이들의 삶 속에서 뚜렷한 행동 변화를 보게 된다. 그러나 모든 그리스도인은 자기 마음속에서 가증한 생각이 자주 솟아남을 느끼고 탄식한다. 이는 우리의 은밀한 죄가 깊은 두려움을 가져다주기 때문이다.

이 땅의 삶에서는 아무도 그 역겨운 생각에서 온전히 벗어날 수 없다. 그런 생각들은 기도 시간이나 주일 예배에서도 떠오른다. 때로 우리는 찬송 가사에 전혀 신경을 쓰지 않게 된다. 함께 모여 예배하면서 아름다운 찬양을 드리지만, 그동안에도 우리 속마음은 이리저리 방황하는 것이다. 그런 속사정을 아는 것은 우리 자신과 하나님뿐이다. 세지윅은 이렇게 말한다. "그리스도인들의 주된 싸움터는 외적인 삶의 현장이 아니다. 그들의 대적은 그들 자신의 마음속에 있으며, 그들은 그곳에서 가장 치열한 투쟁을 벌인다. 신자들이 이전의 그릇된 삶을 바로잡았다 해도, 자신의 병든 마음까지 개혁하려면 훨씬 더 큰 노력이 필요하다."[13] 이처럼 우리 자신의 마음을 변혁시키는 일은, 못된 말버릇을 버리는 것과 같이 우리의 외적인 행실을 고치는 일보다 더 어렵다. 가장 힘들고 고된 싸움은 우리 자신만이 아는 내면의 죄와 씨름하는 데 있다.

위선

하나님은 우리의 은밀한 죄를 심각하게 여기신다. 사람들은 때로 사적인 공간에서 다른 이들과 함께 그릇된 일을 행하는데, 이는 지극히 악한 죄가 될 수 있다. 그리고 문서나 성적 위조, 탈세 등도 온갖 죄악을 낳는다. 또 사람들은 종종 은밀한 장소에서 이성이나 동성 간의 간음을 범하는데, 이때 그들은 마치 거룩하신 하나님이 휴가라도 가신 듯이 여긴다. 우리는 잘 차려입은 사업가가 사창가에 드나드는 모습을 보게 된다. 그러면서도 그들은 안정적인 가정생활을 유지하며, 그 아내와 자녀들은 그들의 탈선을 전혀 눈치채지 못한다. 이것이 곧 위선이며, 사람의 눈으로는 그 숨겨진 문제들을 간파해 내기 쉽지 않다. 존 밀턴은 『실낙원』에서 이렇게 탄식한다.

인간도, 천사도 위선을 감지하지 못한다.
그것은 우리 눈에 숨겨진 유일한 악행이며,
하나님만이 그 일을 헤아리신다. _제3권, 684행[14]

우리의 죄들은 어떤 외적인 영향력의 결과물이 아니다. 오히려 그 죄들은 우리의 내면에서 시작된다. 모든 이의 마음속에는 본성적인 죄악의 충동이 있으며, 주님은 이 점을 이같이 지적하신다. "속에서 곧 사람의 마음에서 나오는 것은 악한 생각 곧 음란과 도둑질과 살인과 간음과 탐욕과 악독과 속임과 음탕과 질투와 비방과 교만과 우매함이니 이 모든 악한 것이 다 속에서 나와서 사람을 더럽게 하느니라."[막7:21-23] 세지윅에 따르면, "우리 안에는 스스로를 유혹하는 부패한 본성이 있다. 그것은 무수히 많은 죄와 타락한 상상을 만들어 내는 일종의 자궁과 같다. 숲속 깊은 곳에서 샘이 솟아나듯, 그 본성에서 사악한 행실들이 흘러나온다."[15] 이 세상과 마귀는 늘 우리를 유혹한다. 그리고 그것들의 영향력이 없더라도, 우리 안에는 끊임없이 스스로를 유혹하는 죄악 된 본성의 불길이 타오르고 있다.

모든 사람은 본성상 위선자로 태어난다. 세지윅은 이렇게 말한다. "우리 인간의 영혼 속에는 깊은 위선이 도사리고 있다. 그 본성 때문에, 우리는 다른 이들 앞에서 말한 것과는 상반되는 일을 은밀히 행한다." 하지만 이 세상에는 여러 유형의 위선자가 존재한다. 우리는 그저 "사람은 다 위선자야"라고 말하면서 그리스도인들과 불신자들을 전부 똑같은 사람들로 치부할 수 없다.

이 세상에 존재하는 위선의 유형은 다음과 같다. (1) 본성적인 위선. 이 위선은 온 인류의 마음에 영향을 끼치며, 자연 상태에 있는 모든 인간의 삶 속에서 드러난다. (2) 영혼을 파괴하는 종교적인 위선. 겉으로는 선한 척하면서도 속으로는 모든 형태의 참된 거룩함을 미워하는 이들이 여기에 해당한다. 그리고 (3) 우발적인 위선. 바리새인들처럼 구원받지 못한 위선자는 아니지만 가끔씩 자신의 신앙에 어긋나게 행하는 그리스도인들이 여기에 속한다.

그리스도인은 위선을 경계해야 한다. 실제로 우리는 하나님을 두려워하기보다 그저 사람들에게 잘 보이고 싶어서 죄를 삼갈 때가 많다. 물론 우리가 하나님의 영광을 위해 그분의 법대로 살아갈 때, 다른 이들의 칭찬을 바라는 것이 반드시 그릇된 일은 아니다. 하지만 문제는 우리가 하나님을 염두에 두지 않고 사람들의 인정만을 구할 때 생긴다. 세지윅은 이렇게 말한다. "이제 자신을 돌아보라. 여러분이 죄를 삼가는 동기는 무엇인가? 온 세상 사람들이 깊이 잠들었으며, 아무도 여러분을 살피거나 책임을 묻지 않는다고 생각해 보자. 그때 여러분은 마치 한밤에 먹이를 찾아 헤매는 사자처럼 마음껏 죄를 짓지 않겠는가? 그때에는 여러분의 속마음이 그 본모습을 드러내며, 은밀한 죄의 충동을 노골적으로 추구하지 않겠는가? 그때에는 지금 여러분이 남몰래 행하는 일들을 어디서나 거리낌 없이 행하게 되지 않겠는가?"[16]

이 질문들은 매우 중요하다. 만약 온 세상이 "깊이 잠들어" 있다면, 위선자들은 은밀히 생각해 온 일들을 거침없이 실행할 것이다. 지금 그들이 그러지 못하는 이유는 그저 사람들의 칭찬을 구하기 때문이다. 그러나 주위의 시선이 사라지고 나면, 그들이 죄짓는 일을 어떻게 막겠는가?

적용

하나님의 속성들을 탐구하는 일은 그저 신학자와 목회자, 신학생들만을 위한 것이 아니다. 그분을 아는 지식은 우리 모두에게 영생을 가져다준다.요 17:3 성경 전체에 걸쳐, 하나님은 자신이 모든 일을 알고 또 헤아리는 분이심을 계속 말씀하신다. 그분은 전지하며 편재하시기 때문에 이 세상의 어떤 일도 놓치지 않으신다. 하나님은 인간의 모든 행실을 관심 있게 지켜 보신다.

우리 안에 내재하는 죄는 실천적인 무신론자가 되도록 우리를 유혹한다. 이때 우리는 마치 하나님이 계시지 않은 듯이 살아가려는 충동을 느낀다. 하지만 성령님은 복된 성경의 가르침을 통해, 삼위일체 하나님이 세상의 모든 일을 헤아리실 뿐 아니라 친히 우리 마음속에 거하심을 일깨워 주신다.롬 8:9, 엡 3:17, 요일 3:24 이것은 특별하고 언약적인 내주이며, 이를 통해 하나님은 우리와 긴밀히 연합하신다.

어떤 의미에서 우리 그리스도인들의 은밀한 죄는 불신자들의 것보다 더 악하다. 이미 하나님이 우리에게 죄에 맞설 능력을 주셨기 때문이다. 우리는 자신이 그리스도께 연합한 자임을 알면서도 악한 생각과 행동으로 죄를 짓곤 한다. 하지만 우리는 하나님의 뜻과 영광에 부합하는 방식으로 살아가게 해 주시기를 여전히 간구할 수 있다. 이는 우리가 구하는 일들을 주님이 친히 이루어 주시기 때문이다. 물론 이 은혜를 빌미 삼아 마음 놓고 죄를 지어서는 안 되지만, 구주이신 하나님은 우리를 버리지 않으시며 다시 그분의 은혜로 씻으시고 새롭게 하신다.

우리의 은밀한 죄를 자각할 때, '오직 믿음에 의한 칭의'가 얼마나 영광스럽고 복된 교리인지를 새삼 되새기게 된다. 어떤 이들은 '오직 인간의 힘에 의한 칭의'를 주장한다. 하지만 우리의 죄들을 돌아볼 때, 우리 자신의 힘으로는 하나님 앞에서 실패한 죄인이 될 수밖에 없음을 절실히 깨닫는다. 우리의 칭의는 오직 믿음을 통해 이루어져야 한다. 우리의 드러난 죄와 은밀한 죄가 심히 커서, 우리의 힘으로 하나님 앞에 나아갈 수 있다고는 도저히 생각할 수 없기 때문이다.

18세기 후반에 사역했던 장로교 목사 새뮤얼 스탠호프 스미스[1751-1819]는 은밀한 죄에 관해 이렇게 설교했다.

우리가 그릇 행할 당시에 미처 깨닫지 못하고 넘어간 죄들이 얼마나 많은지요! 지나온 삶을 돌아보면서 간과하게 되는 죄들은 또 얼마나 많은지 모릅니다. 우리는 자기애와 기만에 빠져 많은 죄를 은폐하며, 그릇된 원칙들 아래서 온갖 죄들을……미덕으로 착각합니다. 오! 누가 자기 잘못을 다 헤아릴 수 있겠습니까? 우리는 다 부정한 자들이며, 우리의 죄악이 바람 같이 우리를 몰아갑니다. 주님, 우리의 은밀한 허물을 씻어 주소서![17]

죄란 무엇인가

진실로 그러하다. 성부 하나님께 우리의 은밀한 죄들을 정결케 하시고, 그리스도 안에서 우리가 미처 깨닫지 못한 허물까지 용서해 주시기를 간구한다.

09 } 고의적인 죄: 지옥행 고속도로[1]

예외는 없다

우리는 다양한 관점에서 죄를 살필 수 있다. 그 죄는 공개적인가, 은
밀한가? 죄의 경중은 어떠한가? 무지로 인해 죄를 범했는가, 아니면
잘못임을 알고도 오만하게 행했는가? 이 중 후자에 관해 다윗은 이렇
게 기도한다.

> 주의 종에게 고의로 죄를 짓지 말게 하사
> 그 죄가 나를 주장하지 못하게 하소서.
> 그리하면 내가 정직하여
> 큰 죄과에서 벗어나겠나이다. _시 19:13

다윗은 자신이 고의로 죄를 짓지 않게 되기를 기도했다. 그래야만 정
직하고 흠 없는 삶을 살 수 있기 때문이다. 온 인류가 원죄의 영향 아
래 있기에, 우리는 본성상 온갖 죄의 유혹을 받는다. 실제로 죄를 범
하지 않을지라도, 그런 죄의 씨앗들 자체는 우리 마음속에 늘 도사리

죄란 무엇인가

고 있다. 우리는 다양한 죄의 유혹을 느끼며, 그 가운데는 고의적인 죄도 포함된다. 그러므로 모든 신자는 늘 다윗과 같은 마음으로 하나님 앞에 나아가야 한다. 주위의 많은 그리스도인이 이 유혹의 올무에 걸려드는 모습을 볼 때, 우리는 깊은 경각심을 품게 된다. 지금 이 위험에서 자유로운 이는 아무도 없으며, 그리스도인들이 그런 죄를 범할 때는 문제가 더 심각해진다. 어떤 이들은 하나님의 뜻을 일부러 거역하고는 다시 그분의 자비를 기대한다. 하지만 그리스도인의 삶에서 하나님의 은혜를 고의로 악용하는 것보다 더 악한 죄는 거의 없다.

고의성

고의로 어떤 일을 행하는 것은 곧 자기 앞에 주어진 경계선을 일부러 넘어간다는 뜻이다. 성경의 관점에서 살필 때, 고의적인 죄는 곧 하나님 말씀의 표준을 의도적으로 거스르는 일을 가리킨다. 토머스 맨턴 1620-1677은 이처럼 알면서 지은 죄들을 "가장 위험하게" 여겼다. 이는 그 죄 속에 하나님의 법과 그분의 자비를 향한 깊은 경멸이 담겨 있기 때문이다. 그것은 어떤 이가 죄 자체를 사랑함을 보여주는 하나의 징표다.[2]

　　지금 온 인류는 하나님의 법 아래 있으며, 이는 그들이 그리스도를 믿든지 안 믿든지 간에 그렇다. 앞서 보았듯이 죄는 그분의 법을 위반하는 행위다. 세지윅은 이렇게 언급한다. "하나님의 법 가운데는 우리가 해야 할 일과 하지 말아야 할 일에 관한 그분의 계시된 의지가 담겨 있다. 그것은 인간 본성과 행실의 참된 규범이다. 따라서 무엇이든 그 법에 부합하는 것은 선하며, 그 법을 어기거나 위반하는 것은 죄가 된다."³ 죄의 자각 여부를 염두에 둘 때, 우리가 범하는 죄는 둘 중 하나다. (1) 잘 알지 못하면서 지은 죄와 (2) 자신의 행위를 분명히 의식하면서 고의로 혹은 일부러 지은 죄다. 시편 19편에서 다윗은 "숨은 허물" 또는 의도치 않은 죄를 용서해 주시기를 구한 후, "고의로" 죄를 짓지 않게 지켜 주시기를 기도한다.

고의적인 죄에 관해 맨턴은 이렇게 말한다. "이는 하나님이 주신 빛과 지식을 거스르는 죄다. 이때 사람들은 그 일의 악함을 알면서도 죄를 짓고, 하나님 앞에서 완악하고 교만한 태도로 자신을 내세운다. 그중에는 여러 추하고 노골적인 죄들이 포함되는데, 매춘이나 폭식, 술 취함 등은 자연적인 양심의 빛에서도 악하게 여겨진다. 그리고 기독교의 관점에서는 신앙을 부인하는 죄 등이 여기에 속한다. 이런 행실들이 하나님의 법에 어긋난다는 점은 실로 명백하다."⁴ 이와 유사하게, 세지윅은 이 죄들에 관해 다음의 탁월한 정의를 제시한다. "고의적인 죄는 불법적인 일을 감행하는 마음의 교만한 태도와 행실을 가리킨다. 사람들은 하나님의 분명한 경고를 거슬러 그 일을 행하며, 이때 그 동기는 거짓 확신이나 그분을 향한 경멸과 무시, 혹은 지독한 악의에 근거한다."⁵ 간단히 말해, 고의적인 죄는 하나님의 뜻을 알면서도 불순종하는 행동이다. 그리스도인의 경우, 이 가운데는 하나님의 은혜를 우습게 여기고 악용하는 일 역시 포함된다. 그들은 고의로 죄를 짓고도 하나님의 자비를 기대하곤 한다.

이처럼 고의로 죄를 짓는 데는 사악한 담력과 교만한 의지가 필요하다. 반면 유혹에 빠져 죄를 범할 때는 그만한 담력이 요구되지 않는다. 세지윅은 이렇게 언급한다. "우리가 어떤 유혹 아래 놓일 때는

죄란 무엇인가

그것에 맞설 마음의 힘이 약화된다. 그런데 고의로 죄짓는 자들의 경우, 그 죄를 지적하는 말씀의 빛을 아예 짓밟는다. 우리는 그런 자들을 실로 교만한 죄인으로 간주한다. 그들은 하나님의 뜻을 무시하고 자기 마음대로 행하려 하는 이들이다." 민수기에서는 의도치 않은 죄와 의도적인 죄를 대조한다.

> 만일 한 사람이 부지중에 범죄하면 일 년 된 암염소로 속죄제를 드릴 것이요……본토인이든지 타국인이든지 고의로 무엇을 범하면 누구나 여호와를 비방하는 자니 그의 백성 중에서 끊어질 것이라. 그런 사람은 여호와의 말씀을 멸시하고 그의 명령을 파괴하였은즉 그의 죄악이 자기에게로 돌아가서 온전히 끊어지리라. _민 15:27, 30-31 (강조는 저자의 것)

고의로 죄짓는 자들은 지금 자기가 행하는 일을 잘 안다. 그들은 하나님 말씀의 명백한 빛을 억누르고, 일부러 어둠의 길을 택하는 이들이다. 이 죄인들은 그 일이 그릇됨을 분명히 알면서도 그 죄짓기를 갈망한다. 하지만 성령을 받은 그리스도인의 경우, 이런 유혹 아래 놓일 때 마땅히 깊은 불안감을 느껴야 한다. 신자들은 그런 죄를 범하지 않아야 하지만, 안타깝게도 항상 그 유혹에서 승리하는 것은 아니다. 가끔은 그런 죄에 대한 두려움과 염려가 지극히 미약할 때도 있기 때문이다. 그러므로 옳고 그름에 대한 약간의 본성적인 지식이 있는 불신자들뿐 아니라, 하나님의 뜻에 대한 초자연적인 지식(곧 성경)을 지닌 그리스도인들 역시 고의적인 죄에 빠질 수 있다.

하나님은 이 죄의 파괴적인 결과에 관해 침묵하지 않으신다. 그

분은 태초부터 이미 자신의 자녀들에게 이 일을 경고하셨다.^{창 2:17} 고
의적인 죄는 어떤 이가 처벌받을 것을 알고도 그 일을 행할 때 생기
며, 이것은 하나님 앞에서 지극히 위험한 행동이다. 어떤 다리가 낡아
서 거의 무너지기 직전인 경우를 한번 상상해 보자. 그 다리 앞에는
이런 표지판이 세워져 있다. "건너가지 마시오. 붕괴 위험이 있음." 그
런데 고의적인 죄인은 마치 그 경고를 무시하고 다리 위로 발을 내딛
는 자와 흡사하다. 하나님은 자신의 백성을 향해 그분을 배반하고 거
짓 신들을 섬기지 말라고 경고하셨다.^{신 29:18} 이는 그들이 다음과 같은
모습을 보일 것을 우려하셨기 때문이다. "독초와 쑥의 뿌리가 너희 중
에 생겨서 이 저주의 말을 듣고도 심중에 스스로 복을 빌어 이르기를
내가 내 마음이 완악하여 젖은 것과 마른 것이 멸망할지라도 내게는
평안이 있으리라 할까 함이라."^{신 29:18-19}

　　신약에서 우리는 공예배를 멀리하는 이들에 관한 동일한 경고를
듣게 된다. "모이기를 폐하는 어떤 사람들의 습관과 같이 하지 말고
오직 권하여 그 날이 가까움을 볼수록 더욱 그리하자. 우리가 진리를
아는 지식을 받은 후 짐짓 죄를 범한즉 다시 속죄하는 제사가 없고
오직 무서운 마음으로 심판을 기다리는 것과 대적하는 자를 태울 맹
렬한 불만 있으리라."^{히 10:25-27}

　　고의적인 죄를 짓는 그리스도인들은 거짓 확신을 품고서 하나님
의 자비를 심각하게 오해하며 경시한다. 그들은 하나님이 어차피 용
서해 주실 테니 일부러 죄를 지어도 괜찮다고 생각한다. 하지만 이 의
도적인 불순종은 그리스도 안에 있는 하나님의 자비를 오용하는 태
도일 뿐이다. 성경에 따르면 이들은 배교의 길에 서 있다.^{신 29:18-19, 히}

10:25-27 이들은 지적으로는 하나님의 자비를 받아들였지만, 마음속으로는 참된 신앙을 품어 본 적이 없는 자들이다. 그러나 하나님이 그리스도 안에서 베푸시는 자비를 진실로 경험할 때, 우리는 고의적인 죄를 아예 멀리하게 된다.

고의적인 죄를 짓는 그리스도인은 나중에 그 일을 회개할 수 있으리라는 주제넘은 자신감을 품곤 한다. 그런데 세지윅에 따르면, 우리에게는 미래에 그 기회가 주어지리라는 보증이 전혀 없다. "모든 사람에게는 하나님이 정해 주신 삶의 한계가 있다. 그러므로 오늘 죄를 범하는 자들은 자신이 내일까지 살아 있을 것이라 장담할 수 없다. 우리는 이 땅에 살아 있는 동안에만 죄를 회개하고 돌이킬 수 있으며, 호흡이 끊어진 후에는 영영 기회를 잃고 만다. 그때는 이미 최종 심판이 내려진 다음이기 때문이다. 고의로 죄짓는 자들은 감히 보증할 수 없는 미래를 자신의 것으로 착각하는 이들이다."[6] 이와 마찬가지로 우리는 상습적으로 죄를 범하는 동안에 마음이 돌처럼 굳어져서 나중에는 회개할 힘을 아예 잃어버릴 수 있다. 그리고 우리는 하나님을 거슬러 죄를 지으면서도, 그분이 나중에 회개의 은혜를 주실 것이라는 그릇된 확신을 품기도 한다. 세지윅은 이렇게 말한다. "우리의 삶이 깊은 상처를 입는 것은 죄악 된 본성의 원리 때문이며, 그 상처를 치유하는 것은 오직 하나님께 속한 초자연적인 원리다. 인간의 타락은 우리 자신의 마음 때문에 일어나지만, 하나님은 그분의 은혜로 우리를 일으켜 세우신다."[7] 하지만 고의적인 죄인은 이같이 우리를 수치와 불명예에서 건져 주시는 하나님을 향해 일부러 악을 행한다. 지금 시대에는 반율법주의 정신이 가득하기에 이 일을 대수롭지 않게 여기지만, 이런 행실은 우리를 죽이는 치명적인 독과 같다.

이 죄인들은 결국 하나님의 은혜를 확신할 수 없게 된다. 그리고 자신의 불신앙으로 인해 그분의 약속을 영원히 상실하고 만다. 구약의 이스라엘 백성은 호된 시련을 통해 이 진리를 체득했다. 그들은 종종 이방 민족과 전쟁을 벌였지만, 늘 승리하지는 못했다. 그들이 불순종할 때 하나님이 함께하지 않으셨기 때문이다. "내가 너희에게 말하였으나 너희가 듣지 아니하고 여호와의 명령을 거역하고 거리낌 없이 산지로 올라[갔다]."신 1:43 하나님은 오히려 그들의 대적이 되셨다. 이처럼 우리가 고의로 그분께 맞설 때 그분이 친히 우리를 대적하심은 이상한 일이 아니다. 이 싸움에서 우리는 늘 패배할 수밖에 없다.

죄의 사악함

맨턴에 따르면, 고의적인 죄는 "암묵적인 신성모독"이다.민 15:30, 겔 20:27 그는 이렇게 경고한다. "일부러 죄짓는 이들은 하나님을 모독하는 자들이다. 그들은 하나님을 마치 우둔하여 자신들의 악행을 파악하지 못하는 분처럼 대하기 때문이다. 그들은 하나님이 게을러서 자신들의 삶에 관여하지 않거나, 무능해서 그 죄악을 제대로 징벌할 수 없다고 믿는다. 혹은 그분 자신이 불의하기에 그런 악행들을 굳이 벌주지 않는다고 여긴다."[8] 고의로 죄를 범할 때, 우리는 하나님과 그분의 위엄을 무시하며 그분의 온전하신 성품을 비하하는 것이 된다. 고의적인 죄는 하나님을 조각내어 그분의 사랑, 자비, 은혜를 그분의 지식, 공의, 권능, 거룩함과 같은 다른 속성에서 애써 분리해 낸다.

맨턴에 따르면, 고의적인 죄인의 마음속에는 "피조물들이 품을 수 있는 가장 깊은 교만"이 존재한다.⁹ 밧세바와 우리아의 일에서 드러나듯, 다윗도 그런 죄를 범했다. 그는 간음과 살인을 행함으로써 타인의 아내와 생명을 강탈했던 것이다. 다윗은 이 행위가 악한 것임을 잘 알았다. 하지만 그는 교만한 마음으로 그 일을 감행했으며, 이는 하나님의 말씀을 철저히 멸시하는 행위였다.삼하 12:9 이런 다윗을 향해, 하나님은 칼이 그의 집안에서 결코 떠나지 않을 것임을 선포하셨다.삼하 12:10 이처럼 인간이 하나님을 멸시하는 데는 늘 대가가 따르며, 그 가운데는 물리적이고 영적인 측면의 심각한 손실이 포함된다. 이는 하나님이 그분의 자녀를 사랑으로 징계하실 때도 마찬가지다.

우리 그리스도인들은 말씀 묵상에 많은 시간을 보내며, 공예배 때는 목회자들의 설교를 듣는다. 이를 통해 우리는 늘 하나님의 진리를 누리면서 살아가고, 더 온전한 성숙의 길로 나아간다. 날마다 주님을 더 깊이 알아 가면서 그분의 능력과 은혜를 풍성히 체험하는 것이다. 그러나 고의적인 죄를 지을 때 우리는 이 하늘의 은사들을 우습게 여길 뿐 아니라, 그 은사들을 주신 주님을 멸시하는 셈이 된다.

굳어진 마음의 위험성

하나님 앞에서 고의로 죄를 범할 때, 아직 회심하지 않은 이들과 회심한 이들 모두 각기 다른 방식으로 많은 위험을 겪는다. 전자의 경우, 고의적인 죄가 반복되면서 그들의 마음이 더욱 강퍅해진다. 맨턴은 이렇게 말한다. "죄를 범할 때마다 그들은 더욱 완고해진다. 거듭 그 일을 행하는 동안에 그들의 태도는 점점 더 방자해지며, 그들의 마음은 사람들이 자주 밟고 지나간 대로처럼 굳어지고 만다.……고의로 죄를 지을 때마다 그들이 회심에 이르는 길 앞에는 새로운 난관이 생긴다."[10] 그들이 주님 앞에서 죄를 범할수록, 이 땅의 삶에서 더 많은 죄의 결과를 직면한다. 또한 그런 죄는 회심 후에도 깊은 후유증을 남긴다. 그들 자신과 다른 이들이 겪었던 슬픔과 피해는 사라지지 않는 것이다. 그들은 과거의 죄를 용서받지만, 그 죄의 결과 자체가 소멸되지는 않는다. 때로는 자신이 범한 죄의 참상이나 그 피해자(예를 들어 간음이나 학대 등의 경우)를 떠올리면서 깊은 두려움을 겪는다. 때로는 건강 문제나 경제적인 궁핍 등의 물리적인 결과가 지속된다(예를 들어 알코올 중독이나 무절제한 쾌락 탐닉의 경우).

그런데 회심 후에는 고의적인 죄의 위험성이 가중된다. 연약함과 무지에서 나온 죄는 같은 것이나 다름없는데, 특히 별 뜻 없이 그 일을 저질렀을 때 그렇다. 하지만 하나님의 분명한 명령을 거슬러서 일부러 악을 행한 경우, 그 죄는 지극히 중한 것이 된다. 이에 관해 맨턴은 이렇게 언급한다. "고의적인 죄들은 하나님과 우리의 영혼 사이에 안타까운 단절을 가져온다. 이때 우리는 깊은 두려움과 당혹감에 빠지며, 위로를 잃은 채 양심의 가책에 시달리게 된다."[11] 물론 하나님은 참된 신자에게서 그분의 조건 없는 사랑을 거두어 가지 않으신다. 이는 자신의 택한 백성에게 베푸시는 영원한 은총이기 때문이다. 하지만 다윗에게서 보듯이, 고의로 죄짓는 신자들은 하나님의 두려운 진노 아래 놓인다. "그 장례를 마치매 다윗이 사람을 보내 그를 왕궁으로 데려오니 그가 그의 아내가 되어 그에게 아들을 낳으니라. 다윗이 행한 그 일이 여호와 보시기에 악하였더라."삼하 11:27

하나님은 자신의 백성들에게 더 높은 수준의 삶을 요구하신다.

그분은 많이 받은 이들에게 더 많은 것을 찾으시기 때문이다.^{눅 12:48} 주님은 우리에게 죄에 맞설 지식과 능력을 풍성하게 부어 주셨다. 그래서 우리가 고의로 범한 죄에 대해서는 불신자들에게 내리시는 것보다 더욱 엄격한 징계를 내리신다. 아모스서에서는 하나님이 백성을 사랑하실 뿐 아니라 호되게 징벌하신다고 말한다.

> 내가 땅의 모든 족속 가운데
> 너희만을 알았나니
> 그러므로 내가 너희 모든 죄악을
> 너희에게 보응하리라. _암 3:2

다윗과 제사장 엘리는 모두 자신의 고의적인 죄 때문에 큰 대가를 치렀으며, 그들의 집안 전체가 피해를 보았다. 엘리에 관해 맨턴은 이렇게 말한다. "그 결과로 그의 아들들이 싸움터에서 죽고 온 이스라엘 백성이 패배했으며, 하나님의 언약궤는 탈취되었다. 엘리 자신은 목이 부러져서 죽고, 그 딸은 아이를 낳다가 세상을 떠났다. 실로 그의 집안 전체가 하나님 앞에서 버림을 받은 것이다.^{삼상 2:30} 신자들이 일부러 죄를 범할 때, 주님은 맹렬히 진노하신다. 이때 하나님은 우리 자신과 자녀의 건강이나 재산을 비롯한 모든 외적인 삶의 환경 위에 혹독한 징벌을 내리신다. 그러므로 우리는 그분의 뜻을 거스르고서도 무사하기를 바라서는 안 된다."[12]

결국 우리는 하나님의 영광을 위해 살도록 부름받았다. 하지만 고의적인 죄인들은 이와 정반대되는 길에 선다. 이들은 주님의 이름을 헛되게 만드는 자들이다. 이들은 자기가 하나님보다 더 우월한 존재인 듯이 행동하며, 그리하여 그분의 두려운 진노 아래 처한다. 이처럼 주님의 은혜를 악용하는 일은 실로 위험한 결과를 가져오며, 이 사실을 외면할 때 우리 자신과 다른 이들의 삶은 깊은 손상을 입는다.

적용

어떤 이들은 고의로 죄를 범한 다음에 다른 영역의 선행으로 그 일을 덮으려고 한다. 맨턴은 이렇게 말한다. "사람들은 여러 다른 의무를 열심히 행함으로써 자신의 죄악을 무마하려 한다. 더러운 행실에 빠진 자가 자선 활동을 통해 그 삶의 모습을 은폐하려 하는 것이 그 예다."[13] 어떤 회계사는 자신의 고객들에게서 거액을 횡령하고서도, 교회에 상당한 금액을 헌금함으로써 그 허물을 감추려 할 수 있다. 또 어떤 여성은 불륜을 저지르면서도 자기 자녀만은 잘 키워 보려고 할지도 모른다. 그리고 어떤 아이는 부모의 돈을 훔치면서도 학교생활을 열심히 할 수 있다. 이처럼 우리는 어떤 죄에 대한 양심의 가책을 무마하려고 다른 영역의 선행에 더욱 열심을 내곤 한다. 그러므로 고의적인 죄는 위험할 뿐 아니라 자기기만의 성격까지 띤다.

　다음의 세 운전자를 생각해 보자. 어떤 전기 기사는 동네 친구들과 함께 맥주를 잔뜩 마시고는 아무렇지 않게 과속 운전을 한다. 또한 젊은 웹 디자이너는 밤늦게까지 컴퓨터 게임을 하고는 밀려오는 졸음과 싸우면서 차를 몰고 출근길에 나선다. 그리고 한 물리 치료사는 환자들의 집으로 차를 몰고 가면서 스마트폰으로 지인들과 계속 문자 메시지를 주고받는다. 우리는 이 세 경우를 어떻게 평가해야 할까? 이들은 모두 부주의하고 위험하며 불법적인 운전자들이다. 이들은 그들 자신과 다른 이들의 생명을 제대로 존중하지 않음으로써 여섯 번째 계명("살인하지 말라"—옮긴이)을 어기는 자들이 된다. 그들은 늘 이렇게 행하면서도 자신만은 무사하리라고 여긴다. 하지만 이런 그들의 자신감은 숙달된 실력에서 나오는 확신이 아니라 그저 주제넘은 교만일 뿐이다. 그들은 그것이 잘못된 행동임을 알고 있으며 여러 번 간신히 위기를 넘겼음에도 계속 습관대로 행한다. 자신이 실책을 범하더라도 하나님이 그분의 섭리와 자비로 지켜 주실 것이라고 착각한다. 그들은 '오늘도 별일 없을 거야'라고 믿다가도, '그래도 어서 그만둬야 해. 이건 미친 짓이야'라고 생각한다. 그러다가 곧 돌이킬 수 없는 비극을 맞게 되는 것이다. 우리는 이 고의적인 죄의 문제를 어떻게 극복해야 할까?

우리가 마치 골룸의 반지처럼 어떤 죄를 소중히 간직하는 동안에는, 그 죄를 결코 뿌리 뽑을 수 없다. 어떤 일이 하나님 앞에서 그릇됨을 알면서도 계속 몰두하는 것은 일종의 불장난과 같다. 이때 우리는 흔히 이렇게 강변한다. "나중에 처리하지 뭐." 그러나 죄의 습관이 지속될수록 그 일을 그만두기는 더욱 어려워진다. 오웬은 이렇게 말한다. "우리가 상습적으로 죄를 범할 때, 양심의 **감각**이 점점 무뎌진다. 이 세상의 길을 따르는 동안 **수치심**도 사라져 가며, 우리는 쾌락에 대한 열망 때문에 그 일에 더욱 탐닉하게 된다."[14]

그러므로 우리는 일찍부터 자신의 행실을 자주 회개해야 한다. 성령님은 특히 우리의 고의적인 죄에 대해 근심하시며, 이때에는 우리 안에서 행하시는 그분의 사역도 약화되고 만다. 우리는 다윗을 본

받아 이렇게 기도해야 한다.

주의 종에게 고의로 죄를 짓지 말게 하사
그 죄가 나를 주장하지 못하게 하소서.
그리하면 내가 정직하여
큰 죄과에서 벗어나겠나이다. _시 19:13

10 } 교만이라는 죄: 당당하게 일어서[1]

하늘에서 오다

불신앙을 제외하면, 교만의 죄보다 우리 영혼에 더 해로운 것은 없다. 이른바 '7대 중죄'에 대한 탐구는 4세기경에 시작되어 이후 중세 교회에서 널리 퍼졌는데, 그 죄들의 뿌리는 바로 교만에 있다. 리베카 드 영Rebecca De Young에 따르면, 이 탐구의 초점은 "일곱 가지 주요 악덕"에 놓인다. 이는 우리 인간의 주된 죄들로서, 그로부터 여러 다른 죄가 "독이 있는 열매"를 맺는 가지처럼 양분을 얻어 자라나게 된다는 것이다. 이 일곱 가지 죄 중에는 대개 허영과 시기, 나태와 탐욕, 분노와 정욕, 탐식이 포함된다. 불신앙과 더불어, 교만은 이 죄들의 바탕이 된다.[2]

사탄이 최초로 범한 죄는 그의 교만에서 기인했을 것이다.딤전 3:6 찰스 스펄전의 친구이자 동료였던 아치볼드 G. 브라운 목사는 한 설교에서 이렇게 언급했다. "마귀와 그 천사들 앞에는 영원한 파멸이 예비되어 있습니다. 그리고 그들을 파멸의 길로 이끈 것은 바로 그들 자신의 교만이었습니다. 이 교만의 위험성은 아무리 강조해도 모자랍니다."³ 교만은 실로 괴물 같은 악이며, 그 안에는 모든 죄의 씨앗이 담겨 있다. 브라운은 이렇게 덧붙인다. "교만한 자들은 이 세상의 모든 이방 종교에서 섬기는 것보다 더욱 가증한 우상 앞에 무릎 꿇고 경배합니다. 그 우상의 이름은 바로 '나 자신'입니다!"⁴ 교만한 죄인들은 이처럼 자아를 숭배하며, 전능하신 하나님께 맞서 스스로를 높이려 한다.ᵃ³⁵ 이 씨름에서 하나님을 이길 자는 아무도 없지만, 그들은 무모한 도전을 이어 간다.

교만은 각 사람뿐 아니라 집단 전체에도 영향을 끼친다. 성경의 유명한 바벨탑 사건은 이 점을 잘 보여준다. 당시 시날의 거주민은 이렇게 선포했다. "성읍과 탑을 건설하여 그 탑 꼭대기를 하늘에 닿게 하여 우리 이름을 내고 온 지면에 흩어짐을 면하자."ᵃ¹¹⁴ 교만은 '나'뿐 아니라 '우리'까지 사로잡아 무너뜨리며, 그저 한 사람만이 아니라 한 백성 전체가 그 유혹의 대상이 된다. 본성상 타락한 우리는 오직 하나님께만 속한 것을 갈망하곤 한다. 우리 자신이 모든 면에서 높임 받기를 고대하는 것이다. 교만한 이들은 '주의 이름이 거룩히 여김을 받으시오며'라고 기도하는 대신에, '내 이름이 높아지기를' 갈구한다. 그리고 유신론자들 역시 그 교만에서 저절로 해방되지는 않는다. 많은 이들은 하나님의 존재를 믿으면서도 그들 자신을 더 우선시하기 때문이다. 이는 일종의 자아 숭배로서, 십계명의 첫 세 계명을 위반하는 일이 된다. 자연 상태에 있는(거듭나지 못한—옮긴이) 인간의 '자아'는 '죄'와 거의 동일하다. 인간이 하나님의 계명을 거스르는 모든 죄 가운데는 그들의 깊은 교만이 담겨 있다.

우리는 세상에서 어떤 사람을(거울에 비친 우리 자신을 포함하여)

마주하든지, 극중 인물에 관한 세익스피어의 묘사가 참임을 깨닫게 된다.

> 그의 온 인격에서 교만함이 드러나도다.
> 그 교만의 진원지는 지옥이 아니면 어디이겠는가? _희곡 「헨리 8세」 1.1

이처럼 우리의 전 존재에 교만이 스며들어 있다. 사우나를 하는 사람이 온몸에서 땀을 흘리듯이, 우리의 삶 곳곳에서 교만한 모습이 흘러나온다. 그런데 우리는 세익스피어처럼 교만의 출처를 지옥으로 여길 수도 있지만, 실상은 그와 상당히 다르다. 리처드 뉴턴[1840-1914]에 따르면, 교만의 역사는 다음의 세 단계로 요약될 수 있다. "교만은 하늘에서 시작되어 지금 이 땅에서 이어지고 있으며, 마침내 지옥에서 끝이 난다. 이 흐름은 그것의 무익함을 보여준다."[5] 교만의 시작과 끝을 생각할 때, 우리는 그것이 실로 두려운 일임을 깨닫는다. 현재 그 교만은 타락한 천사들뿐 아니라 온 인류에게 깊은 영향을 끼치고 있다. 불신앙이 진노의 자녀들을 지옥으로 인도하는 길의 토대라면, 교만은 그 길에 놓인 하나하나의 디딤돌과 같다.

하나님은 교만을 미워하신다

사람들은 대개 하나님이 미워하시는 일에 관해 생각하기를 꺼린다. 그보다는 그분이 무엇 혹은 누구를 사랑하시는지 숙고하는 편을 선호한다. 물론 후자의 일을 성경적인 방식으로 바르게 행한다면, 그것은 지극히 유익한 영적 훈련이다. 우리는 예배와 기도, 찬송과 묵상

등을 통해 이 일을 행할 수 있다. 그런데 하나님이 미워하시는 일에 관해 묵상하거나 찬송하지 않는 이유는 무엇일까? 우리는 마땅히 그분의 전 존재를 예배하고 높이며, 이 우주를 향한 그분의 마음을 온전히 헤아려야 하지 않을까? 달리 말해, 우리는 하나님이 사랑하시는 일뿐 아니라 그분이 미워하시는 일에도 관심을 보여야 한다. 교만의 문제에 대한 우리의 태도가 하나님의 것과 달라서는 안 된다. 교만에 관해 성경에서는 다음과 같이 분명하게 언급한다.

> 여호와께서 미워하시는 것
> 곧 그의 마음에 싫어하시는 것이 예닐곱 가지이니
> 곧 교만한 눈과 거짓된 혀와
> 무죄한 자의 피를 흘리는 손과. _잠 6:16-17

> 여호와를 경외하는 것은 악을 미워하는 것이라.
> 나는 교만과 거만과 악한 행실과 패역한 입을 미워하느니라. _잠 8:13

> 하나님이 교만한 자를 물리치시고 겸손한 자에게 은혜를 주신다 하였느니라. _약 4:6

하나님이 교만한 이들을 미워하시는 이유는 무엇일까? 이는 그분이 아무도 대적할 수 없는 주권자이시기 때문이다. 하나님은 하늘에서 티끌이나 재와 같은 우리 인간들을 내려다보시며,[창 18:27] 그분의 왕위를 찬탈하려는 우리의 깊은 욕망을 다 꿰뚫어 보신다. 과연 하나님이 우리의 이런 광기에 대해 무관심하실 수 있겠는가?

앗수르 왕 산혜립을 생각해 보자. 그는 유다 왕 히스기야를 향해 하나님께 의지하지 말 것을 경고했다. 그는 주님이 유다를 지켜 주시리라는 히스기야의 믿음을 한낱 망상으로 여겼다. 당시 산혜립은 이미 여러 나라와 그 신들을 정복했으며,^{왕하 19:10-13} 히스기야와 유다도 같은 운명을 맞게 될 것처럼 보였다. 하지만 주님은 산혜립의 교만을 감찰하셨고, 그는 결국 제대로 싸워 보지도 못하고 파멸을 맞았다. 성경에 따르면, 당시 히스기야 왕과 선지자 이사야가 간절히 기도한 뒤에 다음의 일이 벌어졌다. "여호와께서 한 천사를 보내어 앗수르 왕의 진영에서 모든 큰 용사와 대장과 지휘관들을 멸하신지라. 앗수르 왕이 낯이 뜨거워 그의 고국으로 돌아갔더니 그의 신의 전에 들어갔을 때에 그의 몸에서 난 자들이 거기서 칼로 죽였더라."^{대하 32:21}

하나님은 또한 소돔 족속의 교만을 간과하지 않으셨다. "네 아우 소돔의 죄악은 이러하니 그와 그의 딸들에게 교만함과 음식물의 풍족함과 태평함이 있음이며 또 그가 가난하고 궁핍한 자를 도와 주지 아니하며."^{겔 16:49} 그 결과 그들은 다음의 심판을 받았다. "여호와께서 하늘 곧 여호와께로부터 유황과 불을 소돔과 고모라에 비같이 내리사."^{창 19:24} 하나님이 이렇게 소돔을 멸망시키신 것은 단지 그들의 성적인 타락 때문만이 아니었다. 오히려 그 악한 행실의 중심에 깊은 교만이 도사리고 있음을 꿰뚫어 보셨기 때문이다. 느부갓네살^{단 4:28-33}과 미리암,^{민 12장} 웃시야 왕^{대하 26:16}과 헤롯^{행 12:21-23}의 경우에도, 우리는 하나님이 교만한 자들을 심판하시는 모습을 거듭 보게 된다.

교만의 원인들

이 세상에 교만의 죄가 만연하게 된 원인은 무엇일까? 우리 안에는 온갖 겸손의 장애물 혹은 교만의 촉매제가 존재한다. 예를 들어 자신에 대한 무지도 그중 하나다. 우리 자신이 무지한 존재임을 깨닫지 못하는 모습은 세상의 교만에 관해 많은 것을 설명해 준다. 인류는 하나님과 그들 자신의 정체성을 전혀 헤아리지 못하고 있다. 『기독교 강요』의 첫 부분에서 장 칼뱅은 이 진리를 단순하고도 심오하게 서술한다. "우리가 지닌 거의 모든 지혜, 곧 참되고 건전한 지혜는 다음의 두 부분으로 이루어져 있다. 하나님을 아는 지식과 우리 자신을 아는 지식이 바로 그것이다."[6] 지금 사람들은 하나님도, 자기 자신도 제대로 알지 못해서 괴물 같은 존재가 된다. 그들은 마치 마귀의 자녀처럼 행하며, 교만에 사로잡혀 자신의 위대함을 병적으로 과장하곤 한다. 그러나 하나님의 은혜로 회심할 때, 우리는 예수님을 향한 믿음을 고백하는 동시에 영적으로 참된 낮아짐을 경험한다. 이때 우리는 예수님을 구주로 영접함과 더불어 이전의 죄들을 미워하며 회개하게 된다. 이는 거룩하신 하나님 앞에서 자신이 얼마나 비뚤어진 존재인지를 깊이 절감하기 때문이다.

이신칭의 교리는 우리를 겸손하게 만든다. 하나님 앞에서 자신의 구원을 위해 행할 수 있는 일이 전혀 없음을 일깨워 주기 때문이다. 우리는 오직 믿음으로 죄 사함을 얻으며 그리스도의 의를 전가받게 된다. 이때 우리는 구주이신 하나님 앞에 나아가 이렇게 고백한다. "저는 무익하고 비참한 죄인입니다. 하지만 예수 그리스도께서 저의 전부이심을 믿습니다. 이제는 오직 그분의 보혈과 의에 구원의 소망을 둡니다." 그리스도인들이 이 영광스러운 개신교의 가르침을 진심으로 믿고 따른다면, 그들의 삶 속에는 교만이 자리 잡을 여지가 전혀 없다. 이처럼 자신의 자아를 부인하고 그리스도께 의존할 때, 우리는 교만에서 참된 겸손으로 나아가게 된다. 자연 상태의(거듭나지 못한—옮긴이) 인간이 교만해지는 주된 이유는 자신이 도덕적으로 철저히 파산한 상태에 있음을 깨닫지 못하기 때문이다. 그들은 자신이 그리 악하지는 않다는 헛된 믿음을 간직하며, 스스로의 모습을 실제보다 훨씬 더 낫게 평가한다. 이처럼 인간의 무지는 그 자신의 교만에서 기인할 뿐 아니라, 역으로 그 원인이 되기도 한다.

　　교만은 참되며 살아 계신 하나님에 대한 무지를 통해서도 그 모습을 드러낸다. 교만한 자들은 그분의 영광과 위엄을 생각할 때마다 깊은 두려움에 빠진다. 그래서 그들은 차라리 새나 짐승들의 형상에 영광을 돌리는 편을 선호한다.롬 1:23 창조주 하나님 대신에 그분의 피조물들을 숭배하는 것이다.롬 1:25 하나님은 이 우상 숭배자들을 친히 심판하시며,롬 1:30 이 일은 그들을 세상의 부끄러운 정욕 속에 내버려 두심으로써 이루어진다.롬 1:26

교만의 맨얼굴

자아와 하나님에 대한 교만과 무지는 온갖 문제를 낳는다. 교만한 자들은 그저 자기 뜻을 이루는 데만 몰두하면서도, 위선적인 겸손의 태도를 보인다. 그들은 자신의 책임을 남에게 쉽게 떠넘기며, 자신의 은사를 다른 이들의 것보다 더 탁월하게 여긴다. 그들은 늘 자기 행실을 정당화하는 동시에 주위 사람의 허물을 지적한다. 그들은 자신과 다른 이들의 삶에 각기 다른 기준을 적용하며, 후자의 경우에 훨씬 엄격한 잣대를 들이대곤 한다.

교만한 자들은 자신을 영리하게 여기며, 때로는 실제로 그렇다! 그들은 거짓 겸손의 허울 아래 자신의 참모습을 감추려 한다. 하지만 그들의 교만은 비언어적인 소통을 통해서도 드러나는데, 이를테면 오만한 눈빛잠 21:4이나 은연중에 으스대는 몸짓 등이 있다. 때로는 말투나 어조를 통해 그 사람의 교만이 쉽게 간파되지만, 때로는 그 실체가 밝혀지는 데 여러 해가 걸리기도 한다.

교만한 이들은 쉽게 성을 낸다. 그들은 자기 존재를 너무 중요시하며, 자신의 결함을 지적받는 일을 잘 견디지 못한다. 그리고 그들은 다른 이들을 쉽게 용서하지 않는다. 이는 다른 이가 그들에게 범한 가장 큰 허물보다, 그들 자신이 하나님 앞에서 지은 가장 사소한 죄가 훨씬 더 중대하다는 점을 미처 깨닫지 못하기 때문이다.

교만한 이들은 자신에게 꼭 필요한 일을 행하지 못한다. 예를 들어 다른 이에게 궁금한 것을 묻거나 도움을 청하는 일, 제품 설명서를 꼼꼼히 살피거나 자기 약점을 솔직히 인정하는 일을 하지 못한다. 그들은 하찮게 보이는 과업을 멸시하며, 자신의 자아를 더 살찌워 줄 법한 일들만을 추구한다. 교만은 수많은 죄의 근원이며, 적극적인 범행과 소극적인 누락 모두를 통해 드러난다. 이 죄악은 온 인류 가운데 널리 퍼져 있으며, 우리가 '휴식하는' 동안에도 끊임없이 활동한다.

교만은 마치 잡식성 동물처럼 주위의 모든 것을 집어삼킨다. 알코올 중독자나 폭식가가 죄를 짓기 위해서는 술과 음식이 필요하다. 하지만 교만한 이들에게는 어떤 제약도 주어지지 않는다. 다른 여러 죄(예를 들어 음식, 술, 성)에는 적절한 상황과 재료가 요구되지만, 교만의 죄를 범하는 데는 물질세계의 도움이 거의 필요치 않다. 교만은 공적인 장소와 사적인 공간 모두에서 나타나며, 어떤 이가 행하거나 행하지 않는 일 모두를 통해 자기 모습을 드러낸다. 교만한 이들은 스스로를 자랑할 뿐 아니라, 때로는 자신의 겸손을 뽐내기도 한다. 그들은 삶의 온갖 상황 속에서 자신의 이익만을 추구한다.

교만에 관해 C. S. 루이스는 이렇게 말했다. "그것은 본질적인 악덕이며, 가장 사악한 죄다.……이에 비하면, 성적인 부정이나 분노, 탐욕과 술 취함 등은 사소한 일에 불과하다. 마귀가 타락하여 지금과 같이 된 것도 그의 교만 때문이었다. 교만은 모든 악덕의 근원이며, 그것은 곧 하나님을 철저히 거역하는 마음의 태도다."[7] 거짓 교사들의 특성을 묘사할 때, 바울은 그들을 주로 '교만한 이들'로 지칭했다. "그는 교만하여 아무것도 알지 못하고……하는 자니."[딤전 6:4] 바울에 따르면 이들의 교만은 다음의 결과들을 낳는다. "투기와 분쟁과 비방과 악한 생각이 나며 마음이 부패하여지고 진리를 잃어버려 경건을 이익의 방도로 생각하는 자들의 다툼이 일어나느니라."[딤전 6:4-5] 이는 겸손과 정반대되는 성품이다.

교만은 사랑과도 정반대된다. 고린도전서 13:4-7에서 바울은 이렇게 언급한다. "사랑은 오래 참고 사랑은 온유하며 시기하지 아니하며 사랑은 자랑하지 아니하며 교만하지 아니하며 무례히 행하지 아니하며 자기의 유익을 구하지 아니하며 성내지 아니하며 악한 것을 생각하지 아니하며 불의를 기뻐하지 아니하며 진리와 함께 기뻐하고, 모든 것을 참으며 모든 것을 믿으며 모든 것을 바라며 모든 것을 견디느니라." 반면 교만한 자들은 자기 욕망이 즉시 채워지기를 원한다. 그들은 늘 다른 이를 시기하고 자신을 뽐내며, 오만한 태도로 무례히 행하는 이들이다. 그들은 언제나 자기 뜻대로 행하기를 고집하며, 쉽게 분노와 짜증에 휩싸인다. 그들은 자신의 허물을 애써 외면하며, 유리할 때만 진실을 내세운다. 그들은 다른 이들을 너그러이 용납하지 않고 자신의 유익만을 바라며, 늘 스스로를 높이려 든다.

교만에 관해 왓슨은 이렇게 단언한다. "그것은 지옥의 어머니이며, 실로 복잡한 악이다.……교만은 우리를 영적인 술 취함의 상태에 빠뜨린다. 마치 독한 포도주처럼, 그것은 우리의 머릿속 전체를 중독시키고 만다."[8] 이와 마찬가지로, 아치볼드 G. 브라운은 이렇게 언급한다. "거리의 술주정뱅이들보다 더 한심하고 역겨운 것은 자신의 저주받은 교만에 중독되어 영적인 분별력을 잃어버린 자들의 모습이다."[9] 간단히 말해, 우리 안에 남아 있는 교만은 우리를 마치 술 취한 듯한 상태에 머물게 한다. 우리는 모두 어떤 의미에서 영적인 술주정뱅이들이다.

교만의 힘은 지극히 강력하다. 교만은 온갖 형태로 자기 모습을 드러내며, 이는 그것이 가장 근절하기 어려운 죄임을 보여준다. 우리 삶의 깊은 밑바닥에 있는 것은 실로 교만의 죄다. 벤저민 프랭클린은 자신의 자서전에서 이렇게 언급한다. "우리 본성의 모든 열망 가운데서, 스스로를 높이려는 교만만큼 물리치기 힘든 것도 없다. 우리는 자신의 교만을 감추려고 애써 노력하며, 그것을 억누르거나 뿌리 뽑으려고 안간힘을 쓰기도 한다. 하지만 교만은 여전히 우리 안에 살아남아서 활동하며, 끊임없이 자신의 기회를 노린다. 여러분은 나의 기록

죄란 무엇인가

에서도 그런 모습을 자주 목격할 것이다. 이는 내가 그 악덕을 마침내 극복했다고 여기는 그 순간에도, 여전히 자신의 겸손을 과시하게 되기 때문이다."[10] 사실상 그리스도인이 아니었던 프랭클린조차도 이 점을 마음에 두었다면, 그리스도 안에서 하나님의 자녀인 우리는 그 진리를 얼마나 더 깊이 숙고해야 하겠는가? 이 시대에는 교만이 악덕이나 죄가 아닌 하나의 미덕으로 여겨지지만, 이는 성경의 관점이 아니다.

적용

역대하 32:25에서 우리는 다음의 말씀을 읽게 된다. "히스기야가 마음이 교만하여 그 받은 은혜를 보답하지 아니하므로 진노가 그와 유다와 예루살렘에 내리게 되었더니." 이 세상의 일들 가운데서 종종 나타나듯이, 인간의 교만에 대한 하나님의 심판이 시행되었던 것이다. 성경은 이렇게 말한다.

> 교만은 패망의 선봉이요
> 거만한 마음은 넘어짐의 앞잡이니라. _잠 16:18

그런데 놀랍게도 역대하 본문의 이야기는 이렇게 이어진다. "히스기야가 마음의 교만함을 뉘우치고 예루살렘 주민들도 그와 같이 하였으므로 여호와의 진노가 히스기야의 생전에는 그들에게 내리지 아니하니라."대하 32:26 여기서 우리는 다음의 요점을 생각해 보게 된다.

우리의 삶을 낮추시는 하나님의 역사는 교만의 참된 해독제다.

하나님이 인자한 아버지의 손길로 징계하실 때, 우리는 그 일을 기뻐하지 않을 수도 있다. 그리고 그 징계는 자주 우리의 생각보다 더 길고 고통스러운 것이 되곤 한다. 하지만 우리는 그 고난 가운데서 진정한 겸손을 배우게 된다. 성경에서는 자신을 낮출 것을 명령하지만,[벧전 5:6] 우리는 본성상 그렇게 행하기를 꺼린다. 우리가 진실로 겸손해지는 것은 오직 하나님의 섭리 아래서 깊은 고난을 겪은 후일 때가 많다. 하나님은 히스기야와 예루살렘 백성들을 향해 진노하셨지만, 그들이 스스로를 낮추었을 때 다시금 긍휼을 베푸셨다. 그분은 겸손한 이들을 지극히 사랑하신다. 우리가 자신을 낮추면서 통회하는 마음으로 하나님 앞에 나아갈 때, 그분은 기꺼이 복 주기를 원하신다.

하나님은 겸손한 이들을 친히 높여 주신다. "하나님의 능하신 손 아래에서 겸손하라. 때가 되면 너희를 높이시리라."[벧전 5:6] 그리고 마태복음에서는 이렇게 말한다. "누구든지 자기를 높이는 자는 낮아지고 누구든지 자기를 낮추는 자는 높아지리라."[마 23:12] 우리는 빌립보서에 기록된 그리스도의 삶 속에서도 이런 모습을 보게 된다.[빌 2:5-11] 구주이신 예수 그리스도는 기꺼이 자신을 낮추셨으며, 하나님은 그분을 다시금 지극히 높여 주셨다. 우리 그리스도인들 역시 진실로 높아지기 원한다면, 이 땅의 삶에서 기꺼이 자신을 낮추는 길밖에 없다. 빌립보서 3장에 언급된 바울의 생애는 이런 움직임을 잘 보여준다. 과거에 그는 자신의 종교적인 성취를 자랑스럽게 여긴 사람이었다.[빌 3:4-7] 하지만 이제 바울은 하나님의 은혜를 입어 그 모든 일을 내려놓게 되었다. 그는 이렇게 고백한다. "[내가] 모든 것을 해로 여김은 내 주 그리스도 예수를 아는 지식이 가장 고상하기 때문이라. 내가 그를 위하여 모든 것을 잃어버리고 배설물로 여김은 그리스도를 얻고 그 안에서 발견되려 함이니."빌 3:8-9 바울은 그리스도의 고난에 동참함으로써 "죽은 자 가운데서 부활에 이르려" 했다.빌 3:11 이처럼 바울은 영적으로 교만한 자였으나 고난을 통해 낮아지고, 마침내 다시 높임을 받는 길을 걸었다. 그리고 어떤 신자도 하나님의 지혜로 정해 두신 이 삶의 길을 피해 가지 못한다. 이는 스스로를 높이는 상태에 머물다가 고난을 통해 낮아짐과 겸손을 배우고, 하나님의 인도하심 가운데서 다시금 높임을 받는 성숙의 여정이다. 교만의 문제와 씨름하는 모든 신자들은 그리스도 안에 있는 진정한 겸손을 추구해야 한다. 그분은 우리를 죄의 권세와 속박에서 건져 내기 위해 자신을 기꺼이 낮추셨으며, 이를 통해 우리가 합당한 때에 다시금 높임을 받게 하셨다.

11 } 자기애라는 죄: 네게 필요한 건 사랑뿐[1]

하나님의 은사들이 망가지다

하나님은 지혜와 사랑으로 남자와 여자를 지으시고, 고귀한 은사들을 베푸셨다. 하지만 죄가 세상에 들어오면서, 그 은사들 중 일부가 무섭도록 왜곡되었다. 그 죄 속에는 자기애가 깊이 자리 잡고 있는데, 우리 그리스도인들에게는 이 개념이 다소 복잡하고 혼란스럽게 여겨질 수 있다. 지금 우리는 자아 존중과 성취, 자기실현과 만족, 진보를 역설하는 온갖 풍조가 넘쳐나는 세대 속에 있기 때문이다. 신자들은 이런 사조들의 잠재적인 위험성을 인식하고, 종종 그 반대 방향으로 나아간다. 심지어 신자들은 모든 자기애가 늘 그릇될 수밖에 없다고 믿기까지 한다.

자연 상태의 인간이 품은 자기애에 관해 굿윈은 이렇게 묘사한다. "그것은 이 죄의 왕국을 통치하는 하나의 대리자 또는 최고 권력자 역할을 한다. 우리 삶의 으뜸가는 목표이신 하나님을 저버릴 때, 우리 자신이 그 자리를 차지하기 때문이다." 이어서 그는 이렇게 말한다.

지금 우리 인간들의 행위를 인도하는 주된 원칙은 바로……자기애다. 현재 이성의 모든 힘과 영향력은 그 자기애를 확립하며 증진하는 방향으로 왜곡되고 변질되어 있다. 우리는 그것의 특권을 유지하며 옹호하기 위해 이성을 오용하곤 한다. 이제 자기애는 우리 삶의 최고 목표이며, 이 땅 위에 건설된 죄의 왕국에서 절대 권력자이자 으뜸가는 통치자가 되었다.[2]

간단히 말해, 인류는 하나님의 주권을 부정하고 스스로 그분의 자리를 차지하려 한다. 우리는 앞 장에서 교만의 죄를 다루었는데, 타락한 인간의 자기애가 지닌 반역적인 속성은 상당 부분에서 교만의 죄와 서로 일치한다.

여기서 우리는 자칫 자기애 자체가 그릇되다고 여길 수 있다. 하지만 이 문제에 대해서는 더 신중한 접근이 필요하다. 역사적으로 개혁신학자들은 세 가지 유형의 자기애가 있다고 언급해 왔다. 모든 피조물의 본성적인 자기애와 지금 온 인류가 지닌 죄악 된 자기애, 그리고 하나님의 백성이 누리는 은혜로운 자기애가 그것이다.

본성적인 자기애

모든 존재는 스스로를 사랑하게 되어 있다. 이 본성적인 자기애는 자연법칙의 일부로서, 심지어 동물들도 이 속성을 간직한다. 어떤 의미에서, 우리가 존재한다는 것은 곧 자신을 사랑하고 아끼는 일이다. 차녹은 이렇게 말한다. "이 자기애는 바람직할 뿐 아니라 꼭 필요한 것이기도 하다. 그것은 이웃을 향한 우리의 의무가 지닌 성격을 규정하는 하나의 척도다. 스스로를 사랑하지 않는다면 그들을 우리 자신처럼 사랑하는 일 역시 불가능하기 때문이다. 하나님은 이 자기애를 인간 본성 속에 친히 심어 주셨다. 그리하여 그것은 우리가 온 인류를 향해 품어야 할 애정의 표준이 되었다."[3]

우리가 음식을 먹거나 잠을 자는 것은 일종의 자기애를 실천하는 일이다. 그런 움직임들을 통해 우리 삶을 유지하고 보존할 수 있기 때문이다. 우리 주위의 불신자들도 이런 자기애를 지닌다. 물론 지금은 죄가 세상에 들어와 있으므로, 타락한 인간은 이같은 일상의 영역에서도 자기혐오를 드러낸다. 스스로 굶어 죽는다든지, 지나친 폭식에 빠져 건강을 해치는 일이 그런 경우다. 하지만 전반적인 측면에서 우리 인류는 호흡이나 물 마시기 등, 일상적인 활동을 통해 본성적인 자기애를 늘 실천한다. 아플 때 병원에 가서 약을 처방받거나, 친구들과 즐겁게 교제하고 추운 날에 옷을 잘 챙겨 입는 일들 역시 그런 자기애에서 나온다. 우리의 본성 안에는 자기 삶의 질을 보존하려 하는 정당한 원리가 자리 잡고 있으며, 이 자기애는 바로 그 원리에서 흘러나온다.

죄악 된 자기애

그러나 우리는 육적인 자기애를 피해야 한다. 지금 이 자기애는 타락한 인간의 마음속에서 매일 숨 쉬듯 솟아난다. 차녹은 이것이 하나님의 뜻과 대립하는 이유를 이렇게 설명한다. "사람들은 흔히 자신의 육적인 관심사를 충족시키는 일들만을 갈망하며 계획하곤 한다. 그로인해 하나님의 영광을 등한시하게 된다.……본성적인 자기애는 선하지만, 그 자기애가 과도하게 변질될 때 우리는 하나님 앞에 죄를 짓고 만다. 이때는 하나님께 겸손히 순복하는 데 만족하지 않고 더욱 우월한 존재가 되려는 야망에 사로잡힌다."⁴ 한 예로, 소심하고 겁 많은 이들 역시 죄악 된 자기애에 매여 살아가는 자들이다. 그들이 품은 두려움의 원인은 바로 그들의 불신앙에 있다.계 21:8

바울은 죄악 된 자기애에 관해 언급하면서, 마지막 때에 사람들이 다음과 같이 행할 것이라고 가르친다. "자기를 사랑하며 돈을 사랑하며 자랑하며 교만하며."딤후 3:2 지금 우리 인간들은 오직 자신의 육신적인 관심사에 부합하는 일들만을 늘 생각하고 추구한다. 자신을 사랑하는 일은 본래 선하지만, 이제는 인간의 죄 때문에 해로운 것이 되었다. 인간의 죄악 된 욕망은 지나친 자기애를 낳으며, 이로 인해 그들은 하나님보다 그들 자신의 뜻과 영광을 더 중시하게 된다.요 5:44 그러나 죄악 된 자기애는 사실상 자기혐오일 뿐이다. 이는 우리가 하나님의 자리를 차지하려 들 때, 실제로는 오히려 최선의 길을 놓치고 말기 때문이다. 이 자기애(교만)는 우리를 죽이고 멸망시키며, 마침내는 심판에 이르게 한다. 인간의 모든 죄는 바로 이 자기애의 결과물이다. 이에 관해 맨턴은 이렇게 말한다. "인간이 지닌 부패한 본성의 뿌리에는 육적인 자기애가 있다. 타락한 인간은 하나님보다 스스로를 더 사랑하고 높이며, 자기 육신을 무엇보다 존귀하게 여긴다. 이 자기애는 다른 모든 죄의 원인이다."⁵

우리는 모두 이 자기애 때문에 다양한 죄를 짓는다. 과도한 자기연민과 혐오나 근거 없는 자신감과 자기주장 등이 그 결과물이다. 우리가 주위 사람들과 종종 충돌하는 것은 그들 역시 '나의 뜻이 이루어지리라!'라는 신조에 따라 살아가기 때문이다. 우리는 누군가가 지닌 것을 갈망하기 때문에 시기하게 된다. 또 우리는 성적인 욕망을 채우려고 애를 쓰며, 이를 위해 마음속으로든 전자매체를 통해서든 자신에게 추근대도록 허락하지 않은(또한 허락하지 않을) 다른 누군가에게 피해를 입힌다. 다른 한편으로, 게으름은 일종의 지나친 자기 몰입이다. 이때 우리는 유유히 '휴식'을 취하면서 다른 이들에게 자기 몫의 일까지 떠넘긴다. 그리고 조급함과 짜증 섞인 태도는 분노와 마찬가지로 우리의 의지가 원하는 만큼 신속하게 실현되지 않을 때 나타난다. 탐심은 자기 삶에 필요한 것보다 더 많은 것을 요구하는 태도이며, 이는 광야의 이스라엘 백성들이 여분의 만나를 모으는 데 집착했을 때 보여준 것과 같다. 그들처럼 우리 역시 내일의 양식을(그리고 계속 이어지는 다음날의 양식을) 오늘 미리 거둬들이려고 헛되이 애를 쓴다. 그리고 죄악 된 자기애는 교만으로 이어지는데, 이는 자기 가치를 지나치게 부풀리는 태도다. 이들은 대개 스스로를 옆 사람보다 더 존귀하며 탁월한 재능의 소유자로 여긴다.

차녹에 따르면 "인간의 자아는 죄 자체다." 이는 그 죄가 "우리 영혼의 모든 부분에 널리 퍼져" 있기 때문이다.[6] 우리는 옳고 선한 일의 기준을 하나님의 말씀에서 찾지 않고, "자아의 원하는 바"를 좇아 살아갈 때가 많다. 이 경우, "자아를 만족시키는 일이 우리 삶 전체의 목표가 된다."[7] 우리는 종종 죄악 된 자기애에서 나온 행실들을 애써 정당화한다. 자연 상태에 있는 인간의 본성적인 자아는 죄 그 자체다.

죄악 된 자기애는 곧 우상 숭배다. 십스는 이렇게 말한다. "그는 우상이자 우상 숭배자다(자신의 자아를 숭배한다는 뜻—옮긴이). 그는 스스로를 대단히 높게 평가하며, 그 생각에 동의하지 않는 이들을 향해 온갖 비난을 퍼붓는다."[8] 이 점을 생각할 때, 우리는 참된 회심이 오직 하나님의 손길을 통해서만 이루어질 수 있음을 깨닫는다. 우리는 자신의 자아를 너무도 사랑하여, 스스로 자기 삶의 주권을 내려놓으려는 마음을 아예 품을 수 없다. 우리는 다른 이에게 복음을 전할 때 흔히 이렇게 질문한다. "이제 예수님을 마음속에 영접하시겠습니까?" 하나님 앞에서 이 초청이 지닌 실제 의미를 생각할 때, 이것은 실로 두려운 물음이다. 하지만 어떤 고통이 따르더라도, 우리는 삶의 소유권과 의지를 만유의 주이신 예수님 앞에 다 내려놓고 그분의 뜻과 소원을 받들어야 한다. 그럴 때 비로소 참된 회심이 일어난다. 여기서 우리는 예수님이 유대인들에게 주셨던 다음의 말씀을 늘 기억해야 한다. "너희가 서로 영광을 취하고 유일하신 하나님께로부터 오는 영광은 구하지 아니하니 어찌 나를 믿을 수 있느냐."요 5:44

죄악 된 자기애는 스스로를 칭송하는 태도를 낳는다. 사람들은 흔히 자신의 타고난 재능이나 이 땅에서 성취한 일들을 내세우면서 자부심을 품는다.전 2:1-11 하지만 바울은 로마의 신자들을 향해 그들 자신을 너무 높이 평가하지 말 것을 권면했다.롬 12:3 그리스도인조차 스스로를 뽐내게 되기가 쉽기 때문이다. 이는 오늘날 우리가 소셜 미디어에서 종종 행하는 일이다. 인간의 본성상 우리 자신의 모습을 정확히 파악하는 것은 불가능하다. 차녹은 이렇게 설명한다.

자신의 [비천함]을 제대로 아는 이는 거의 없다. 우리 마음속에는 교만한 자부심이 깊이 뿌리 박혀 있기 때문이다. 참된 겸손은 아름다운 은혜의 선물이지만, [스스로를 뽐내는 태도]는 우리 본성의 가장 더러운 산물이다. 우리는 본성상 하나님의 존귀하신 성품보다 자신의 탁월함을 숙고하는 일을 더 기뻐한다. 그리고 무언가 근사해 보일 만한 장점을 찾아낼 때, 금세 자신을 드높이며 으스대곤 한다![9]

우리는 성전에 올라간 한 바리새인에 관한 복음서의 비유에서도 이런 모습을 보게 된다. 이 이야기에서 그는 이렇게 기도한다. "하나님이여, 나는 다른 사람들 곧 토색, 불의, 간음을 하는 자들과 같지 아니하고 이 세리와도 같지 아니함을 감사하나이다."[눅 18:11] 이 바리새인의 태도는 타락한 인간 본성 속에 있는 육적인 자기애를 그대로 보여준다.

우리는 이처럼 죄악 된 자기애에 빠져 하나님을 대적하고 있다. 사람들은 하나님을 멀리하고 그들 자신의 영광을 추구하며, 그것을 으뜸가는 삶의 목표로 삼곤 한다. 우리의 온갖 죄악들은 이 그릇된 자기애로부터 나온다. 그러나 하나님은 그분 자신을 최상의 목표로 여기신다. 하나님은 자신의 모든 성품을 존귀하게 여기시고 스스로 어떤 일들을 행하거나 행하지 않는 이유를 아시며, 그런 자신을 온전히 사랑하신다. 우리 역시 이러한 하나님의 관점을 받아들여야 한다. 곧 그분의 생각대로 모든 것을 느끼고 생각하며 살아야 하는 것이다. 그러나 자연 상태의(타락한—옮긴이) 인간은 자신의 생각을 고집하며, 감히 하나님의 자리를 가로채려 한다.

자연 상태에 있는 인간의 주된 목적은 자신을 영화롭게 하며 즐거워하는 데 있다. 죄악 된 자기애에 빠진 인간은 하나님뿐 아니라 자기 이웃들도 제대로 사랑하지 못한다. 굿윈에 따르면, 하나님이 그분의 원수들을 대적하며 물리치시는 이유는 우주의 유일하고 참된 주권자이신 자신의 존재를 사랑하시기 때문이다.고전 15:24-28 하지만 우리는 그릇된 동기에서 타인들을 압제하며, "스스로 승리자가 되어 가장 높은 곳에 오르려고 한다."[10] 우리가 불경건한 태도로 다른 이들에게 복수하려 드는 이유다.

고린도전서 13:4-5에서, 바울은 참된 사랑의 성격을 이렇게 서술한다. "사랑은 오래 참고 사랑은 온유하며 시기하지 아니하며 사랑은 자랑하지 아니하며 교만하지 아니하며 무례히 행하지 아니하며 자기의 유익을 구하지 아니하며 성내지 아니하며 악한 것을 생각하지 아니하며." 굿윈에 따르면, "타락한 인간의 자기애 때문에 이 모든 사랑의 특성과 상반되는 죄들이 생기며, 그것은 하나님의 사랑과 정반대된다. 그리하여 우리 인류는 깊은 정욕과 무절제에 매인 채 최고의 선이신 하나님 외의 다른 일들을 추구하면서 동시에 그분을 대적하며 이웃의 유익을 해치는 길을 걷게 된다."[11] 이처럼 죄악 된 자기애에 빠진 인간은 하나님의 뜻을 거스르는 동시에 주위 사람들을 해친다. 이 죄의 문제는 과연 어떻게 치유할 수 있을까?

초자연적인 자기애

그릇된 자기애는 올바른 자기애를 통해 치유된다. 차녹에 따르면 우리가 마땅히 추구해야 할 것은 바로 "은혜로운 자기애"다. 차녹은 세 종류의 자기애를 언급하면서 이렇게 설명한다. "첫째 것은 인간의 원래 본성에서, 둘째 것은 죄에서, 그리고 셋째 것은 하나님의 은혜에서 나온다. 이 중 첫째 것은 창조 때에 우리의 본성 속에 심겼으며, 둘째 것은 타락의 열매다. 그리고 셋째 것은 하나님이 행하시는 강력한 은혜의 사역을 통해 생긴다."[12] 우리 자신을 진실로 사랑하기 위해서는 하나님이 원하시는 방식대로 해야 한다. 이에 더해 하나님은 그분을 바르게 사랑하는 이들에게 주신 약속을 우리가 기억하기를 원하신다.

우리가 그리스도 안에서 하나님의 영광을 위해 모든 일을 행할 때, 비로소 자신을 온전히 사랑할 수 있다. 이때 우리의 사랑은 이 땅의 삶을 이어 가는 데 요구되는 본성적인 자기애보다 더 깊은 것이 된다. 그 사랑은 그저 이 땅의 삶에서만 발휘되지 않고, 그 너머에 있는 영원의 세계에서도 지속되기 때문이다. 예를 들어 마태복음에서 주님은 제자들에게 이렇게 말씀하신다. "누구든지 나를 따라오려거든 자기를 부인하고 자기 십자가를 지고 나를 따를 것이니라. 누구든지 제 목숨을 구원하고자 하면 잃을 것이요 누구든지 나를 위하여 제 목숨을 잃으면 찾으리라."[마 16:24-25] 진정한 자기애는 이처럼 영원한 생명을 얻기 위해 스스로를 부인하는 일(죄악 된 자기애를 내려놓음)을 통해 드러난다. 주님을 위해 자기 가족을 떠난 이들은 "여러 배를 받고 또 영생을 상속하[게]" 될 것이다.[마 19:29] 은혜로운 자기애는 자기 부인의 삶을 통해 실천되며, 이때 우리는 오직 그리스도만을 섬기면서 그분의 약속들이 마침내 이루어질 날을 믿음으로 바라보게 된다. 죄악 된 자기애에 사로잡힌 이들은 스스로 으뜸이 되기를 갈망하지만, 그들에 관해 주님은 이렇게 선포하셨다. "먼저 된 자로서 나중 되고 나중 된 자로서 먼저 될 자가 많으니라."[마 19:30]

주님은 참된 자기애의 모범을 몸소 보이셨다. 그분은 진실로 자신이 선포하신 메시지의 내용을 친히 실천하셨다. 이에 관해 바울은

죄란 무엇인가

이렇게 언급했다. "범사에 여러분에게 모본을 보여준 바와 같이 수고하여 약한 사람들을 돕고 또 주 예수께서 친히 말씀하신 바 주는 것이 받는 것보다 복이 있다 하심을 기억하여야 할지니라."행 20:35 여기서 그는 우리가 연약한 이들을 도움으로써 참된 자기애를 드러낼 것을 강조하는데, 이는 "주는 것이 받는 것보다 복이 있[기]" 때문이다. 우리가 복된 삶을 누리기 위해서는, 타락한 본성의 육적인 자기애를 내려놓고 은혜로운 자기애를 실천해야 한다. 이 자기애에 근거해서 이웃을 사랑할 때, 우리는 마침내 하나님이 베푸시는 풍성한 상급을 얻게 된다.

예수님은 성부 하나님의 사랑과 인정을 받기 원하셨으며, 성부 하나님은 자기 아들인 그분에게 기꺼이 그것을 베푸셨다. 성부께서 이처럼 예수님을 사랑하신 이유는 그분이 죽기까지 순종하셨기 때문이다. 예수님은 이렇게 말씀하셨다. "내가 내 목숨을 버리는 것은 그것을 내가 다시 얻기 위함이니 이로 말미암아 아버지께서 나를 사랑하시느니라."요 10:17 이 말씀에서 보듯 은혜로운 자기애는 곧 우리를 향한 성부 하나님의 사랑을 누릴 때 생긴다. 주님이 성부 하나님의 사랑을 받으셨던 이유는 무엇일까? 이는 성부의 뜻을 받들어 그분 자신의 생명을 기꺼이 희생하셨으며, 이를 통해 자기 백성들을 구원하셨기 때문이다. 그리하여 예수님은 모든 이름 위에 뛰어난 이름을 얻으셨다.빌 2:9-11

에베소서 5:22-33에서, 바울은 그리스도인 남편들이 자기 아내를 사랑할 이유와 그 방법을 언급한다. 28절에서 그는 누구든지 아내를 사랑하면 곧 자기 자신을 사랑하는 것이 된다고 선포한다. 이는 실로 은혜로운 자기애다. 한 남편이 아내를 위해 희생할 때, 그는 자기 자신을 진실로 사랑하는 이가 된다. 이 점은 교회의 남편이신 우리 주님께도 적용된다. 주님은 우리를 사랑하심으로써 진정한 자기애를 실천하신다. 그리고 그분은 그 자기애에 근거해서 우리를 더욱 깊이 사랑하신다. 주님의 이 거룩하고 순전한 자기애 덕분에 우리가 죄에서 구원받았다. 이런 측면에서 살필 때, 인류 역사상 그 누구도 예수님처럼 스스로를 온전히 사랑한 분은 없었다. 우리의 죄악 된 자기애에 대한 해답은 예수님의 흠 없는 자기애에서 발견되며, 우리는 날마다 그분의 모습을 닮아 가야 한다. 하늘에 속한 이 사랑은 초자연적인 성격을 띨 수밖에 없다. 모든 면에서 우리의 본성적인 자아와 상반되기 때문이다.

적용

하나님이 죽음의 세력을 물리치신 것은 바로 그분의 아들이신 예수님의 죽음을 통해서였다. 그리고 하나님은 우리를 향해, 그분 안에서 주일의 안식을 누리라고 말씀하신다. 그럼으로써 다가올 한 주간의 노동을 잘 준비하게 하시는 것이다. 이를 통해 하나님은 우리로 게으름의 죄악을 물리치게 하신다. 마찬가지로 성경은 우리가 씨름하는 자기애의 문제에 대한 해결책이 진정한 자기애에 있음을 말한다. 우리는 죄악 된 본성의 자기애를 버리고, 은혜로우며 초자연적인 자기애를 회복해야 한다. 이것은 주 예수님이 친히 보여주신 참된 자기애의 길이다.

　우리는 흔히 주위의 신자들에게 "그리스도를 바라보라"고 권면

　　　　　　　　　　　　　　　죄란 무엇인가

한다. 그런데 이 말의 실제 의미는 무엇일까? 히브리서 12:2에서 이 권고는 곧 우리 믿음의 개척자이며 그것을 온전케 하시는 주 예수님께 의지해야 함을 뜻한다. 주님은 기쁨으로 십자가를 지셨으니, 이는 성부께서 친히 그분의 옳음을 확증하고 다시금 높여 주실 것을 아셨기 때문이다. 앞서 살폈듯이, 예수님은 이를 통해 참된 자기애를 드러내셨다. 그리고 우리는 주님을 늘 바라보면서 삶의 문제들을 헤쳐 나갈 수 있다. 우리는 영적인 의무들을 끈기 있게 수행할 때, 하나님이 마침내 풍성한 상급을 내려 주심을 안다. 물론 우리 자신을 바르게 사랑하는 것은 여전히 쉽지 않다. 하지만 우리는 하나님 말씀의 모든 약속을 늘 붙들면서 그 일을 감당해 나가야 한다.

우리는 또 다음의 진리를 계속 묵상해야 한다. '죄악 된 자기애는 사실상 자기혐오다.' 이 진리를 온전히 받아들이고 따르려면 확고한 믿음이 필요하다. 우리에게는 본성상 하나님과 이웃을 저버리고 자신의 이기심을 추구하는 성향이 있기 때문이다. 우리의 범죄는 곧 우리 자신과 주위 사람들을 진실로 혐오하는 일이 된다는 점을 기억해야 한다. 죄의 유혹 아래 놓일 때, 우리는 이렇게 자문해 볼 필요가 있다. '왜 내가 이런 자기혐오의 행동을 저질러야 하지?' 우리가 하나님의 은혜에 의지하면서 예수님을 바라볼 때, 그 유혹을 단호히 뿌리칠 수 있다. 우리는 참된 자기애를 얻기 위해 자신의 자아를 기꺼이 내려놓아야 한다. 이는 적절한 때에 하나님이 우리를 다시금 높여 주실 것이기 때문이다. 또한 성찬에 참여할 때도 우리는 그분의 몸인 교회를 향한 그리스도의 사랑 안에서 진정한 자기애를 누린다.

12 } 시기심이라는 죄: 이보게, 질투여[1]

고통을 유발하는 시기심

시기는 교만의 자녀. 시기하는 이들은 주위 사람들이 번영하는 모습 앞에서 늘 고통을 느끼기에 좀처럼 만족을 얻지 못한다. 그들은 자신에게 없는 것을 가졌거나 더 많은 것을 누리는 이들을 특히 미워한다. 이 질투의 대상 가운데는 물질적인 소유뿐 아니라 그 사람의 명성 혹은 평판 역시 포함된다. 우리는 자신도 그런 이름을 얻기를 바라며, 때로는 오직 자신만이 높임 받기를 갈망한다. 지금 서구 문화권에 팽배한 '내게도 그럴 권리가 있다'는 의식은, 이미 우리 안에서 타오르고 있는 시기심을 더욱 강화할 뿐이다.

시기는 우리와 주위 사람들 사이에 분열을 유발한다. 우리는 옆 사람의 복된 삶을 보면서 기뻐하고 감사하는 대신에 깊은 좌절감을 맛본다. 시기심에 찬 죄인들은 그분의 깊은 뜻에 따라 다른 이들에게 복을 베푸시는 하나님의 권위와 섭리를 멸시하는 태도를 보인다. 자기가 원하고 갈망했던 일들이 다른 누군가에게 일어날 때, 그들은 이 같이 항변한다. "하나님, 당신은 일을 다 망쳐 놓으셨습니다. 세상을 더 거룩하고 지혜롭게 보존하며 다스리는 법을 알려드릴게요." 시기심에 빠져 있을 때, 우리는 자신이 누리지 못하는 것들을 다른 이들이 누린다는 이유로 하나님의 지혜와 선하심, 자비를 증오한다.

이 시기심은 종종 어떤 이의 마음속에 은밀히 잠복해 있으며, 그 죄에 중독된 사람 자신만이 그 실체를 인식하곤 한다. 다른 많은 죄의 경우, 우리는 외적인 행동을 통해 그 문제를 쉽게 파악한다(이를테면 살인의 경우). 그러나 시기심에 빠진 이들은 이웃에게 미소 띤 얼굴로 칭찬을 건네면서 동시에 그의 차나 집, 아내와 자녀, 직업과 재력, 건강에 깊은 열등감과 질투심을 품는다. 아마 사탄도 타락 이전의 아담과 하와를 향해 그런 감정을 품었을 것이다. 그 부부는 사탄이 잃어버린 하나님의 은혜를 누리고 있었기 때문이다. 사탄은 교만한 마음을 품고서 그들이 참된 복락을 상실하게 만들고자 했다. 존 밀턴은 자신의 서사시 『실낙원』에서 사탄의 목표를 이렇게 묘사한다.

처음에 그들을 꾀어 사악한 반역을 저지르게 한 자는 누구일까?
그것은 지옥의 뱀이었다.
그는 지독한 시기심과 복수심에 사로잡혀,
인류의 어머니를 간교하게 넘어뜨렸다. _제1권[2]

시기는 악인들의 주된 특징 중 하나다. 사악한 자들은 자신이 불행하므로 다른 이들의 삶까지 망쳐 놓으려 한다. 그들의 이 시기심은 특히 자신과 유사한 부류에 속한 이들을 향해 강하게 드러난다. 시기의 핵심에는 하나님을 대적하며 만물에 대한 그분의 주권적인 다스림을

훼방하려는 의도가 자리 잡고 있다. 그들은 주님께로부터 모든 일의
주도권을 강탈하려 한다.

사악한 시기심

자연 상태의 인간은 걸핏하면 마음속의 시기심을 드러낸다. 주님의
말씀에 따르면, 바로 이 시기심에서 온갖 죄가 흘러나온다. "속에서
곧 사람의 마음에서 나오는 것은 악한 생각 곧 음란과 도둑질과 살인
과 간음과 탐욕과 악독과 속임과 음탕과 질투와 비방과 교만과 우매
함이니."^{막 7:21-22} 이 죄들 중 일부(도둑질과 탐욕 등)는 명백하게 시기심
과 결부되어 있다. 로마서 1장에서 바울은 사악한 자들에 관해 이와
비슷하게 언급한다. "모든 불의, 추악, 탐욕, 악의가 가득한 자요 시기,
살인, 분쟁, 사기, 악독이 가득한 자요……."^{29절} 이처럼 자연 상태에
있는 인간의 마음속에는 시기심이 가득하며, 이로부터 살인을 비롯
한 여러 죄가 생겨난다.^{삼상 18, 삼하 15-19} 갈라디아서에서 열거되는 육신의
일들 가운데도 시기가 포함되는데, 이 본문에 따르면 호색하는 자들
뿐 아니라 시기심에 빠진 이들 또한 하나님 나라를 유업으로 받지 못
한다.^{5:21} 초대교회 시절부터 시기는 교만에 뿌리를 둔 7대 중죄 중 하
나로 흔히 열거되어 왔다.

어떤 의미에서 시기는 "이 세상이 계속 돌아가게 만드는" 원동력
이기도 하다. 전도서 4:4에서는 이렇게 말한다. "내가 또 보니 사람의
온갖 수고와 능숙한 기술들이 이웃에 대한 시기심에서 나온 것이었
다. 이것 또한 헛되며 바람을 잡으려고 애쓰는 일과 같다."^{ESV} 세상의
여러 문화권과 지역 공동체들은 이런 시기와 질투의 전시장이 되곤

한다. '존스 씨 가족에게 뒤처지지 않게 사는 것'keeping up with the Joneses(존스 씨 가족은 부유한 이웃을 상징함—옮긴이)은 이 시대에 만연한 열등감과 질투심을 대변하는 어구가 되었다. 우리는 늘 이웃보다 더 많은 것을 가지려고 애쓰며, 시기와 교만은 그 추구의 원동력이다. 우리는 최신식 스마트폰과 멋진 집, 세련된 차와 보트를 탐내며, 다른 이들보다 더 근사한 휴가를 보내고 높은 평판을 얻으려고 한다.

커다란 불행

이 세상에 많은 불행이 존재하는 이유는 무엇일까? 물론 그 원인은 주로 인간의 죄다. 하지만 우리는 지금 인류가 처한 곤경을 더 깊이 들여다볼 필요가 있다. 우리는 죄 때문에 이 세상과 우리 자신의 삶이 비참해졌음을 안다. 현세에서 우리가 누리는 여러 가지 복이 있지만 그 내부에는 늘 깊은 불행이 자리 잡고 있다. 더욱이 불신자들은 하나님의 관점에서 세상을 바라보지 않는다. 그들은 자기 삶에 결코 만족하지 못한다. 그리스도인과는 다른 시각에서 모든 일을 이해하기 때문이다. 우리는 다양한 삶의 시련 속에서도 선하고 은혜로우신 하나님이 세상과 우리 삶의 모든 일을 주관하시며, 지금도 복된 결말을 향해 인류의 역사 전체를 이끌어 가고 계심을 안다.

주님은 그분의 선하심과 지혜, 능력을 따라 각 사람에게 다양한 은사를 베푸신다. 하나님은 이삭에게 "백 배"의 복을 주셨으며, 그는 "창대하고 왕성하여 마침내 거부가 되[었다]." 이처럼 "[이삭의] 양과 소가 떼를 이루고 종이 심히 많으므로 블레셋 사람이 그를 시기하[였다]."창 26:12-14 당시 블레셋 족속은 이삭의 형통을 기뻐하지 않았다. 이는 그가 자신들에게 없는 것을 소유했기 때문이다.

이후 창세기 본문에서 우리는 라헬의 시기심을 보게 된다. "라헬이 자기가 야곱에게서 아들을 낳지 못함을 보고 그의 언니를 시기하여 야곱에게 이르되 내게 자식을 낳게 하라 그렇지 아니하면 내가 죽겠노라."[30:1] 이런 라헬의 시기심은 그녀 자신의 삶에 해로운 영향을 끼쳤다. 이로 인해 그녀는 남편 야곱에게 무리한 일을 요구했으며, 자신의 소원을 이루었지만 결국 세상을 떠나게 되었다.[35:16-19]

잠언에서는 개인적인 행복의 관점에서 시기의 어리석음을 이렇게 일깨운다. "평온한 마음은 육신의 생명이나 시기는 뼈를 썩게 하느니라."[14:30] 시기심은 아무 만족과 즐거움을 주지 못하지만, 사람들은 늘 그 죄에 매인 채로 살아간다. 이는 인간의 죄가 실로 지극한 광기임을 보여준다. 심지어 그리스도인조차, 그것이 얼마나 해로운 죄인 줄을 알면서도 다른 이들의 성공을 바라보면서 깊은 시기와 질투심에 사로잡힌다. 우리는 사람에게 정말 필요한 일이 무엇인지 아시는 하나님을 향한 신뢰와 확신 가운데 살아가야 한다.

커다란 피해

시기의 죄가 지닌 문제는 단지 그것이 우리를 불행하게 만든다는 것만이 아니다. 물론 그것도 충분히 나쁜 일이기는 하다. 그러나 다른 이들의 성공(때로 그것은 우리의 착각일 수도 있다)을 보면서 불행해질 때, 우리는 여러 방식으로 그들에게 해를 입히려는 악한 마음을 품게 될 수 있다.

사무엘상의 사울과 다윗 이야기는 죄인 자신과 그 피해자들 모두에게 시기가 두려운 위험 요소임을 보여준다. 앞서 살폈던 이삭의 경우처럼, 다윗 역시 성공과 번영을 누렸다.[18:5, 14-15] 그가 이런 복을 얻은 것은 분명 하나님의 은혜였지만, 인간적으로는 다윗 자신이 슬기롭게 처신했기 때문이기도 했다. 본문에서 말하듯, 주님은 늘 다윗과 함께 계셨다.[18:12, 14, 28] 그리고 요셉의 형들이 요셉을 시기하여 죽이려고 한 것처럼, 사울 역시 다윗을 살해하려 했다. 당시 사울의 아들 요나단을 비롯한 이스라엘 온 백성이 다윗을 깊이 아꼈으며, 사울은 깊은 분노와 질투심을 느꼈다. 본문에서 우리는 그의 딸 미갈이 다윗을 열렬히 연모했음을 알게 되는데, 이는 한 여인이 어떤 남자에게 품은 사랑에 관한 구약의 유일한 실제 기록이다.[18:20]

사울의 신하들은 그의 지시 아래, 사울의 사위가 되면 어떠냐고 다윗의 마음을 슬쩍 떠보았다. 다윗은 자신의 무가치함을 고백하면서 이렇게 답했다. "나는 가난하고 천한 사람이라."[18:23] 하지만 그는 사울의 모든 신하보다 더 큰 성공을 거두었으며, "그의 이름이 심히 귀하게" 되었다.[18:30] 다윗은 주님이 함께하셨기에 계속 번성했지만, 교만한 사울은 맹렬한 시기심을 품었다. 그리하여 그는 마침내 다윗을 죽이려는 생각에 사로잡혔다.[19장]

물론 시기하는 자들이 그 대상을 실제로 죽이는 일은 드물다. 하지만 그들은 그 사람에게 다양한 방식으로 해를 입히곤 한다. 이를테면 그 사람을 은근히 비방하며 인격적인 모독을 가하는 일이 있다. 한 사업장에서 어떤 이가 '이달의 직원'으로 뽑힌 경우를 생각해 보자. 그곳의 고용주는 그를 칭찬하며 높이지만, 다른 직원들은 은밀히 모여서 그를 헐뜯는다(이는 그의 근무 태도에 견줄 때, 자신들이 상당히 '나태해' 보이기 때문이다). 이처럼 다른 이의 평판을 깎아내리거나 그가 불운을 겪을 때 기뻐하는 일은 우리에게 참된 만족감을 주지 못하며, 그로 인해 우리의 시기심이 사그라들지도 않는다. 그리고 시기하는 자들은 자신이 하나님의 섭리를 바르게 해석하는 데 미숙함을 미처 깨닫지 못한다. 시기를 받는 이들이 겪는 역경이나 '불운'은 오히려 하나님이 그들에게 복을 주려고 택하신 방편일 수 있다. 이때 그 일은 시기하는 자들이 미처 헤아리지 못한 방식으로 이루어진다. 한 예로 요셉의 경우를 생각해 보자. 요셉의 형들은 그를 "해하려" 했지만, "하나님은 그것을 선으로 바꾸[셨다]."^{창 50:20} 시기하는 자들이 온갖 방법으로 하나님께 속한 백성들의 상황을 악화시키려 든다 해도, 하나님은 자기 백성을 해치려는 악인들의 음모를 쉽게 뒤엎으신다. 이를 통해 그 백성을 향한 자신의 깊은 사랑을 드러내시는 것이다. 주님은 능히 그 일의 흐름을 바꾸셔서 시기하는 자들 자신이 곤란을 겪게 만드실 수 있으며, 실제로도 자주 그렇게 하신다. 이에 관해 성경에서는 이렇게 확증한다. "함정을 파는 자는 그것에 빠질 것이요 돌을 굴리는 자는 도리어 그것에 치이리라."^{잠 26:27}

우리는 다른 이들이 성공과 번영을 누리는 모습을 보면서 마음의 고통을 느낄 때가 있다. 그럴 때 우리는 자신만의 방법을 써서, 그들 역시 우리가 겪는 고통을 조금이나마 맛보게 만들려고 한다. 그저 그들의 성공을 부러워하는 데 그치지 않고, 그들도 상실과 아픔을 겪게 되기를 갈망하는 것이다. 이처럼 시기하는 자들은 다른 이가 힘든 일을 겪을 때 오히려 기뻐하며, 사랑과는 정반대되는 감정을 드러낸다.

시기의 대상

이 말이 이상하게 들릴지 모르지만, 우리는 자신과 유사한 부류에 속한 이들을 그리 좋아하지 않는다. 오히려 그들을 깊이 시기한다. 일반적으로 음악가가 운동선수를 향한 시기심과 씨름하거나 운동선수가 교사를 시기하는 경우는 드물다. 우리는 모두 특정한 은사와 소명을 지닌 존재이며, 같은 영역에 속한 이들이 성공을 누릴 때 마음속에서 깊은 시기심이 솟아난다.

이 때문에, 유대의 종교 지도자인 대제사장들과 장로들 역시 예수님을 시기했다. 그리하여 불신자인 총독 빌라도마저 그들의 질투심을 눈치챌 수 있었다. "이는 그가 그들의 시기로 예수를 넘겨준 줄 앎이더라."마 27:18 그 지도자들은 깊은 시기심 때문에 결국 그분의 생명을 해쳤다. 이는 예수님이 우리 신앙의 참된 지도자로서 하나님과 늘 동행하시는 분이었기 때문이다. 지금 이 시대에도 목회자들의 시기심은 심각한 문제가 될 수 있다. 우리는 다른 사역자들이 명성과 평판을 얻는 모습을 보면서 힘겨워하며, 자신이 섬기는 회중의 초라한 규모 앞에서 깊은 좌절감을 맛본다. 그런데 우리와 전혀 다른 영역에서 활동하는 이들(이를테면 유명한 식물학자가 된 이들)에 관해서는 이런 시기심을 잘 느끼지 않는다. 물론 시기심 자체는 우리 마음속에 늘 자리 잡고 있지만, 그 감정이 악화되는 것은 특히 같은 길을 걷는 이들과 스스로를 비교할 때다. 그리고 은사와 재능이 그리 뛰어나지 않은 이들이 우리보다 더 성공했다고 여길 때 시기심이 더욱 깊어진다.

오늘날 널리 퍼진 소셜 미디어는 이 문제를 더욱 가중시킨다. 그것은 우리로 하여금 상당히 왜곡된 관점에서 다른 이들의 삶을 바라보게 만든다. 소셜 미디어에서 우리는 흔히 주위 사람들의 가장 '행복한' 순간을 지켜본다. 사람들은 대개 수백 장의 사진 중에 가장 멋진 것(포토샵 처리를 거쳤을 수도 있는)을 골라서 자기 계정에 올린다. 그들이 누린 '최상의' 순간들은 드러나지만, 반대로 가장 힘들고 고달팠던 순간은 감추어진다. 하지만 우리는 그들의 복된 삶을 시기하면서 일종의 관음증 환자처럼 살아간다. 여러 연구를 통해 드러나듯이, 우리가 소셜 미디어에 몰입할 때 기존의 우울증이 악화하거나 심지어 새로 발병하는 것은 이상한 일이 아니다. 우리는 '페이스북 친구'들의 근황을 살피는 데 시간을 보낸 뒤, 자신의 초라함을 한탄한다. 그러고는 '내게도 그들이 누리는 여러 삶의 조건들이 필요하다'고 결론짓게 된다. 달리 말해, 우리는 거대 IT 기업들이 만들어 낸 상당히 허황된 온라인 세계에 머물면서 시기심의 지배 아래 속박된다. 그러므로 시기 자체도 중대한 죄이지만, 실제로는 꼭 그렇지 않은데도 다른 이들의 삶이 우리보다 훨씬 낫다고 여기는 것 역시 심각한 문제다.

어떤 의미에서 우리가 소셜 미디어를 통해 경험하는 것은 우울한 이들이 저마다 자기 삶이 행복한 듯이 애써 꾸미고는 서로를 바라보는 현상이다. 시기심은 우리 삶에서 참된 행복을 앗아가고, 그 자리에 깊은 우울감을 남긴다.

시기의 이유

우리가 시기심을 품는 데는 여러 이유가 있다. 죄의 문제를 다룰 때, 우리는 그것이 주로 하나님을 거스르는 행위임을 늘 기억해야 한다. 시기의 경우 역시 다르지 않다. 시기심에 빠진 이들은 흔히 하나님의 주권에 반기를 든다. 하나님은 신비로운 방식으로 세상 만물을 다스리고 섭리해 나가시며, 우리 힘으로는 그분의 손길을 다 헤아릴 수 없다. 그러므로 세상의 일들과 우리 개개인의 삶을 돌아볼 때, 하나님 앞에서 자신을 겸손히 낮추어야 한다. 그분의 은혜 안에 있는 지금의 상태에서도, 우리의 시각은 여전히 불완전하며 왜곡되어 있기 때문이다. 우리는 여러 일들을 잘못 해석하곤 한다. 우리 안에는 죄악 된 시기심이 남아 있으며, 그로 인해 이 세상을 향한 하나님의 섭리와 다스림을 온전히 신뢰하고 받들지 못하게 된다.

시기는 부질없는 일이다. 왜냐하면 주님이 어떤 이들에게 무언가를 베푸셨을 때, 겉으로는 선물로 보였던 것이 오히려 해로운 결과를 낳기도 하기 때문이다. 예를 들어 어떤 이는 자신의 대중적인 인기 때문에 도리어 수치스러운 죄에 빠진다. 이때 그들을 동경하며 갈망하던 우리 역시 그들과 같은 형편에 처하면 똑같은 죄를 짓지 않으리라는 보장이 없다. 우리의 시기심 때문에 그의 몰락을 은연중에 기뻐한다면, 이는 더욱 심각한 문제다. 우리는 다른 이의 복된 삶을 보면서 불평하며 자신도 그런 복 얻기를 바라곤 한다. 이는 실제로 그 복이 주어질 때, 우리가 그 복을 제대로 다루지 못할 것임을 미처 알지 못하기 때문이다. 어떤 이들은 (자신의 멋진 외모를 비롯한) 여러 유리한 조건을 잘 관리하지만, 다른 이들에게는 그런 일이 도리어 저주가 되기도 한다. 간단히 말해, 우리는 '나도 저런 은사들을 충분히 감당할 수 있어!'라는 생각을 내려놓아야 한다. 우리는 다른 이들의 번영을 보면서 속상해하는 대신에, 하나님을 신뢰하면서 늘 평온한 만족감을 간직해야 할 것이다. 이는 하나님이 우리 각자에게 어떤 복을 얼마나 베풀어야 할지 잘 아시기 때문이다.

우리가 주님의 선하심과 지혜, 능력과 주권을 믿는다면, 시기의 죄에 빠질 이유가 없다. 성경에서는 선하신 하나님이 우리의 쓸 것을 다 공급해 주신다고 말하는데, 이는 우리가 다른 이들을 굳이 시기할 필요가 없음을 의미한다. 하나님은 각 사람에게 다양한 은사를 베푸시며, 우리는 그 섭리의 손길 아래서 만족해야 한다. 물론 우리는 다른 이들의 삶을 본받고자 할 수 있다. 하지만 그들의 번영 앞에서 마음의 고통을 느껴서는 안 된다. 그들만의 장점을 보면서 불평할 때, 우리는 그들을 시기하게 된다. 시기심은 우리의 문제를 해결해 주기는커녕 더욱 악화시킬 뿐이다.

우리 그리스도인들은 로마서 8:28에 있는 하나님의 약속을 믿고 의지할 수 있다. 곧 우리가 하나님을 사랑할 때(그분이 우리를 먼저 사랑하셨기 때문에!), 모든 일이 합력해서 선을 이룬다는 약속이다. 이 믿음은 시기심의 강력한 해독제다. 이로써 우리는 다른 이들의 복을 갈망하며 질투하기보다 오직 하나님의 약속들을 신뢰할 수 있다.

우리의 시기심에는 또 다른 이유도 있다. 19세기 미국의 설교자이자 작가였던 하비 뉴컴[1803-1863]은 시기심에 관해 네 가지 요점을 언급했다. 첫째, 시기심에 빠진 이들은 자존감이 결핍되어 있다. 그는 이렇게 기록한다. "우리 자신을 소중히 여길 때, 재물이 주는 헛된 지위를 굳이 갈망하지 않게 된다. 이때 우리는 다른 이들이 더 풍족하다고 해서 슬퍼하거나 낙심하지 않으며, 그런 삶에 마음을 쏟지도 않게 될 것이다. 이를 통해 부유한 이들이 우리를 열등하게 여길지도 모른다는 괴로움과 의심에서 해방될 수 있다."[3]

둘째, 시기심에 빠진 이들에게는 다른 이의 성공을 기뻐하는 관대한 정신 혹은 선의가 결핍되어 있다. 뉴컴은 이렇게 말한다. "진실로 자애로운 이들은 모든 이성적인 피조물들의 복락이 더욱 증대되기를 열망하며, 이에 따라 그들은 자신의 형편에 연연하지 않고, 다른 이들의 행복을 진심으로 기뻐하게 된다.[4]

셋째, 시기심에 사로잡힌 이들은 흔히 관용이나 이타적인 정신이 부족하다. 뉴컴은 이렇게 설명한다. "참으로 위대한 이들은 다른 이들의 지적이거나 도덕적인 향상을 기뻐한다. 그 일을 통해 인류가 지닌 탁월성의 총합이 더욱 늘어나기 때문이다. 하지만 시기심에 찬 이들은 누군가가 자기보다 더 높은 수준에 이르는 것을 견디지 못한다. 이 악한 정신 때문에 에스더서의 하만은 교수대에서 비참한 최후를 맞았으며, 사탄은 천사장의 자리에서 몰락하여 마귀들의 왕이 되고 말았다."[5]

넷째, 시기심에 빠진 이들은 본질적으로 이기적인 자들이다. 뉴컴은 이렇게 언급한다. "하나님의 법은 우리에게 이웃을 내 몸같이 사랑할 것을 요구한다.……하지만 시기심에 찬 이들은 자기 이웃을 증오한다. (그 법에 따르면─옮긴이) 이웃을 자신보다 덜 사랑하는 일이 용납되지 않기 때문이다."[6]

이런 이유를 감안할 때, 시기하는 이들이 어떤 행복이나 평안도 누리지 못하는 것은 당연하다. 이에 관해 뉴컴은 이렇게 지적한다. "시기의 독화살이 여러분의 가슴속에 파고들 때, 삶의 모든 즐거움이 무너진다. 시기심에 빠진 이들은 이 우주 안에 자기보다 더 우월한 존재가 있는 것을 견디지 못한다. 그러므로 궁극적인 시기의 대상은 바로 하나님 자신이다. 하나님이 온 우주를 그분의 뜻대로 통치하시는 한, 시기하는 자들은 결코 행복해질 수 없다."[7]

적용

기독교적인 성화의 목표는 우리 자신의 죄를 내려놓고 의로운 행실을 회복하는 데 있다.[엡 4:22-32] 우리 그리스도인들은 이 시기심의 죄와 맞서 싸우면서 동시에, 다음의 두 가지 일을 구해야 한다. 이 두 가지를 통해 마음 깊은 곳의 시기심을 뿌리 뽑고 더 온전한 상태로 나아갈 수 있다.

첫째, 우리는 하나님께 참된 행복을 구해야 한다. 시기는 우리를 비참하게 만들며, 자신이 비참해지기를 바라는 사람은 아무도 없다. 시기의 어리석음을 깨달았을 때, 우리는 하나님이 참된 기쁨과 복을 베풀어 주시기를 간구해야 한다. 시편 4:6-7에서는 이렇게 고백한다.

> 여러 사람의 말이 우리에게 선을 보일 자 누구뇨 하오니
> 여호와여, 주의 얼굴을 들어 우리에게 비추소서.
> 주께서 내 마음에 두신 기쁨은
> 그들의 곡식과 새 포도주가 풍성할 때보다 더하니이다.

오직 하나님만이 우리에게 참된 기쁨을 주신다. 하나님이 우리를 기뻐하신다는 확신을 간직하면서 그분의 임재 아래 살아갈 때, 우리는 어떤 상황에서도 만족할 수 있다.[빌 4:11-12] 내게 능력을 주시는 분 안에서 모든 일을 감당할 수 있다고 믿는다면, 우리는 복 받은 이들과 함

께 기뻐할 수 있다. 우리는 늘 위의 일들에 마음을 두고 살아가야 한다.골 3:2 그럴 때, 우리는 비로소 다른 이들이 지닌 삶의 조건을 자신도 누려야만 한다는 집착에서 벗어날 수 있다.

둘째, 하나님이 우리의 마음속에 그분과 이웃을 향한 사랑을 부어 주시기를 간구해야 한다. 이런 사랑을 품은 이들은 결코 다른 사람을 시기하지 않는다.고전 13:4 오히려 그들은 다른 이가 더 번성하고 지적으로 성장하는 모습 앞에서 기뻐한다. 그들은 이웃의 복된 삶을 보면서 유익한 격려와 자극을 얻지만, 마음의 고통을 겪지는 않는다. 다른 이들을 시기할 때, 우리는 결국 그들을 깊이 증오하는 자일 뿐이다. 그러나 그리스도의 사랑을 깊이 체험할 때, 우리는 주위 사람을 더욱 사랑하게 된다. 이를 통해 시기심의 굴레에서 마침내 해방되는 것이다. 그러면 이같이 자유를 얻은 사람의 삶은 어떤 모습을 띨까? 왓슨은 이렇게 말한다. "겸손한 사람은 자신의 연약함과 다른 이들의 탁월함을 바르게 헤아린다. 그는 결국 다른 이들을 더 높이 평가하게 된다."[8]

진정한 사랑은 겸손을 낳는다. 그리고 겸손한 이들은 주위 사람들의 유익을 진심으로 바란다. 그렇기에 우리는 다른 이들의 형통을 기뻐하며, 그들이 처한 삶의 문제들 앞에서 함께 아파할 수 있다. 이를 통해 우리는 "즐거워하는 자들과 함께 즐거워하고 우는 자들과 함께 울라"는 하나님 말씀의 참뜻을 점점 더 알아 간다.롬 12:15

13 } 불신이라는 죄: 믿음을 잃었어[1]

최초이자 최악의 죄

세상에서 불신의 죄만큼 해로운 것은 없다. 토머스 굿윈은 이렇게 말한다. "불신은 인간이 범한 최초이자 가장 중한 죄였다. 아담과 하와가 범한 첫 번째 허물은 하나님 말씀을 신뢰하지 못한 일이었으며, 이 불신을 통해 우리 본성이 손상되었다. 그들의 마음속에서 믿음이 소멸하면서, 이제는 그와 정반대되는 원리들이 인간의 삶을 지배하게 되었다."[2] 우리가 인간으로서 겪는 문제의 본질과 총체는 바로 여기에 있다.

이와 마찬가지로, 차녹은 불신의 죄를 예리하게 다룬 책에서 이렇게 선언한다. "[불신은] 모든 죄의 원천이다. 그것은 아담이 처음에 범한 죄였으며……홍수 이전의 세계에 만연했던 온갖 죄의 원인이 되었다.……하나님은 아벨의 믿음을 칭찬하셨으며,[히 11:4] 이를 통해 사악한 인류의 조상이었던 가인의 불신이 더욱 선명히 드러났다. 아벨의 제사는 그의 믿음 덕분에 더 고귀해졌지만, 가인의 제사는 그의 불신 때문에 더 사악한 것이 되었다."[3]

모든 이의 영원한 운명에 관해 그리스도는 이렇게 말씀하신다. "너희가 만일 내가 그인 줄 믿지 아니하면 너희 죄 가운데서 죽으리라."요8:24 우리의 믿음이 불신을 대신할 때 이제껏 지은 죄가 다 사함을 받는다. 하지만 불신이 남아 있을 경우, 장차 있을 최후의 심판에서 우리의 모든 죄가 '만천하에 드러나게' 된다. 믿음으로 천국에 들어가듯이, 불신 때문에 지옥에 떨어진다. 믿음과 불신은 각각의 목적지로 우리를 인도하는 '차표'와도 같다.

하나님은 성자 예수님과 성령님을 보내셔서, 우리로 불신의 자리에서 벗어나게 하셨다. 우리를 최악의 상황에서 건져내기 위해 최상의 은혜를 베푸신 것이다. 그리스도는 하나님과 인간 사이의 유일한 중보자이시며,딤전2:5 성령님은 우리로 하나님과 그분의 아들이신 예수 그리스도를 믿고 의지하게 하신다. 이 일은 성령님이 성부 하나님의 뜻을 따라 우리 마음과 삶 속에 새 생명을 불어넣으심으로써 이루어진다. 그리하여 우리는 마침내 예수님을 믿고 따르게 된다.요3:16; 14:1 인간 안에 있는 불신의 독이 제거되기 위해서는 하나님이 주시는 최상의 해독제가 필요했다. 그것은 곧 그분의 아들이신 예수님을 향한 우리의 믿음이며, 이는 하나님이 우리에게 베푸실 수 있는 가장 큰 선물이었다. 이 영광스러운 복음의 해결책을 살필 때 불신의 사악함이 더욱 뚜렷이 드러난다. 불신의 죄는 우리 영혼을 눈멀게 하며, 그로 인해 사람들은 마귀의 지배 아래 속박되고 만다. 이같은 일들은 그것이 얼마나 두려운 죄인지를 잘 보여준다. 불신은 단순히 지적인 문제가 아니다. 그것은 근원적인 죄의 문제와 밀접히 연관되어 있다.

세상 사람들의 불신

이 세상에는 주로 두 가지 유형의 불신이 존재한다. 첫째, '부정의 불신'negative unbelief, *carentia simplex fidei*이 있다. 이는 그리스도의 복음을 직접 들어보지 못한 이들, 아마도 그분에 관해 아는 것이 전혀 없는 이들의 상태를 지칭한다. 역사적으로 이 불신은 이른바 '이교도'의 것으로 여겨져 왔다. 둘째로 '결여의 불신'privative unbelief, *carentia fidei debitae inesse*이 있다. 이는 예수님의 복음을 실제로 들었으면서도 그분을 구주로 영접하기를 거부한 이들의 상태를 가리킨다. 전자의 경우, 하나님 앞에서 죄인이긴 하지만 복음을 거부한 일에 대한 죄책까지 짊어지지는 않는다.[롬 1:20] 그러나 후자의 사람들은 하나님의 복음을 일부러 배척한 일로 인해 더욱 무거운 정죄를 받게 된다.[요 3:16-18]

전자에 속한 불신자들은 이른바 '내용상의 불신앙'material infidelity에 빠진 자들이다. 이들은 복음을 실제로 접해 보지 못했기에 그것을 믿을 수가 없다. 하지만 그들은 여전히 하나님을 믿고 따르지 않은 일에 책임을 져야 한다. 그리고 후자에 속한 이들은 '형식까지 갖춘 불신앙'formal infidelity에 매인 것이 된다.

이런 구별을 감안할 때, 우리는 다음과 같은 그리스도의 말씀이 지닌 의미를 바르게 이해할 수 있다. "내가 와서 그들에게 말하지 아니하였더라면 죄가 없었으려니와 지금은 그 죄를 핑계할 수 없느니라."[요 15:22] 여기서 예수님의 말씀은 자신이 오기 전까지 유대인들에게 아무 죄책이 없었다는 뜻이 아니다. 다만 이제는 자신이 친히 오셔서 하나님의 구원 목적을 명확히 드러내셨으므로, 그분을 거부하는 이들이 더욱 중대한 죄책을 지게 된다고 선언하시는 것이다. 이와 마찬가지로 예수님이 고라신과 벳세다 사람들을 호되게 꾸짖으셨던 이유는, 그분이 그 마을들에서 놀라운 일을 행하셨음에도 그들이 회개하고 믿지 않았기 때문이다. 만약 그 일들을 이방 도시인 두로와 시돈에서 행하셨다면, 그 이방인들은 벌써 "베옷을 입고 재에 앉아" 회개하고 있었을 것이다.^{마 11:20-21} 고라신과 벳세다 사람들의 '형식까지 갖춘 불신앙'은 소돔 사람들이 품었던 '내용상의 불신앙'보다도 더 엄격한 심판의 대상이 된다.^{마 11:24} 주께서는 많은 것을 베푸신 이들에게 더 많은 것을 요구하시기 때문이다.^{눅 12:48}

불신자들의 유형

역사상 많은 이들이 복음을 듣고 그 내용을 자세히 살핀 뒤에도 그저 그 메시지를 비웃고 조롱하는 데 그쳤다. 배교자 율리아누스 황제부터 철학자 버트런드 러셀에 이르기까지, 복음의 내용을 알면서도 의도적으로 거부한 이들은 셀 수 없이 많다. 예수님은 당시의 유대인들이 하나님의 복음을 완강히 배척하는 모습을 보면서 깊이 고심하셨으며, 이는 사도 바울도 마찬가지였다.

어떤 이들은 복음의 메시지를 듣고 '피상적인 끌림' 혹은 '일시적인 각성'을 경험하기도 한다. 이들은 잠시나마 양심에 찔림을 받고 복음의 진리에 매력을 느낀다. 하지만 그들은 결국 그 마음의 감동을 잃고 믿음의 길에서 돌아선다. 그 원인은 육신의 욕망이나 세속적인 조언, 다른 그리스도인들의 부당한 처사 또는 마귀의 공격일 수 있다. 그들이 믿음을 버리게 만드는 마귀의 책략에 관해 차녹은 이렇게 언급한다. "우리가 하나님 말씀을 듣고 양심의 각성을 경험할 때, 사탄은 먼저 우리로 하여금 그 복음의 메시지를 의심하게 한다. 하나님께 속한 진리의 기초인 복음이 우리 마음에 자리 잡지 못할 때, 우리 삶 속에 그 진리의 상부 구조가 이룩되는 일 역시 막을 수 있기 때문이다. 복음의 토대 없이는 그 구조들이 세워질 수 없다."[4]

또 다른 이들은 복음을 맹렬히 배척하지는 않지만, 그에 대해 의심이나 회의를 정중히 드러낸다. 그럼으로써 복음의 진리에 동의하지 않은 채로 남는다. 때로 그들은 이렇게 언급한다. "저도 그 복음이 참되다고 믿고 싶습니다. 하지만 제게는 그 주장들이 믿기 어렵게 느껴지는군요." 이들은 교만한 무신론자가 아니지만, 여전히 하나님의 정죄 아래 있다. 참된 믿음은(그것이 약하다 할지라도) 예수님이 죄인들을 위해 죽고 다시 살아나셨다는 복음의 주장에 동의해야 하기 때문이다. 그들이 이 복음의 역사적이며 신학적인 주장들을 받아들이지 않는다면, 설령 '정중한' 태도를 보일지라도 여전히 불신자일 뿐이다.

어떤 이들은 복음의 진리에 지적으로 동의하는 데 그친다. 그들에게는 참된 구원의 신앙에 이르는 데 필요한 신뢰가 결핍되어 있기 때문이다. 어떤 이는 이렇게 털어놓는다. "복음이 옳다고 생각하지만, 그 메시지를 따라 살아갈 준비는 아직 되어 있지 않습니다." 또 자신이 복음을 믿으며 그리스도를 구주로 신뢰한다고 고백하지만, 실상은 참된 구원의 신앙이 없는 이도 많다. 우리는 주위의 신자들 가운데서 이런 사례를 자주 접한다.

존 오웬은 이런 교회 안의 현실을 적절히 지적했다. 그에 따르면, 신자들의 믿음은 다음의 두 가지로 나뉜다. (1) 참된 신자들의 믿음. 이는 우리 마음을 정결케 하며 사랑으로 역사하는 믿음이다. (2) 복음을 그저 하나의 역사적인 사실로 받아들이는 믿음. 이 믿음은 우리를 결코 의롭게 하지 못한다. 오웬은 후자의 예로 시몬 마구스를 들면서 이렇게 언급한다. "성경에서는 마술사 시몬이 복음을 '믿었다'고 말하지만,^{행 8:13} 그는 여전히 '악독이 가득하며 불의에 매여' 있는 상태였다. 당시 그가 지녔던 것은 '마음을 깨끗게 하는'^{행 15:9} 참믿음이 아니었다."[5] 이들은 복음의 진리를 지식적으로 이해하고 받아들일 뿐, 그 메시지를 온전히 신뢰하면서 구주 예수님을 따라 살아가는 데까지 나아가지는 못한다.

형식까지 갖춘 불신앙의 죄악 됨

위에서 살폈듯이 어떤 이들은 복음을 명백히 배척한다. 또 다른 이들은 복음의 메시지를 잠시 받아들였다가 결국 등을 돌리거나 정중히 이견을 표하기도 한다. 그리고 복음의 내용에 지적으로 동의하는 데 그치는 이들도 있다. 이 모든 일은 결국 복음에 대한 불신이자 거부이며, 죄로 여겨질 수밖에 없다.

이것은 무엇보다도 하나님을 거역하는 죄다. 그리스도의 뜻을 거스르는 죄들, 이를테면 그분의 말씀을 불신하는 것 같은 죄들^{요 8:45}은 곧 하나님을 거스르는 것이기 때문이다. 예수님의 말씀과 사역은 하나님께로부터 온 일들이다.^{요 4:34; 5:19-47} 따라서 그분을 거부하거나 모욕하는 일은 하나님 자신을 향해 행하는 것이 된다. 이에 관해 차녹은 이렇게 언급했다.

그리스도를 배척하는 죄는 다른 어떤 죄보다도 하나님을 더 깊이 모독하는 일이다. 그리스도의 성육신은 하나님의 본성을 가장 탁월하고 명확하게 드러내신 사건이었다. 하나님은 지극히 낮고 천한 인간의 모습으로 우리 앞에 찾아오셨으며, 그분의 부르심에 응답할 것을 간곡히 권면하셨다. 우리가 그리스도를 신뢰함으로써 '하나님의 영광을 찬송하게' 되듯이,엡 1:12 그분을 불신하는 이들은 하나님의 이름을 멸시하는 것이다.[6]

하나님이 우리 죄를 위해 자기 아들을 내어 주신 것은 지극한 은혜의 선물이었다. 그러므로 예수님을 거부하는 것은 이미 최악의 피조물인 우리가 행할 수 있는 가장 나쁜 일이다. 하나님과 그리스도를 불신하는 일은 곧 그분의 얼굴에 침을 뱉는 것과 다름없다.마 26:67 아브라함은 자신의 믿음으로 하나님께 영광을 돌렸다.롬 4:20 이에 반해 복음을 불신하는 이들은 그 영광을 짓밟는 자들이다.

불신의 죄에 관해 차녹은 이렇게 언급한다. "인간의 불신은 하나님의 구속 사역 가운데서 드러난 그분의 모든 속성들을 모욕하고 멸시하는 행위다. 하나님은 그분의 깊은 지혜로써 그 구속을 계획하셨으며, 자신의 의로 그 일을 실행하셨다. 이를 통해 그분의 무한한 자비가 우리 앞에 계시되었다. 또 하나님은 자신의 진리로 그 일을 확증하셔서, 그분을 믿는 모든 이들이 구속의 혜택을 누리게 하셨다."[7] 우리 신자들에게 하나님의 모든 속성은 믿음의 토대이자 공급 자원이다. 하나님을 믿고 의지하면 그분께 속한 모든 일은 바로 우리를 위한 것이 된다. 따라서 하나님의 속성들에 관한 진리는 우리의 믿음을 강화해 준다. 이에 반해 불신자들은 하나님의 모든 속성을 거스르며 충

죄란 무엇인가

돌하게 된다. 하나님의 어느 한 속성을 의심하는 것은 그분의 전 존재를 의문시하는 것과 같기 때문이다. 차녹은 이렇게 말한다. "하나님은 그리스도 안에서 자신의 모든 속성이 영화롭게 되기를 원하셨다. 그러므로 불신의 죄를 범할 때, 그들은 그분의 속성들을 전부 모독하고 만다."[8]

사람들이 깊은 불신에 빠져 하나님의 속성들을 비방할 때, 그들은 하나님을 '신의 자리에서 끌어내리며' 그분의 존재를 무너뜨리려고 애쓰는 셈이다. 어떤 의미에서는 유신론이 무신론보다 더 해로울 수 있다. '신은 없다'고 주장하는 것보다, '신은 존재하지만 선하지 않다'고 단언하는 편이 더 악하다. 살아 계신 하나님의 복음을 배척하는 이들은 사실상 이렇게 소리치는 자들과 다름없다. "하나님은 선하신 분이 아니다!" 불신자들은 하나님을 사악한 폭군으로 여기고, 복음 안에 있는 그분의 영광을 애써 가리려 한다. 그러나 실상은 그분의 존귀한 속성이 그 복음의 메시지 안에서 환히 빛나고 있다. 이에 관해 차녹은 이렇게 언급한다. "우리 구주께서는 당시 유대인들에게 온갖 수모를 겪으셨다. 그분의 머리에 가시관을 쓰시고 침 뱉음을 당했으며, 손과 발에는 대못이 박혔다. 그리고 구주께서 가장 아꼈던 제자들이 그분께 등을 돌리고 비난했다. 이와 마찬가지로, 불신은 하나님의 모든 속성을 모욕하는 것이다. 그들이 여러 행동을 통해 그리스도가 세상의 구주이심을 부인했듯이, 불신의 죄는 하나님이 이 세상의 주관자이심을 부정한다."[9] 이처럼 복음을 거부하는 일은 곧 하나님 자신을 외면하는 것과 같다.

하나님의 복음을 배척하는 것은 그분을 거짓말쟁이로 간주하는 것이다. 그러나 복음을 영접하는 이들은 하나님의 참되심을 증언한 다.요 3:33 차녹은 이렇게 설명한다. "하나님이 영원히 참되신 분임을 고백할 때, 우리는 피조물이 창조주께 바칠 수 있는 최상의 찬미를 드리게 된다.……참된 신자들은 성부 하나님과 성자 예수님께 영광을 돌리지만, 불신자들은 두 분 모두를 노엽게 만든다. 이는 성자께서 성부의 뜻을 따라 그분의 명령들을 직접 이행하시기 때문이다."[10] 우리는 누구나 자신의 진심을 다른 이들이 믿어 주기를 바란다. 그런데 복음을 불신하는 이들은 하나님과 예수님을 심지어 "거짓의 아비"인 사탄보다도 못한 존재로 여긴다.요 8:44 우리는 하나님의 참모습을 온전히 인정하고 따르든지 아니면 철저히 부정하고 배척하든지, 둘 중 한 쪽을 택할 수밖에 없다.

차녹은 다음과 같이 언급한다. "우리가 하나님의 참되심을 인정하지 않는다면, 이는 그분의 존재 자체를 부정하는 것과 같다."[11] 그리고 이렇게 덧붙인다.

어떤 이들은 이렇게 생각한다. '하나님이 인간의 형상으로 나타나신다면 어떤 모습일까? 아마 그분의 몸은 빛이요, 그분의 영혼은 진리 그 자체일 것이다.' 실로 진리는 하나님의 본질적인 속성이기에, 성경은 "하나님이 거짓말을 하실 수 없[다]"고 말한다.히 6:18 우리가 하나님을 거짓말쟁이로 여긴다면, 이는 그분의 신성을 부정하는 것과 다를 바 없다. 하나님이신 그분이 결코 지니실 수 없는 속성을 부여하게 되기 때문이다. 그리하여 하나님의 불변하는 선하심을 가증하고 불신실한 성품으로 바꿔 놓고 만다. 만약 하나님의 참되고 신실하신 속성들이 사라진다면,

그분의 능력과 지식이 어떤 의미를 갖겠는가? 하나님의 선하신 손길이 그분의 모든 은혜 가운데서 가장 아름다운 선물이듯, 하나님의 참됨과 거룩하심은 그분의 모든 신적인 속성 가운데서 가장 영광스러운 성품 이다.[12]

그러므로 형식까지 갖춘 불신은 하나님을 마치 거짓과 살인을 일삼는 마귀처럼 여기는 것이다. 요 8:39-45

하나님은 그분의 아들이신 예수님을 통해, 우리 죄인들을 위한 가장 위대한 진리를 선포하셨다. 그 메시지를 거부하는 일은 곧 우리의 영혼을 말살하는 것과 같다. 이 복음은 그분 자신을 낮추심으로써 우리 같이 무가치한 죄인들을 다시금 높여 주시려고 했던 하나님의 사랑에서 나온 것이기 때문이다. 하나님이 우리에게 베풀어 주신 구원의 복음보다 더 선한 것은 없다. 이사야 5:4에서 하나님은 이렇게 말씀하신다.

내가 내 포도원을 위하여 행한 것 외에
무엇을 더할 것이 있으랴.

하나님이 이처럼 가장 귀한 은혜를 이미 베푸셨기에, 우리는 그분께 또 다른 무언가를 요구할 수 없다. 복음 가운데는 그분의 선하심과 자비, 능력과 공의가 전부 담겨 있다.

불신은 마귀적인 성격을 띤다

어떤 측면에서, 사람들의 불신은 마귀의 반역과 유사한 성격을 띤다. 원래 마귀는 지극히 영광스러운 존재였다. 그는 모든 천사 중에서도 하나님을 가장 많이 닮은 자였기 때문이다. 어떤 이들은 사탄 스스로도 자신의 탁월함을 잘 알았으리라고 여긴다. 하지만 그 사실이 도리어 그에게 독이 되었다는 것이다. 차녹은 이렇게 말한다. "사탄은 하나님이 창조하신 무수한 천사들 가운데 자신이 가장 높은 자임을 알았다. 이제 그는 스스로 만유의 통치자가 되기를 원했다. 아우구스티누스의 말처럼, 그는 자신이 하나님께 복종하는 것보다 다른 피조물들이 자기 자신에게 굴복하는 데서 기쁨을 찾는 자가 되었다."[13] 그러나 사탄이 갈망했던 이 권위는 오직 하나님의 아들이신 예수님께만 속한 것이었다.

성경에 따르면 모든 천사는 "섬기는 영으로서 구원 받을 상속자들을 위하여 섬기라고 보내심"을 받은 존재다.[히 1:14] 그러나 마귀는 그런 자기 위치에 만족하지 않았다. 자신에게는 약속되지 않았던 영예를 그리스도께서 누리고 계셨기 때문이다. 마귀는 그분의 지위를 감히 넘볼 수도 없었다. 차녹은 이렇게 언급한다. "그리하여 마귀는 우리 인류에게 강한 적개심을 품고 훼방하는 자가 되었다. 이는 장차 그리스도의 성육신을 통해 이루어질 하나님과 인간의 인격적인 연합 가운데서 그들이 누리게 될 영광을 시기했기 때문이다. 마귀가 범한 죄의 본질은 바로 이 시기에 있었으며, 결국 그는 원래의 지위를 벗어나 타락하고 말았다. 지금도 마귀는 인간들을 향해 깊은 증오심을 품고 있으며, 이 때문에 우리는 온갖 고난을 겪게 된다."[14]

죄란 무엇인가

마귀가 하나님을 대적했던 이유는 하나님이신 동시에 사람이신 성자 예수님께 복종하기를 원치 않았기 때문이다. 히브리서에서는 이렇게 선포한다. "또 그가 맏아들을 이끌어 세상에 다시 들어오게 하실 때에 하나님의 모든 천사들은 그에게 경배할지어다 말씀하시며."[1:6] 하지만 사탄은, 참하나님이자 사람이신 예수 그리스도 앞에 무릎 꿇을 준비가 되어 있지 않았다. 하나님은 그분의 깊은 지혜와 경륜 가운데서 성자 예수님을 만유의 주와 통치자로 세우셨지만, 사탄과 그 천사들은 그분의 뜻을 배척하고 타락했다.

차녹은 불신의 마귀적인 성격을 다음과 같이 정리한다.

> 이 모든 점에서, 인간들의 불신은 마귀가 범했던 죄와 매우 흡사하다. 그들은 스스로의 힘에 의지해서 하나님과 동등한 위치에 서려 하며, 자신의 의에 깊은 자만심을 품곤 한다. 그들은 하나님의 은혜를 누리기 위해 자신의 의지를 내려놓는 법이 없다. 그들은 하나님께 순복하는 일을 기뻐하지 않으며, 그분이 만물의 머리이자 중보자로 세우신 그리스도의 통치를 거부한다. 이 모든 일은 그들의 교만을 뚜렷이 보여준다. 실로 이 교만한 이성과 의지는 불신의 힘을 떠받치는 두 팔과 같다.[15]

그러나 하나님은 사탄이 아닌 그리스도를 온 하늘과 땅의 통치자로 삼으셨다.

사탄은 늘 성자 예수님을 향해 강한 증오심을 드러냈다. 그는 지극히 교만한 자로서, 예수님과 그 백성인 우리에게 깊은 시기와 질투심을 품고 온갖 살인과 거짓을 자행한다. 사탄은 자신이 하나님을 이길 수 없음을 알지만, 여전히 사람들이 예수님을 불신하게 만들려고 안간힘을 쓴다. 이를 통해 그는 성자 예수님의 영광을 빼앗으려 하지만, 그 일은 모두 헛수고일 뿐이다.

사탄은 광야에서 예수님을 유혹해서 성전 꼭대기에서 뛰어내리게 만들려고 했지만 실패했다.[눅 4:9] 그 후 예수님이 나사렛에서 말씀을 전하실 때, 그곳 사람들이 그분의 메시지를 불신하면서 보인 반응도 이와 유사했다. 당시 회당에 있던 자들은 "분노에 가득 차서", 예수님을 "낭떠러지 아래로 밀어 버리려" 했던 것이다.[눅 4:28-29, ESV] 그들은 예수님의 복음을 믿지 않았을 뿐 아니라, 자신들의 아비인 마귀와 비슷한 일을 행했다. 이처럼 마귀는 여러 방식으로 그리스도를 대적하며, 그 가운데는 직접적인 것(이를 테면 광야에서 그분을 시험했던 일)과 간접적인 것(악한 사람들을 통해 그분을 해치려 한 일)이 모두 포함된다.

사탄은 불신자들의 아비다. 자신을 대적하는 유대인들을 향해, 예수님은 이렇게 말씀하셨다. "너희는 너희 아비 마귀에게서 났으니 너희 아비의 욕심대로 너희도 행하고자 하느니라."[요 8:44] 태초부터 이와 같았던 것이다. 에덴동산의 뱀은 거짓말쟁이요 살인자로서 하나님의 저주를 받았다. 그리고 가인은 아비인 그 뱀의 소원대로 행하고자 했다. 그는 거짓말쟁이로서 자기 동생 아벨을 죽였으며, 그 결과로 저주받은 자가 되었다.[창 4:8-9, 11] 가인은 하늘에서 추방된 마귀를 자신의 아버지로 삼았다. 더욱이 그에게는 그 악한 가족에 속한 여러 형제가 있었으며, 예수님을 배반한 가룟 유다도 그중 하나였다.[요 6:70-71] 이처럼 불신은 하나님과 그리스도께 불순종하면서 사탄의 말을 좇는 태도다.

하나님은 모든 피조물을 향해 선한 손길을 베푸시며, 이에 대한 응답으로 그분을 어떻게 섬겨야 할지 알게 하신다. 그러나 마귀는 자신을 향한 하나님의 선하심에 만족하지 않았으며, 그분을 섬길 의무 역시 외면했다. 그는 그저 자기 뜻만을 추구했기 때문이다. 그리고 불신자들 역시 하나님을 향해 이렇게 소리친다. "나는 당신의 선한 손길을 붙들지 않을 것입니다. 오직 내 뜻이 이루어지기만을 원하며, 나 자신의 유익만을 추구할 것입니다." 이처럼 우리 인간들의 불신은 마귀적인 성격을 띤다.

우리의 불신은 타락한 천사들의 죄보다 더 악하다. 천사들은 구원의 복음을 듣고서도 차갑게 외면하고 있는 죄인에게 주어졌던 자비의 손길을 받아본 적이 없기 때문이다. 차녹이 말한 대로 이 악한 천사들은 이렇게 항변할지도 모른다. "우리가 태초에 하나님의 보호 아래 머물기를 거부한 것은 사실입니다. 하지만 우리의 죄를 대신 감당하신 그분의 손길을 뿌리친 적은 없습니다. 우리가 처음에 하나님의 선하심을 모독하고 비참한 상태에 빠진 후, 그분은 그런 손길을 아예 내밀지 않으셨기 때문입니다. 그런데 복음의 부르심을 늘 접하면서도 외면하는 저 인간들 역시 우리처럼 탄원할 수 있을까요?"[16] 성자 예수님은 천사가 아닌 사람으로 이 세상에 찾아오셨고, 오직 인류에게만 그분의 은혜로 베푸시는 구원의 손길을 베푸셨다. 그럼에도 불신자들이 복음을 배척하는 것은 하나님의 선하심을 철저히 모욕하는 행위이며, 이는 "마귀들의 죄보다도 더 용서받기 힘든" 죄다.[17]

적용

우리는 죄 사함의 은혜를 베푸시는 하나님의 아들을 믿는다. 이 믿음을 선물로 주신 하나님을 찬송하는 것은 우리의 의무이자 특권이다. 이 믿음을 통해, 우리는 새 힘과 용기를 얻고 불안과 두려움을 물리칠 수 있기 때문이다.

본성상 타락한 인류는 하나님을 향해 무관심한 태도를 보이는 데 그치지 않는다. 그들은 그분을 몹시 증오하며, 마귀보다도 더 악한 불신을 품고서 그리스도의 영광을 가로채려 한다. 하나님은 그런 우리를 비참한 정죄의 상태에 버려 두실 수도 있었지만, 그분의 무한한 자비로써 장차 임할 진노의 심판에서 우리를 건져 주셨다. 이전에 우리는 그저 하나님을 노엽게 하는 자들이었다. 하지만 이제는 주님이 주신 믿음의 은사를 통해, 그분께 기쁨을 드리는 존재가 되었다. 하나님은 우리를 비천하고 무익한 자리에서 건져내 지극히 높고 존귀한 곳에 이르게 하셨다. 이를 위해 성자 예수님이 친히 가장 낮고 천한 자리로 내려오셔야만 했다. 그분이 이렇게 행하신 이유는 바로 우리 인간을 위함이었다. 이제 우리는 이 일을 기억하면서, 경건한 자부심을 품고 이렇게 고백할 수 있다. "이제 내가 육체 가운데 사는 것은 나를 사랑하사 나를 위하여 자기 자신을 버리신 하나님의 아들을 믿는 믿음 안에서 사는 것이라."^{갈 2:20} 우리는 이렇게 날마다 주님을 찬송한다.

14 } 조종이라는 죄: 벗어나고 싶어[1]

이기적이며 기만적인 통제

우리는 모든 이들이 서로 조종하며 조종당하는 세상 속에서 살아간다. 디지털 세계에서 특히 그렇다. 때로 다른 사람을 조종하는 이들은 자신이 행하는 일의 실체를 잘 안다. 하지만 때로는 자기가 악한 책략을 꾸미고 있다는 사실을 미처 자각하지 못한다. 이는 이 기만적인 죄가 인간의 본성 자체에 깊이 뿌리 박혀 있기 때문이다. 이 조종의 본질은 과연 무엇일까? 간단히 말해, 그것은 일종의 통제다. 우리의 죄악 된 본성에서 타인을 통제하려는 욕구가 생기며, 그로 인해 신체적으로나 정신적, 감정적인 측면에서 그들의 삶에 계속 간섭하며 개입한다.

조종하는 이들은 다른 이들의 인격과 삶에 해로운 영향력을 끼친다. 이때 우리는 자신의 의도와 방식이 선하며 의롭다고 믿기도 한다. 하지만 그들을 계속 통제하려는 욕망 때문에, 우리는 결국 이기적이며 죄악 된 태도로 다음의 온갖 책략에 의지하게 된다. 강압과 속임수, 거짓말과 불평, 심리전과 부정, 가짜 친절과 과장, 비난 혹은 살해의 위협, 비교와 책임 전가, 죄의식 유발과 시치미 떼기, 조롱과 모욕, 무시 등이 그것이다. 이처럼 타인을 조종할 때 우리는 가능한 모든 수단을 동원해서 자신의 통제력을 유지하려 한다. 이런 조종은 가장 친밀한 인간관계 속에서 일어날 때가 많다. 다소 심술궂게도 우리는 흔히 가족이나 지인과의 관계에서 이렇게 행하는 편이 안전하다고 느낀다. 이때 우리는 그것이 주위 사람들의 유익을 위한 행위라고 주장하며, 스스로 그렇게 믿기도 한다. 하지만 결국 다른 사람들을 희생시키고 미워함으로써 자신을 사랑할 뿐이다. 그리고 때로는 가장 은밀하고 부정한 방법들을 써서 그들 자신이 원하는 것을 얻어 내려 한다.

조종은 설득과 동의어가 아니다. 예를 들어 한 의사는 어떤 수술 혹은 약물 치료의 성공률이 95퍼센트임을 강조하면서 자신의 환자를 설득할 수 있다. 아마 그 의사는 자기 행동이 환자에게 정말 유익하다고 확신할 것이다. 따라서 그는 5퍼센트의 실패 가능성보다는 95퍼센트의 성공률을 강조한다. 그의 말은 정당하고 설득력 있는 권면이며, 그 속에는 어떤 이기심이나 속임수가 담겨 있지 않다. 반면에 타인을 조종하는 자들은 자기 말이 온당한 설득인 것처럼 꾸미지만 결국 직간접적으로 강압적인 태도를 드러낸다. 그들은 주로 언어적인 방편에 의존하며, 종종 위에서 언급했던 책략을 동원한다.

이런 자들은 비언어적인 책략과 공격들 역시 활용한다. 어깨를 으쓱하거나 눈물을 흘리며 한숨 쉬는 일, 입술을 삐죽거리거나 바닥에 드러눕는 일, 발을 쿵쿵 구르거나 얼굴을 찡그리는 일, 혹은 침묵하며 외면하는 일이 있다. 이같이 적대적인 행동들은 더욱 심각한 폭력으로 발전할 수 있다. 방에 가두거나 집 바깥으로 쫓아내는 일, 뺨을 때리거나 주먹질과 발길질을 일삼는 일, 목을 조르거나 죽이려 드는 일로 이어지는 것이다. 이런 학대 행동들은 언어적인 성격을 띨 수도 있고, 아닐 수도 있다. 그리고 그 일들은 감정과 정신, 신체의 영역에서 모두 나타날 수 있다. 하지만 이 모든 경우에, 타인을 조종하는 이들은 이런 행동들에 의지해서 자신에게 유리한 방향으로 주위의 상황을 몰아가려 한다는 공통점이 있다. 이를 통해 그들은 자신이 원하는 것을 얻고 또 계속 유지하려 한다. 한 예로, 우리는 아첨의 효력을 잘 안다. 누구나 타인의 칭찬을 갈망하기 때문이다. 하지만 아첨을 경계해야 할 이유는 그것이 조종의 한 형태라는 점에 있다. 심지어 외관상의 친절도 조종이 될 수 있다. 세익스피어의 희곡 『오셀로』에서, 사악한 이아고는 이렇게 독백한다. "내가 오셀로를 따르는 것은 다만 그를 무너뜨리기 위함이다." 그는 오셀로에게 노예처럼 복종하며 충성을 바치지만, 그 목적은 오직 자기 주인을 몰락시키는 데 있었다.

성경에 나타난 조종의 사례들

죄가 세상에 들어오기 전에, 에덴동산의 뱀은 간교한 말로 하와를 조종했다. 하와는 하나님 앞에서 이렇게 고백한다. "뱀이 나를 꾀므로 내가 먹었나이다."^{창 3:13하} 뱀은 아담과 하와의 삶을 지배하려 했으며, 그 뜻을 이루기 위해 그들을 속였다. 이런 의미에서 아담과 하와는 학대의 피해자였지만, 하나님 말씀을 어기고 선악과를 따 먹은 죄에 관해서는 그들 자신에게도 책임이 있었다. 타락의 사건 이후, 인간은 본성상 사탄적인 조종의 피해자인 동시에 가해자가 되었다.

성경에는 리브가와 야곱이 이삭과 에서를 조종한 이야기가 기록되어 있다.^{창 27장} 이는 하나님의 백성 가운데도 그런 죄가 생길 수 있음을 일깨워 준다. 이후 야곱 자신도 외삼촌 라반의 속임수에 넘어간다.^{창 29:25} 라반은 음험한 계교를 꾸며서 야곱을 레아와 혼인시켰으며, 야곱은 자신이 정말로 사랑했던 라헬을 아내로 맞기 위해 7년을 더 수고해야 했다.^{창 29:30}

성경에 담긴 여러 조종의 사례들을 살펴보면, 우리는 그 일이 피해자뿐 아니라 가해자 자신에게도 온갖 비참한 결과를 낳는다는 점을 알게 된다. 궁극적인 관점에서 죄는 결코 승리로 이어지지 않는다. 다윗의 아들 압살롬의 이야기는 우리가 타인을 조종하려 들 때 그들과 우리의 삶이 모두 무너질 수 있음을 일깨운다. 그는 스스로 왕이 되려는 위험한 계획을 품고 백성들을 자기편으로 끌어들였다.^{삼하 14:25} 압살롬은 자신의 휘하에 병거와 말들을 끌어모았는데, 이는 그의 아버지 다윗이 꺼린 일이었다. 대개 이런 일은 이스라엘의 대적인 이방 왕들이 주로 행하는 것이었기 때문이다. 하지만 이를 통해 압살롬은 자신의 왕적인 면모를 부각하는 데 성공했다.^{삼하 15:1} 그는 하나님을 의지하지도, 그분의 이름을 신뢰하지도 않았다.^{시 20:7-8} 오히려 그는 이방의 왕들처럼 처신하면서, 하나님의 율법에서 금하거나 경고한 일들을 저질렀다.^{신 17:16, 삼상 8:11}

압살롬은 이스라엘 백성들을 조종해서 권력과 통제권을 획득하려 했다. 그는 수완이 좋은 정치가로서, 백성들 앞에 그럴듯한 모습을 보이면서 미래에 대한 여러 약속을 제시했다.^{삼하 15:2-4} 그는 다윗이 하지 못했던 일들을 자신이 해낼 수 있다고 주장했지만, 이는 일종의 거짓 뉴스였다. 압살롬은 아버지 다윗을 희생시켜 가면서까지 스스로를 높이려 했다. 그는 백성들의 환심을 사려고 아첨하면서 거창한 약속을 늘어놓았다. 압살롬은 이기적인 동기에서 다른 이들을 속였으며, 그 목표는 그들의 삶에 대한 통제권을 얻는 데 있었다. 한마디로 그는 백성을 조종했던 것이다. 성경은 이렇게 말한다. "사람이 가까이 와서 그에게 절하려 하면 압살롬이 손을 펴서 그 사람을 붙들고 그에게 입을 맞추니 이스라엘 무리 중에 왕께 재판을 청하러 오는 자들마다 압살롬의 행함이 이와 같아서 이스라엘 사람의 마음을 압살롬이 훔치니라."삼하 15:5-6

압살롬은 여러 말과 상징을 이용해서 이스라엘 백성을 조종했다. 그는 자신이 그들을 진실로 아끼고 돌보는 왕인 것처럼 행동했지만, 실상은 그 힘과 특권을 탐냈을 뿐이다. 정치 영역에서는 대개 상징과 외양이 실질을 누르고 승리하며, 압살롬의 사례가 그 모습을 생생히 보여준다.

성경은 또한 용사인 삼손이 사악한 여인 들릴라에게 조종당하여 몰락한 이야기를 서술한다.삿 16장 들릴라는 블레셋 족속의 사주를 받고서 삼손을 그들의 뜻대로 통제하려 했다. 이를 위해 들릴라는 삼손이 자신을 사랑하지 않는다고 주장하면서, 그에게 거짓 죄책감을 불어넣었다.삿 16:15 삼손은 들릴라의 끈질긴 고집에 지쳐서 자신의 은밀한 약점을 그에게 털어놓았다. 삼손은 들릴라를 사랑했기에 이렇게 행했지만, 그 여인은 그를 배신하고 적들에게 넘겼다. 그리하여 블레셋 족속은 삼손의 머리카락을 밀고, 그의 두 눈을 뽑아버렸다.삿 16:21 들릴라는 삼손을 자기 뜻대로 조종하려는 마음을 품고, 그를 사랑하는 척 가장하면서 유혹했다. 진실한 사랑은 자기 것을 상대방에게 베풀지만, 들릴라의 '사랑'은 그저 이기심일 뿐이었다. 물론 삼손이 범한 어리석은 행동의 책임은 여전히 그 자신에게 있다. 하지만 타인의 마음을 지배하는 법을 알았던 그 악한 여인의 손에 그가 조종당한 것 역시 사실이다. 우리 중 많은 이들도, 주위 사람들에게 무심코 비밀을 털어놓았다가 나중에 그들이 그 사실을 이용해서 괴롭히는 일을 경험하곤 한다. 이처럼 자기 속마음을 표현하는 것 자체는 잘못된 것이 아니지만, 이로 인해 우리의 연약함이 그대로 노출될 수 있다. 사악한 이들은 언제든지 그 일을 악용할 수 있기 때문에, 우리는 늘 지혜롭게 분별하며 처신해야 한다.

거짓 선지자들은 타인의 마음을 능숙하게 조종한다. 주님은 그들을 경계하셨는데, 이는 그들이 양의 옷을 입고 우리에게 다가오지만 실상은 노략질하는 늑대와 같기 때문이다.[마 7:15] 그들은 선한 의도를 품은 것처럼 가장하지만, 실제로는 자신의 유익을 탐할 뿐이다. 고린도 교회를 향해 바울은 그들의 책략이 지닌 마귀적인 성격을 다음과 같이 일깨웠다. "이것은 이상한 일이 아니니라. 사탄도 자기를 광명의 천사로 가장하나니, 그러므로 사탄의 일꾼들도 자기를 의의 일꾼으로 가장하는 것이 또한 대단한 일이 아니니라. 그들의 마지막은 그 행위대로 되리라."[고후 11:14-15] 거짓 교사들은 자신의 만족만을 추구하며, "교활한 말과 아첨하는 말로 순진한 자들의 마음을 미혹하[는]" 자들이다.[롬 16:18] 그들은 청중의 욕구에 영합하는 거짓 가르침을 늘어놓고, 사람들의 삶을 조종하며 칭찬과 인정을 누리려 한다.[미 2:11]

조종의 유형들

위에서 살폈듯이, 타인을 조종하는 이들은 이기적인 태도로 스스로를 우상화한다. 그들은 자신의 만족을 위해 다른 이들을 통제하고 억압하려 하며, 이런 일들은 여러 형태로 나타날 수 있다. 한 예로, 그들은 마치 자기가 억울한 희생자인 것처럼 가장하기도 한다. 거짓 교사들은 주님의 이름과 그분의 말씀을 이용해서 사람들을 그릇된 길로 이끈다. 그런데 누군가 그 잘못을 지적할 때, 그들은 흔히 이렇게 부르짖는다. "저들이 나를 핍박하고 있습니다!" 그리하여 참된 믿음의 수호자들이 도리어 거짓 가르침에 미혹된 신도들의 원수가 되고 만다. 이 악인들은 무슨 수를 써서라도 자신의 평판과 지위를 지키려고 한다. 이를 위해 부당한 박해의 피해자인 척 가장하면서 상황을 왜곡하는 것이다.

우리는 가끔 어떤 일을 간절히 원하지만, 다른 이들의 욕구나 생각 앞에 직면해야 할 때가 있다. 우리는 자신이 원하는 선택지의 장점을 과장하면서 그 단점을 애써 얼버무리곤 한다. 사탄이 에덴동산에서 쓴 것도 바로 이 책략이었다.[창 3:4-5] 그리고 야곱이 에서로 변장해서 이삭의 축복을 받을 때 그랬듯이, 우리는 누군가에게 작은 호의를 베푼 다음에 훨씬 더 큰 보답을 요구하기도 한다.[창 27:5-10] 이처럼 다른 이가 우리에게 해 줄 일만을 기대하면서 친절을 베풀 때, 우리는 그들을 조종하는 것이다.

또 우리는 주위 사람들이 우리의 바람대로 행동하지 않을 때, 여러 은밀한 위협의 방편들을 써서 그들을 조종한다. 친구 관계를 끊고 거리를 두거나, 언짢은 표정을 지으면서 암묵적으로 죄의식을 불러

일으킨다. 그 결과 그들은 당혹감에 빠져 이같이 자문한다. '대체 내가 뭘 잘못했지?' 아이들 역시 이른 시기부터 타인을 조종하는 법을 터득한다. 사소한 일에 성질을 부린다든지, 갑작스레 분노를 터뜨리면서 주위 사람들을 자기 뜻대로 움직이려 하는 것이다. 어른들과 똑같이 그들은 침묵시위를 이용하기도 한다.

사람들은 종종 돈에 의지해서 다른 이들을 지배하려 한다. 이를 통해 타인의 호의나 권력, 여러 특혜를 얻으려 하는 것이다. 예를 들어 초대교회 당시에 마술사 시몬은 예수님을 "믿[었다]."^{행 8:13} 하지만 그는 복음의 약속들에 만족하지 않고 더 큰 욕심을 품었다. 그래서 사도들에게 돈을 바치면서 이렇게 요청했다. "이 권능을 내게도 주어 누구든지 내가 안수하는 사람은 성령을 받게 하여 주소서."^{행 8:19} 당시 베드로는 그의 간사한 책략을 간파하고서 호되게 책망했다. 그러나 이런 태도는 오늘날 많은 신자들의 마음속에도 여전히 자리 잡고 있다. 그들은 자기 재물을 이용해서 목회자를 조종하거나, 출석하는 교회의 '주도권'을 장악하려 한다.

타인을 조종하는 자들은 본성상 지극히 이기적이다. 그들은 다른 이의 유익을 위해 자신을 희생하는 법이 없다. 오히려 주위 사람을 이용해서 자기 목적을 달성하려 한다. 이것은 '네 이웃을 너 자신처럼 사랑하라'는 주님의 말씀을 정면으로 거스르는 행동이다. 이들은 죄악 된 자기애에 사로잡힌 나머지 하나님의 여러 계명을 쉽게 위반한다. 곧 거짓 예배와 우상 숭배에 빠져 주님의 이름을 오용하거나, 거짓말과 도둑질을 저지르며 탐심 때문에 다른 이를 해치기도 한다.

죄란 무엇인가

적용

우리는 누구나 어느 정도 조종의 죄를 범하면서 살아간다. 우리는 다른 이를 향한 자신의 태도를 늘 조심스레 살펴, 우리의 몸가짐 속에 혹시 다른 이들을 지배하려는 책략이 숨어 있지는 않은지 헤아릴 필요가 있다. 하나님을 신뢰하지 못할 때, 결국 우리 자신의 힘에 의존하게 된다. 이런 상황에서 우리는 흔히 여러 수단을 통해 타인들을 지배하고 통제하려는 유혹에 빠진다. 다른 죄들과 마찬가지로, 이 죄 역시 우리가 하나님의 통치에 순복하면서 살아가지 못할 때 생긴다.

이에 더하여, 우리는 다른 이들에게 조종당하는 일 역시 경계해야 한다. 지금 이 세상에는 사람들의 삶을 은밀히 통제하고 장악하려는 시도가 만연해 있다. 우리가 매일 접하는 소셜 미디어와 온갖 마케팅 기법을 생각해 보자. 그것들은 우리를 현혹해서 현세적이며 물질적인 삶의 노예로 만들고자 한다. 다양한 매체를 통해, 우리는 계속 이런 속삭임을 듣게 된다. "당신에게는 더 많은 것이 필요합니다. 진정한 삶의 만족을 원한다면, 이 상품을 꼭 구매하세요."

오직 예수 그리스도의 복음만이 타인을 조종하는 자와 조종당하는 자 모두를 통제와 강압을 향한 우상 숭배의 광기에서 건져 낼 수 있다. 하나님은 그분의 말씀인 성경을 통해, 우리에게 정말 소중한 일들이 무엇인지 알려 주신다. 하나님께 의지해서 그분의 통치 아래 살아갈 때, 우리는 마침내 죄악 된 자기 통제를 내려놓고 참된 평안을 얻는다. 사람들의 통제와 강압은 곧 그리스도 안에 있는 복음의 능력을 부인하려는 시도다. 하지만 주님은 마귀적인 책략과 속임수를 쓰지 않고, 자신의 희생과 고난을 통해 진정한 승리자가 되셨다. 이제 우리도 누군가의 마음을 얻기 원한다면, 스스로에 대해 죽고 그리스도와 다른 이들을 위해 살아가야 한다. 주위 사람들의 행실이 바뀌거나 자신의 재정 형편이 나아지기를 원하는가? 오직 주님만 바라보며 자기 사정을 그분께 아뢰고 구하라. 그럴 때 우리는 "부정한 이익을" 얻기 위해 사회 제도의 허점을 노리거나, 직장 상사를 비롯한 타인을 애써 속이고 조종할 필요가 없게 된다.^{렘 22:17, 딤전 3:8}

우리는 하나님의 은혜를 힘입어서, 돈에 대한 집착에서 해방된 삶을 살아가야 한다. 그때 우리는 남몰래 타인들을 조종하려는 태도에서 벗어나게 된다. 이와 더불어 주 안에서 자족하는 법을 배워 가야 한다.^{빌 4:11} 그분은 늘 필요한 것을 주시며, 우리를 결코 떠나거나 버리지 않으신다.^{히 13:5}

하나님은 온 세상의 일들을 주관하시지만, 우리 삶을 조종하시지는 않는다. 그분은 어떤 기만이나 속임수를 쓰지 않으신다. 하나님은 사랑 가운데서 진리를 말씀하시며, 우리 자신의 정체성을 바르게 깨닫도록 인도하신다. 하나님은 결코 아첨하시는 법이 없다. 우리 인간은 모두 죄인이며, 구원의 손길을 절실히 필요로 하는 자들이다. 하지만 거룩하신 하나님은 그런 우리를 여전히 사랑하신다. 우리를 향한 하나님의 사랑은 전혀 이기적인 것이 아니다. 그분은 원수였던 우리를 위해 자신의 독생자를 내어 주신다.^{롬 8:32} 예수님은 우리를 위해 자신을 희생하심으로써 하나님의 사랑을 드러내셨으며, 이를 통해 우리를 그분께로 이끌고자 하셨다. 우리 마음을 얻기 위해 행하신 이 일은 조종이 아니었다. 주님의 뜻은 그분 자신을 온전히 내어 주심에 있었기 때문이다. 그분은 우리에게서 무언가를 얻어 내려 하지 않으셨다. 주님은 이처럼 우리를 깊이 사랑하셨으며, 우리도 똑같은 방식으로 이웃을 사랑함으로써 그 사랑에 응답하기를 원하신다. 이제 우리 자신의 목적을 위해 다른 이들을 이용하는 일은 용납될 수 없다.

타인을 조종하는 죄의 참된 치유책은 하나님과 그리스도를 바라보는 데 있다. 주님은 그것이 마귀의 길임을 늘 일깨워 주신다. 그분의 복음은 조종과는 상반되는 것이다.

15 } 생각으로 짓는 죄: 늘 내 마음속에 있던 너[1]

마음

"마음만의 자리가 있다네. 그곳에서는 지옥이 천국으로 바뀌고, 천국은 지옥이 되지." 밀턴의 『실낙원』에서, 사탄은 이렇게 말한다.[1권 l. 254] 사탄의 신학은 그릇된 것이지만, 그 말은 우리 마음의 기괴한 성격을 잘 담아낸다. 그곳에서 온갖 모순과 부조리가 생겨나기 때문이다.

우리는 타락 이전에 아담의 마음이 얼마나 아름답고 고결했을지를 한번 헤아려 볼 수 있다. 당시 그는 주위의 세상을 적절히 이해하고 파악했을 뿐 아니라, 하나님의 뜻 아래서 신적인 일들에 관한 지식역시 소유했을 것이다. 하지만 아담의 타락 이후, 자연 상태에 있는인간들의 마음과 생각은 그릇된 방향으로 변질되어 버렸다.

하나님은 처음에 인간을 그분의 형상과 모양대로 만드셨으며, 그의 존재를 "심히 좋[게]" 여기셨다.[창 1:31] 하지만 인류의 타락 이후, 주님은 이 세상의 일들을 내려다보시면서 "[인간의] 마음으로 생각하는모든 계획이 항상 악할 뿐임"을 헤아리셨다.[창 6:5] 인류에 대한 이 충격적인 고발은 홍수를 통한 전 지구적인 심판으로 이어졌다. 이 징벌은 인간의 죄에 실로 합당했다. 인간들의 부패한 마음에서 나오는 악한 생각이 바로 그 죄의 뿌리였기 때문이다. "믿음을 따르는 의의 상속자"였던 노아와 그 가족만이 이 심판에서 건짐 받았다.^{히 11:7}

이후에는 이스라엘 백성도 그들의 악한 생각에 대해 엄한 책망을 듣게 된다.

> 예루살렘아, 네 마음의 악을 씻어 버리라.
> 그리하면 구원을 얻으리라.
> 언제까지 그 악한 생각을 간직하려 하느냐. _렘 4:14, ESV

마태복음에서는 유대의 서기관들이 마음속으로 예수님이 신성을 모독했다고 여긴다.^{마 9:3} 이는 그분이 중풍 병자의 죄를 사하셨기 때문이다.^{마 9:2} 다음 절에서는 그들의 생각에 대한 예수님의 반응을 이렇게 기록한다. "예수께서 그 생각을 아시고 이르시되 너희가 어찌하여 마음에 악한 생각을 하느냐."^{마 9:4} 주님은 인간의 생각이 죄악 됨을 잘 아셨으며, 이후 다음과 같이 선언하셨다. "마음에서 나오는 것은 악한 생각과 살인과 간음과 음란과 도둑질과 거짓 증언과 비방이니."^{마 15:19} 우리는 여기서 예수님이 여러 죄들 가운데서 '마음의 악한 생각'을 먼저 언급하시는 점에 주목해야 한다. 차녹은 이렇게 언급한다. "[인간의] 마음속에는 영혼의 모든 내적인 작용이 포함된다. 이해력의 활동과 의지의 결단, 감정의 동요 등이 그런 작용이며, 이 기능들은 우리 마음속에서 주된 역할을 한다."² 분명 우리는 죄악 된 생각의 문제를 깊이 다룰 필요가 있다. 굿윈은 '헛되고 무익한 생각들'^{Vanity of Thoughts}(이

주제를 다룬 그의 책 제목이기도 하다)의 문제점을 살피는 과업의 중대
성을 인식했으며, 이 주제에 관해 다음과 같이 주장했다. "이는 그 어
떤 것보다도 방대한 주제다."[3]

생각과 의지

인간의 생각에 관해 굿윈은 이렇게 말한다. "그것은 우리 마음의 모든
내적인 움직임을 지칭하는 것으로, 인간 정신에 속한 온갖 기능의 활
동을 다 포함한다. 추론과 숙고, 어떤 목적과 의도를 품고 결단하거나
무언가를 갈망하며 관심을 품는 일이 이에 해당하며, 이는 우리의 외
적인 말이나 행동과는 대조된다.[사 66:18][4] 이런 생각들이 우리 마음속
에 '지나갈' 때, 대개는 그것과 결부된 감정과 함께 일어난다. 이를테
면 불안과 두려움, 행복감 등이다.

　여기서 그 생각들이 '대개는' 어떤 하나의 감정과 연관된다고 언
급했는데, 이는 때때로 죄악 된 일들에 관한 생각이 우리 마음속을 원
치 않게 스쳐 갈 수 있기 때문이다. 우리가 사는 세상은 죄로 타락했
고, 우리 눈앞과 마음속 깊은 곳을 비롯해 각처에서 온갖 악한 일이
벌어진다. 우리는 날마다 그런 일들을 직간접적으로 대면하여 살아
갈 수밖에 없으며, 그 일들을 목격하거나 숙고하는 일 자체는 죄가 아
니다. 예를 들어 누군가의 살인을 실제로 보거나 그 일에 관해 생각했
다고 해서 우리까지 죄인인 것은 아니다. 그 행위의 옳고 그름을 우리
스스로 분별할 수 있기 때문이다. 오히려 우리 생각의 성격을 결정짓
는 것은 바로 "그 속에 담긴 의도"다.[창 6:5, ESV]

　우리가 어떤 죄를 목격하거나 그 일에 관해 생각하더라도 곧바

로 죄를 지은 것이 되지는 않는다. 하지만 (자신의 마음과 영혼 속에 있는) '의지로써 그것을 원할' 때, 우리는 죄를 지은 것이 된다. 차녹은 이렇게 언급한다. "우리의 사유가 그릇된 원리 위에 기초해 있으며 [올바른] 목표가 [결핍되어] 있을 때, 그리고 어떤 대상에 관해 잘못된 방식으로 접근할 때 우리의 생각은 도덕적으로 악한 것이 된다."[5] 선한 천사들의 경우, 다른 천사들을 타락하게 만든 죄의 정체를 적절히 분별하지만, 그 천사들의 지식은 이른바 '실천적인 인지'practical cognition(자신이 직접 그 일을 행함으로써 얻게 되는 지식—옮긴이)에 근거한 것이 아니다. 이와 유사하게, 지금 하늘의 영광 중에 있는 성도들은 자신이 범했던 죄들을 기억할 수도 있다. 하지만 그들은 더 이상 그 죄들을 즐거워하지 않으며, 자신에게 베풀어 주신 하나님의 자비를 깊이 되새길 뿐이다. 그리고 예수님도 광야에서 사탄에게 시험받을 때 겪었던 유혹의 본질을 이해하셨다.[마 4장] 그분은 사탄의 거짓된 제안을 마음속으로 분별하며 판단하셨지만, 조금도 죄를 짓지 않으셨다. 하나님은 이 세상의 모든 일들을 온전히 아시지만, 그분은 무한히 거룩하시기에 이제껏 인류가 범해 온 온갖 죄들을 분별하면서도 스스로는 전혀 죄를 짓지 않으신다. 이처럼 하나님과 그리스도, 선한 천사들과 하늘의 성도들은 세상의 죄를 바라볼 때 각자의 본성에 부합하는 방식으로 철저히 그것을 혐오한다. 이와 달리 이 땅에 있는 성도들의 마음속에는 죄의 잔재가 남아 있기 때문에, 죄를 미워하는 능력이 회복되었다 하더라도 여전히 불완전한 상태에 있다.

인간의 마음속에서는 죄악 된 생각의 '첫 조짐'들이 꿈틀대곤 한다. 이는 그들의 부패한 본성에서 기인하는 현상으로, 심지어 참된 신자들도 죄의 잔재 때문에 이런 일을 겪는다. 그 타락한 생각에 분명하게 동의한다거나 그것을 추구하는 마음이 곧바로 생기는 것은 아니기에, 이를 죄라고 여기기는 어렵다. 예를 들어 과거의 성적인 죄를 기억하는 일 자체는 죄가 아닐 수 있지만, 무심코 당시의 충동과 갈망에 다시 사로잡힐 수 있다. 우리 마음은 실로 기만적이기에, 온갖 죄악 된 생각을 떠올린다. 우리가 그런 생각을 아예 차단할 정도로 거룩하지 못하기 때문이다.

우리 마음속에 악한 충동이 곧바로 솟구친다면(스스로 미처 의식하지 못했을지라도), 그 생각은 죄악 된 것이다. 차녹은 이렇게 언급한다. "자발성은 죄의 본질에 속하지 않는다. 그러나 자발성이 부가될 경우 우리 죄는 더욱 무거워진다."[6] 우리는 자기 생각을 죄로부터 지켜야 하며, 그 일에 실패할 때는 하나님 앞에서 책임을 져야 한다. 설령 어떤 생각이 우리 자신의 동의 없이 불쑥 떠올랐다 해도, 그것이 하나님의 뜻에 어긋나는 생각이라면 우리는 그분 앞에서 스스로를 변호할 수 없다. 우리 신자들에게는 "모든 생각을 사로잡아 그리스도에게 복종하게"^{고후 10:5} 할 의무가 있다. 죄악 된 생각이 마음속을 스쳐 갈 때, 자신의 책임을 회피해서는 안 된다. 더욱이 그 생각을 계속 되새긴다면, 우리 죄는 더욱 중대해질 것이다. 굿윈은 이렇게 말한다. "때로는 사탄이 불어넣은 생각들을 우리 영혼이 수동적으로 받아들이기도 한다.……이런 생각들은 마귀의 강한 영향력 아래서 원치 않게 생겨난 것들이다.……하지만 이때에도, 이 생각들은 우리 자신의 마음이 제멋대로 방황하며 헤매도록 버려 두었던 일에 대한 일종의 징벌일 경우가 많다."[7]

죄란 무엇인가

이 '비자발적인' 생각들이 생기는 이유 중 하나는 우리 마음속에 있는 "하나님의 은사에 불을 붙이지" 못하기 때문이다. 하나님은 모든 신자에게 그분의 은사를 주셨으며, 이를 통해 우리가 "능력과 사랑과 절제하는 마음"[딤후 1:6-7]을 품기를 바라셨다. 우리는 죄악 된 생각이 떠오를 때 곧장 그 흐름을 차단해야 하지만, 굿윈에 따르면 이보다 더 위험한 것은 우리의 자발적인 의지와 결부되는 생각의 영역이다. 이 영역에서 우리는 "악한 일들을 일부러 숙고하고 되새긴다."[8]

죄악 된 생각에 관해 차녹은 이렇게 언급한다. "이는 곧 정당한 대상과 올바른 목적이 결여된 생각들이다. [이 생각들은] 이성의 통제 아래 있지 않으며, 기괴하고 무질서한 방향으로 흘러간다. [이 생각들은] 마치 조율되지 않은 악기의 불쾌한 소음과도 같다."[9] 우리는 하나님과 우리 자신, 그리고 타인들에 관해 생각하는 가운데 죄를 지을 수 있다. 이때 그 죄는 적극적인 범행commission 혹은 소극적인 누락omission의 성격을 띤다. 곧 우리가 하나님의 뜻에 어긋나는 생각을 품는 것뿐 아니라, 어떤 정황에서 마땅히 요구되는 생각을 품지 않는 것(예를 들어 주위 사람의 성공을 함께 기뻐하지 않는 일) 역시 죄다.

헛된 상상을 즐기는 일

사람들은 흔히 어떤 죄를 실제로 범하지는 않을지라도, 그에 관해 여러 악한 상상을 품는다. 그들은 그 결과를 감당할 자신이 없기 때문에 감히 그 일을 행하지는 못한다. 하지만 마음속으로는 온갖 정욕에 근거한 망상을 즐기는 것이다. 과거의 신학자들은 이 허물을 '악한 사색'speculative wickedness이라 불렀다. 많은 이들은 이런 상상을 통해 실제로 죄를 범할 때 겪을 수치와 불행을 피하면서 은밀한 쾌락을 맛보려 한다.

성령님의 감화 아래서 우리 신자들은 마음속에 죄악 된 상상이 떠오른 것에 깊은 두려움을 느낀다. 하지만 어떤 이들은 하나님의 법에 어긋나는 일들을 생각하면서 계속 은밀한 즐거움을 얻기도 한다. 대개 우리가 어떤 일을 마음속에 떠올리는 것은 그 일을 즐거워하는 마음이 어느 정도 우리 안에 있기 때문이다. 하나님과 그리스도는 죄를 진실로 혐오하며 미워하시는데, 이는 그분들 속에 그것을 즐거워하는 마음이나 경향성이 전혀 없음을 뜻한다. 하지만 우리 인간들의 경우, 비록 죄를 미워할지라도 그 미움은 불완전할 수밖에 없다.

처음에는 우리 마음속에서 죄의 충동이 작은 씨앗처럼 자란다. 우리는 하나님의 은혜에 의지해서 그 생각을 초기에 차단할 수 있다. 그러나 그 충동을 계속 간직하며 은밀한 즐거움을 누릴 때는 더욱 중한 죄책을 짊어지게 된다. 굿윈은 이렇게 경고한다. "외적인 죄들은 다른 피조물을 상대로 범한 일종의 **매춘** 행위다. 하지만 우리 자신의 욕망에서 생긴 상상들로 우리 영혼을 더럽힐 때, 그것은 **근친상간**이다. 그 상상들은 우리 마음속에서 태어난 친자녀와 같다."[10] 죄악 된 상상이 위험한 이유는 그 일이 결국 외적인 죄의 행실로 이어지기 때문이다. 차녹은 이렇게 말한다. "우리 마음속에 죄악 된 생각들이 쌓이고 쌓여, 마침내 악한 말을 입 밖으로 내뱉는다!"[11]

헛된 생각의 유형들

하나님의 자녀가 된 이들의 마음속에도 이 '악한 사색'이 자리 잡고 있다. 이는 과거의 죄들을 회상할 때, 우리 안에 남아 있는 죄의 잔재가 다시 그 모습을 드러내기 때문이다. 굿윈은 이렇게 언급한다. "우리는 종종 과거의 죄로 인한 쾌락을 되새긴다. 이때 우리 마음은 [그 죄들을] 떠올리면서 새삼 즐거움을 맛보며, 오래전의 그 행동들을 머릿속으로 똑같이 재현해 본다."[12] 굿윈에 따르면 우리는 마땅히 "그리스도의 보혈에 대한 믿음으로 그 죄의 기억을 지워 버려야" 한다. 하지만 우리는 "그 행위들을 마음속으로 거듭 반복하면서 그때와 동일한 만족감을 얻곤" 하는 것이다.[13] 이때 우리는 과거의 죄를 마음속으로 다시 저지르는 셈이다. 설령 사람들은 눈치채지 못한다 해도 하나님은 그 일을 다 아시며, 우리도 마땅히 그래야 한다.

이처럼 과거의 죄에 대한 기억과 씨름하는 동안, 우리 신자들은 하나님 앞에서 "몸의 사욕에 순종하지"롬 6:12 않도록 자신을 지킬 의무가 있다. 죄가 우리 삶에 대한 지배권을 잃었기 때문에, 이제 우리는 그 죄들을 물리치고 승리할 수 있다.

우리 마음과 생각을 적절히 다스려야 한다. 어떤 생각들의 경우, 그 자체로는 죄가 아닐 수 있다. 하지만 우리가 (굿윈의 표현을 빌리자면) "때에 맞지 않는"unseasonable 방식으로 그 생각들을 품을 때, 그 일은 죄가 된다. 성경은 종종 적절치 못한 언행을 금하거나 경계하며(예를 들어 욥의 친구들의 경우), 이와 반대로 "경우에 합당한" 말을 하는 이들은 칭찬을 듣는다.잠 15:23; 25:11

헛된 생각은 곧 적절치 못한 맥락에서 품는 생각들을 가리킨다. 굿윈은 이렇게 언급한다. "어떤 생각들 자체가 선할지라도, 아무 연관이 없는 상황에서 그 생각에 몰두할 때 이는 헛된 것이다. 우리가 적절한 때에 그 생각을 품는다면 그것은 무척 바람직하다. 하지만 우리는 하나님이 지금 바라시는 일을 외면한 채 온갖 다른 일에 마음을 쏟는다."[14] 우리는 기도하던 중에 문득 '우체국이 문 닫기 전에 가야 할 텐데', '오늘 밤 하키 시합이 몇 시에 시작하지?' 등의 생각에 빠지곤 한다. 또 요한복음 17장에 나타난 그리스도의 사랑과 영광에 관한 설교를 듣다가 세금 납부나 점심 메뉴를 고르는 일 등에 관해 잡생각을 품는다. 물론 우리가 적절한 맥락에서 이런 일들을 생각한다면 그것은 죄가 아니다. 하지만 마땅히 다른 일에 마음을 쏟아야 할 상황에서 그렇게 한다면 죄가 된다. 더욱이 예배 시간에 설교에 집중해야 함을 알면서도 다른 생각에 몰두한다면, 그 죄는 더욱 무거워진다.

이처럼 어긋난 생각에 빠지는 일은 모든 그리스도인이 겪을 수 있는 문제지만, 특히 종교적인 위선자들의 일관된 패턴이기도 하다. 차녹은 이렇게 경고한다. "위선자들은 겉으로는 흠잡을 데 없는 방식으로 종교 예식에 참여한다. 하지만 그들의 속마음은 은밀하고 그릇된 상상에 빠져 깊이 방황한다. 하나님께 예배하는 것은 신자들의 마땅한 의무이지만, 그 사악한 마음과 생각 때문에 그들의 예배는 '주님 앞에서 지극히 가증한'[잠 21:27] 것이 된다."[15]

때로는 우리가 엉뚱한 공상에 몰두하는 일 역시 죄가 된다. 이에 관해 굿윈은 이렇게 말한다. "어리석은 자들은 자기 마음속에 몽상의 세계를 만들고는 그 안을 거닐면서 시간을 허비한다. 그들은 마치 충분한 재물만 얻는다면 그런 낙원의 삶을 누리면서 온갖 쾌락을 맛보게 될 것처럼 착각한다."[16] 압살롬은 자기가 선한 왕이 되어 백성을 잘 돌보며 공의를 시행하리라는 헛된 착각을 품었다. 그러나 그에게

죄란 무엇인가

는 왕위 계승권이 전혀 없었으며, 의롭게 다스리겠다는 것 역시 그의 본심이 아니었다.^{삼하 15:4} 우리는 자신의 지위와 영예를 추구하면서도 겉으로는 마치 참된 의를 갈망하는 듯이 위장한다. "많은 재물을 얻기만 하면, 어려운 이들에게 후히 베풀면서 살 거야." 우리는 흔히 이렇게 말하면서 스스로를 속인다. 하지만 실제로는 그저 물질적인 부를 탐낼 뿐이다.

마귀와의 동맹

우리는 헛된 생각을 품는 것이 얼마나 위험한지를 깨달아야 한다. 차녹에 따르면, 죄악 된 생각은 우리를 "마귀와의 긴밀한 교제" 가운데로 이끌어 간다.[17] 한 예로 시기와 이기적인 야심에 빠질 때, 우리는 결국 "세상적이며 정욕적이고 마귀적인"^{약 3:15} 지혜에 사로잡힌다. 사탄은 우리 마음과 생각을 장악하려고 치열한 싸움을 벌인다. 사탄은 우리 삶 속에서 그리스도를 쫓아내려 하기 때문이다. 사탄은 끈질기게 공격하며 우리는 쉽게 그 앞에 굴복한다.

가룟 유다가 예수님을 배반하게 된 계기는 그의 죄악 된 상상 때문이었다. 요한복음은 이렇게 서술한다. "저녁을 먹는 동안에 마귀가 벌써 시몬의 아들 가룟 유다의 마음에 예수를 팔려는 생각을 넣었더니."^{요 13:2, ESV} 이처럼 예수님을 팔아넘기려는 유다의 계획은 사탄과 깊이 교감하고 있던 그 마음속에서 나온 것이었다. 우리 그리스도인들의 경우, 사탄이 우리 마음을 장악할지 모른다는 두려움과 절망에 빠질 필요는 없다. 하지만 그가 여러 방식으로 우리 마음과 생각에 영향을 미칠 가능성까지 사라진 것은 아니다. 그러면 이 강력한 대적의 공격에 어떻게 대처해야 할까? 악한 생각이 떠오를 때, 그리스도께서 우리 심령을 정결케 하시며 원수의 공격을 물리쳐 주시기를 즉시 간구해야 한다. 이와 더불어 악한 생각을 즐기는 것은 결코 옳은 일이 아님을 기억해야 한다. 그 일을 실제로 행하지 않을지라도 말이다. 그리스도는 늘 우리 신자들의 마음속에 거하시며, 우리가 그런 즐거움을 탐닉하는 일은 마치 신랑이신 그분의 눈앞에서 마귀와 춤을 추는 것과 같다.^{엡 3:17}

적용

우리는 늘 사악한 생각을 품는다. 만일 우리 속마음이 유튜브 영상으로 공개된다면 깊은 수치심을 느낄 것이다. 우리는 이 일을 생각하면서 철저히 겸손해져야 하며, 다른 이들 앞에서 자신을 높이려는 유혹을 받을 때 더욱 그래야 한다. 우리는 자신의 정체성을 깊이 착각하고 있다. 굿윈은 다음과 같이 지적한다. "우리는 교만한 확신에 차서 자신을 드높이며, 온갖 어리석음과 탐욕, 불안과 부정한 생각들에 사로잡힌다."[18] 바울은 자신이 사역하던 당시의 유대인들이 이처럼 독선적인 태도를 지녔음을 언급한다. 그들은 하나님의 의에 복종하기를 거부했으며,^{롬 10:3} 자신들의 지위에 대한 망상에 빠져 있던 자들이다. 그리고 종교심이 없는 자들 역시 자기 존재에 관해 지나친 착각을 품으면서 그들의 삶을 향한 하나님의 뜻을 외면한다. 이들의 모습에 관해 차녹은 이렇게 언급한다. "가장 비참한 거지들도, 때로는 자신이 거대한 제국의 황제라도 된 듯이 우쭐댄다."[19]

죄는 더 이상 우리 그리스도인들의 삶을 지배하지 못하며, 하나님은 그분의 은혜와 선하심을 늘 일깨워 주신다. 하지만 우리는 여전히 마음속에서 요동치는 온갖 악한 생각과 씨름해야 한다. 이는 곧 사탄이 심어 주는 무익하고 헛된 생각들이다. 그러나 우리는 새 힘과 용기를 얻을 수 있다. 이는 그리스도께서 온전하고 흠이 없는 생각과 삶을 친히 보여주셨기 때문이다. 그분은 우리가 얻은 칭의의 토대이시자 우리가 누리는 성화의 원천과 모범이 되신다. 이와 더불어 우리는 다음의 사실을 기억하면서 기뻐해야 한다. 우리가 하나님을 향해 품은 그릇된 생각들보다 우리를 향한 그분의 자비와 사랑, 선하심이 더욱 깊고 풍성하다는 것이다. 시편 기자와 함께 우리는 이같이 고백할 수 있다.

> 하나님이여, 주의 생각이 내게 어찌 그리 보배로우신지요.
> 그 수가 어찌 그리 많은지요.
> 내가 세려고 할지라도 그 수가 모래보다 많도소이다.
> 내가 깰 때에도 여전히 주와 함께 있나이다. _시 139:17-18

하나님은 우리를 향해, "모든 생각을 사로잡아 그리스도에게 복종하게"고후 10:5 할 것을 명령하신다. 이처럼 그분이 어떤 일을 명하실 때, 그 일을 행할 힘을 주시지 않는 법이 없다. 하나님은 우리에게 은혜를 베푸셔서, 자기 생각을 기꺼이 그분께 복종시키도록 이끄신다. 그리하여 우리는 빌립보서 4:8에 있는 권고를 따를 수 있게 된다. "끝으로 형제들아 무엇에든지 참되며 무엇에든지 경건하며 무엇에든지 옳으며 무엇에든지 정결하며 무엇에든지 사랑받을 만하며 무엇에든지 칭

찬받을 만하며 무슨 덕이 있든지 무슨 기림이 있든지 이것들을 생각
하라."

주님은 그분의 말씀을 통해 회개를 촉구하시며, 우리는 그 음성
에 늘 귀를 기울여야 한다. 이는 과거의 이스라엘 백성에게 요구되었
던 일과 같다.

> 악인은 그의 길을, 불의한 자는 그의 생각을 버리고
> 여호와께로 돌아오라.
> 그리하면 그가 긍휼히 여기시리라.
> 우리 하나님께로 돌아오라.
> 그가 너그럽게 용서하시리라. _사 55:7

이처럼 하나님은 널리 용서하신다. 우리는 모두 악한 생각에 빠져 그
릇된 길로 갔던 이들이다. 하나님이 그런 우리를 향해 그리스도 예수
안에서 풍성한 자비를 베푸시는 것을 생각할 때, 마땅히 깊은 감사의
마음을 품어야 한다. 세상의 불신자들처럼 그분을 외면해서는 안 된
다.시 10:4 그 은혜를 늘 기억하며 선한 길로 계속 나아가야 한다.

죄란 무엇인가

16 } 죄의 유혹: 네 전부를 원해[1]

많은 책을 쓰는 일에 관하여

그리스도인이 겪는 유혹과의 싸움은 자신의 내부와 외부 모두에서 온다. 우리는 마귀와 세상의 다양한 공격에 직면한다. 그런데 이 공격은 우리 내면의 악한 성향과 결부되어 더 강한 영향력을 끼친다. 이 내적인 유혹의 문제는 진지하게 다룰 필요가 있으며, 지금껏 많은 이들이 이 주제에 관해 여러 책을 집필해 왔다. 17세기에 잉글랜드의 목회자 존 다우네임John Downame, 1571-1652 은 『그리스도인의 전쟁』The Christian Warfare 을 저술했는데, 이는 세상과 육신, 마귀의 유혹과 공격을 다룬 책이었다. 이 작품의 1634년도 판본은 1,000페이지가 넘는 분량이며, 이를 통해 그 내용의 방대하고 포괄적인 규모를 얼마간 짐작할 수 있다. 그리고 여러 다른 청교도 신학자도 영적 전쟁에 관해 방대한 작품을 집필했다. 실제로 유혹의 불가해한 본성과 그 파괴적인 영향력을 생각하면, 이 사안을 제대로 이해하기 위해서는 앞으로도 더 많은 책이 필요하다.

지금껏 유혹에 관한 여러 정의가 제시되었지만, 그중에서도 존 오웬의 정의가 가장 탁월해 보인다. 그는 고전이 된 『유혹에 관하여』 *Of Temptation, 1658*에서 이렇게 언급했다. "일반적으로 유혹은 우리 마음과 생각에 사특한 영향력과 효력을 끼쳐서 하나님이 요구하시는 순종을 실천하지 못하게 만드는 사물이나 상태 혹은 조건을 가리킨다. 이로 인해 우리는 다양한 수준의 죄에 빠진다."[2] 유혹은 주로 두 가지 방식으로 죄를 짓게 만든다. 곧 악한 생각이 우리 마음속에 들어오거나, 우리 안에 이미 내재해 있던 악한 생각이 밖으로 드러나는 것이다. 이때 우리는 하나님을 멀리 떠나 방황하게 되는데, 이는 영적으로 지극히 위험한 일이다.

우리 자신의 연약함

우리 신자들은 영적인 사람들이 되었지만, 우리 영혼은 여전히 연약하다. 우리에게는 매순간 닥쳐오는 악한 생각과 유혹에 저항할 힘이 없다. 우리는 마치 술주정뱅이처럼 유혹을 탐닉하며, 이는 늘 우리 삶에 해로운 결과를 불러온다.

우리가 지나친 자신감과 교만에 취한다면, 우리는 이미 유혹에 빠진 상태다. 오웬은 이렇게 지적한다. "어떤 이들은 자기가 뭐든 할 수 있다고 말하지만, 실상은 지극히 무능하다.……스스로의 힘으로 유혹을 버텨 낼 수 있다고 착각하지 말라. 우리 마음속에는 은밀한 정욕들이 깊이 잠복해 있다. 지금은 그것들이 쥐 죽은 듯이 잠잠할지 모르지만, 어떤 유혹이 닥쳐올 때는 곧바로 자기 실체를 드러낸다. 그때 그 정욕들은 우리 삶 속에 극심한 불안과 혼란을 불러일으키며, 우리의 온 심령을 쇠약하게 만든다. 그 욕망들이 마침내 멸절되거나 반대

죄란 무엇인가

로 만족되기 전까지, 그 소란은 결코 그치지 않는다."[3] 이처럼 자신의 연약함을 인정하는 일은 우리가 유혹에 빠지는 것을 막아 주는 중요한 방편 중 하나다. 우리는 날마다 이렇게 기도해야 한다. "우리를 시험에 들게 하지 마시옵고 다만 악에서 구하시옵소서."[마 6:13]

유혹은 먼저 우리 마음속에서 생긴다. 왓슨은 이렇게 말한다. "인간의 마음은 '죄의 근원',[fomes Peccati] 곧 모든 악의 어머니와 같다. 가장 큰 시험과 유혹을 안겨 주는 것은 바로 우리 자신의 마음이다."[약 1:14][4] 이에 관해 오웬은 다음과 같이 지적한다. "외적인 시험과 유혹 때문에 이전에는 없던 무언가가 우리 마음속에 들어오는 것이 아니다. 그 일들은 이미 우리 안에 도사리고 있던 죄의 본성을 명확히 드러내 줄 뿐이다."[5] 예수님과 늘 동행했던 베드로조차 유혹에 빠졌는데, 과연 우리만은 안전하다고 여길 수 있겠는가? 예레미야 17:9에서는 다음의 진리를 일깨운다. "만물보다 거짓되고 심히 부패한 것은 마음이라." 우리 마음은 온갖 악한 일들로 우리를 유혹한다. 우리는 그런 유혹들과 적당히 타협하며 넘어가거나, 혹은 좀 더 의로운 일처럼 꾸며서 사람들이 납득하기 쉽게 만들려고 한다. 그러나 그 유혹들은 마치 부정한 피가 묻은 옷처럼 더러운 것들이다.[사 64:6]

죄의 유혹은 우리로 진리의 빛을 떠나 영적인 어둠 속에 갇히게 만든다. 어떤 유혹에 빠질 때, 우리의 마음은 하나님을 외면하고 돌아서게 된다. 이로 인해 그분과의 교제가 일시적으로 단절되는 것이다. 하지만 그때에도 우리는 자기 행실이 하나님과의 관계에 아무 영향을 미치지 않는다는 위험한 생각을 품곤 한다. 한편 우리는 이와 정반대되는 문제를 겪을 수도 있다. 이는 하나님이 우리를 철저히 버리셨으며, 이제 우리에게는 그분의 자녀로 간주될 자격이 아예 없다고 여기는 문제다. 우리는 이 두 관점 모두의 위험성을 분명히 깨달아야 한다. 유혹은 우리 마음을 사로잡아 하나님과의 교제에서 벗어나게 하며, 죄에 대한 복음의 해답 역시 깨닫지 못하게 만든다. 우리가 유혹에 빠질 때는 그리스도께로부터 멀어지는 동시에, 우리 마음의 눈이 가려져서 그분이 베푸시는 구원의 손길도 알아보지 못하게 되는 것이다.

우리 마음속의 악한 유혹에 관해, 오웬은 이렇게 언급한다. "그 유혹은 우리의 정욕을 위한 **연료**가 된다. 그것들은 우리 심령을 부추기고 자극해서, 우리로 강렬한 욕망에 사로잡혀 어찌할 바를 모르게 만든다."[6] 특정한 대상과 상황 앞에서 그 유혹은 더욱 강화되며, 이때 우리는 마치 거대한 군대 앞에 선 듯한 느낌을 받게 된다. 오웬은 이렇게 서술한다.

이때에는 우리 심령이 전적으로 유혹의 지배 아래 놓인다. 베드로는 이 유혹 때문에 육신적인 두려움에 빠졌으며, 히스기야는 교만에, 아간은 탐욕에, 다윗은 부정한 욕망에, 데마는 세상을 사랑하는 마음에, 그리고 디오드레베는 명예욕과 야심에 사로잡혔다. 이를테면 유혹은 우리 마음속의 정욕에 고삐와 박차를 달아서, 육신의 욕망이 싸움터로 돌진하는 군마처럼 솟구치게 만든다. 제대로 된 유혹에 직면하기 전까지, 우리는 자신의 부패한 본성이 얼마나 교만하고 맹렬하며 광기 어린 것인지를 미처 깨닫지 못한다. 이런 유혹에 붙잡힐 때, 비참한 인간 영혼이 무엇을 행할 수 있겠는가? 그의 생각은 이미 어두워졌고, 그 감정들은 어수

죄란 무엇인가

선하게 뒤엉켜 있다. 그 마음 깊은 곳에서는 정욕이 불타오르며, 평정심
은 다 무너져 버린 상태다. 이런 상황에서, 그가 결국 행하게 될 일은 무
엇이겠는가?[7]

우리의 내적인 정욕과 유혹에 관해서는 전적으로 우리 자신에게 책
임이 있다. 오웬은 다음의 요점을 지적한다.

> 어떤 유혹이 외부에서 올 때가 있다. 이때 우리 심령이 그 제안에 동의
> 하지 않는 한, 우리 자신은 그 유혹과 아무 상관이 없다. 하지만 그 유혹
> 이 우리의 내부에서 생겨날 경우, 그것은 우리의 죄가 된다. 이는 그것
> 이 우리 자신의 심령에서 나왔기 때문이다. 죄의 법은 인간의 삶 속에서
> 이런 방식으로 역사한다. 곧 우리 심령 가운데서 끊임없이 온갖 악한 일
> 들을 제시하면서 우리를 부추기는 것이다. 그 법은 우리로 하여금 인간
> 의 부패한 본성에서 나올 수 있는 모든 악한 일을 행하게 만든다.[8]

이처럼 그릇된 정욕과 유혹에 시달릴 때, 이는 우리의 삶과 "아무 상
관이 없는" 일이 될 수 없다. 우리는 자신의 여러 생각과 갈망뿐 아니
라 내적인 정욕과 유혹에 관해서도 책임을 져야 한다.

원죄로 인해 신자들의 마음속에는 여전히 온갖 죄의 씨앗이 남
아 있다. 각자의 나이대와 기질, 성별이나 주위 환경에 따라 우리는
특정한 일에 더 강한 유혹을 받는다. 예를 들어 가난한 소년은 마트에
서 사탕을 훔치려는 충동에 시달릴 수 있다. 하지만 부유한 성인 남자
는 그런 문제로 전혀 고민하지 않을 것이다. 그는 더 이상 사탕을 좋

아하지 않거나, 충분히 돈을 내고 사 먹을 수 있기 때문이다. 그리고 대개 십대 소년들은 소녀들의 경우보다 선정적인 영상을 시청하려는 유혹에 더 많이 시달린다. 하지만 나이가 많든 적든, 가난하든 부유하든, 남자든 여자든 간에, 우리 마음속에는 늘 은밀한 유혹이 도사리고 있다. 그 유혹이 언제든지 자기 삶 전체를 집어삼킬 수 있음을 깨달을 때, 우리는 깊은 충격을 받는다.

이 문제에 관해 굿윈은 이렇게 말한다. 모든 사람에게는 "[온갖 죄를 추구하는] 성향이 여전히 존재하며, 이는 각자의 신체 구조와 상관없이 그렇다." 사람마다 자신의 형편에 따라 특정한 죄에 잘 매이지 않을 수는 있지만, "만약 그 영혼이 다른 사람의 몸에 들어간다면 그 사람이 겪었던 것과 똑같은 끔찍한 죄의 유혹에 시달리게 될 것이다."⁹ 이런 죄의 경향성에 관해, 굿윈은 다음과 같이 단언한다. "하나님은 종종 우리 인간성의 결함과 허물이 그대로 노출되는 것을 막아 주셔서, 사람들이 자신의 죄악 된 본성대로 죄를 짓지 않게 하신다." 에 5:10 참조 10 우리가 온갖 유혹에 빠지지 않는 것은 다만 주위 환경과 시기를 비롯한 여러 요인의 제약 덕분이다. 우리는 맥체인의 말을 기억해야 한다. "내 마음속에는 모든 죄의 씨앗이 담겨 있다."¹¹ 우리가 강간이나 살인같이 끔찍한 일을 실제로 범하지는 않을지라도, 그 "씨앗" 자체는 우리 안에 머무르고 있다.

사탄의 화살

사탄은 또 다른 유혹의 원천이다. 왓슨은 이렇게 언급한다. "사탄은 늘 우리가 반할 만한 유혹거리를 우리 앞에 가져다 둔다."¹² 사탄의 목표는 가능한 한 철저하게 우리 영혼을 파멸시킴으로써 하나님과 그리스도의 영광을 훼손하는 데 있다. 베드로는 다음과 같이 경고했다. "너희 대적 마귀가 우는 사자 같이 두루 다니며 삼킬 자를 찾나니."[벧전 5:8] 아마 베드로는 자신의 괴로운 경험을 통해 이 사실을 절실히 느꼈을 것이다.

사탄의 이 외적인 유혹은 이미 우리 안에 존재하는 유혹을 더욱 강화시킨다. 물론 우리는 사탄의 공격이 없이도 죄를 짓지만, 그는 두루 다니면서 우리를 넘어뜨릴 기회를 늘 엿보고 있다. 그는 "시험하는 자"[마 4:3]로서, 감히 주 예수님을 유혹할 정도로 대담한 존재다.

그리스도인은 이 사탄의 권세를 늘 경계해야 하지만, 이것은 하나님의 주권적인 섭리 아래 온전히 통제되는 권세다. 하나님의 다스림이 없었다면, 사탄과 그 악한 천사들이 그분께 속한 백성들의 삶을 얼마나 황폐하게 만들었겠는가! 차마 상상하기도 두려운 일이 벌어졌을 것이다. 차녹은 이렇게 말한다. "마귀는 우리를 파멸시키려고 안간힘을 쓰지만, 하나님의 선하신 뜻 아래서 그의 활동들은 오히려 우리 삶을 더욱 빛나게 만든다."[13] 이처럼 사탄이 하나님의 손 아래 있지만, 그의 간교한 책략들을 과소평가하거나 무시해서는 안 된다.[고후 2:11] 칼뱅은 이렇게 경고한다. "마귀에 관한 성경의 가르침이 지닌 목적은 그의 온갖 책략과 술수를 경계하게 하는 데 있다. 성경은 이 강력한 대적을 능히 무너뜨릴 무기를 마련해 주려 한다."[14]

거짓의 아비인 사탄은 다양한 방식으로 우리 마음을 유혹해서 그릇된 길에 빠뜨리려 한다.[창 3:1-5; 13, 요 8:44, 고후 11:3, 딤전 2:14, 계 12:9] 사탄은 자신이 참된 신자들을 성부 하나님의 품에서 빼앗아 갈 수 없음을 잘 알지만,^{요 10:29} 우리의 믿음을 파선시키려고 여전히 안간힘을 쓴다. 사탄의 목표는 우리의 신앙고백을 의심하게 만드는 것이다.^{딤전 1:19-20} 사탄은 우리가 결국 하나님 앞에서 지극한 기쁨을 누리게 될 것임을 알면서도, 그때까지 우리를 가능한 한 비참한 존재로 만들려고 한다. 물론 사탄은 어리석은 자이지만, 그의 지능은 세상에서 가장 총명한 사람보다 훨씬 뛰어나다. 우리 각 사람의 개인적인 성향과 취약점을 간파하고 그에 따라 교활한 책략을 구사하는 것이다. 이에 관해 윌리엄 젠킨[William Jenkyn, 1613-1685]은 이렇게 언급한다. "하와에게는 선악과를, 노아에게는 포도를, 게하시에게는 예물을, 가룟 유다에게는 돈주머니를 미끼로 쓰는 것이 사탄의 전략이었다."[15]

위에서 우리는 각 사람의 나이와 성별, 사회적인 정황 등에 따라 각기 받는 유혹이 다름을 살폈다. 윌리엄 스퍼스토우[1605-1666]에 따르면, "사탄은 성적인 음행으로 청년들을 유혹하며, 장년층의 남자들이 명성과 지위를 향한 갈망에 사로잡히게 한다. 그리고 노년층에게는 물질에 대한 탐욕과 사소한 일에도 쉽게 짜증내는 태도를 품게 만든다."[16] 사탄의 여러 술수에 관해 윌리엄 거널은 다음과 같이 지적한다. "어떤 여배우의 무대 의상도 사탄이 갖춘 유혹의 방식만큼 그 가짓수가 많지는 않다."[17]

스퍼스토우는 사탄이 사람들을 유혹하는 온갖 수단을 열거한다. 우리가 사탄의 책략에 적절히 맞서기 위해서는 이 일을 잘 살펴볼 필요가 있다. 어떤 경우에 사탄은 낮은 단계의 유혹에서 시작해서 점점 더 높은 단계로 옮겨 간다. 대개 그 '사소한' 공격은 그리 골치 아프게 다가오지 않으며, 우리는 그 일에 맞서 하나님의 전신갑주를 차려입을 생각을 미처 품지 않게 된다. 하지만 이 작은 유혹 앞에서도, 우리 는 하나님 말씀의 검으로 든든히 무장해야 한다. 그저 지푸라기 같은 자신의 의지와 결단에 근거해서 그 유혹을 물리치려 해서는 안 된다. 거널이 경고했듯이, "마귀의 모든 유혹 속에는 맹렬한 지옥의 불꽃이 담겨 있기" 때문이다.[18]

사탄은 또한 우리 각 사람의 특성에 맞게 구체적인 유혹의 화살 을 날린다. 우리는 다 그 공격 앞에 노출되어 있으며, 그는 우리의 가 장 취약한 부분을 노린다. 사탄과 그 천사들은 인간의 마음속에 악한 생각을 직접 불어넣거나,요 13:2 때로는 달콤한 말로 유혹한다. "한 영이 나아와 여호와 앞에 서서 말하되 내가 그를 꾀겠나이다."왕상 22:21 사탄 은 심지어 다음과 같이 제안하면서 예수님까지 미혹하려 했다. "만일 내게 엎드려 경배하면 이 모든 것을 네게 주리라."마 4:9

들릴라가 삼손을 계속 압박해서 무너뜨리려 했듯이,삿 16:16 마귀 는 우리를 파멸시키려고 끈질기게 유혹해 온다. 그는 늘 우리 앞에 무 익한 약속을 제시하며, 위험한 쾌락의 미끼들을 던진다. 토머스 왓슨 은 이렇게 말한다. "사탄은 최상의 것을 약속하지만, 실제로는 최악의 것을 불러온다. 그는 영예를 약속한 뒤에 수치를 안겨 주며, 즐거움을 약속하고는 고통으로 돌려준다. 그는 유익 대신에 손실을, 생명 대신 에 죽음을 가져올 뿐이다. 반면에 하나님은 우리에게 약속하신 그대 로를 베푸신다. 그분의 모든 약속은 정금같이 순전하기 때문이다."[19] 예수님은 자신이 고난을 통해 영광에 이르게 되어 있음을 아셨지만, 사탄은 그분을 유혹해서 그 길을 회피하게 만들려고 했다. 그리고 안 타깝게도 오늘날 많은 신자들은 고난의 가치와 번영의 위험성을 깨닫지 못한다. 이에 반해 17세기의 청교도들은 고난의 유익을 전반적으로 잘 헤아리고 있었다. 존 게리[1601-1649]는 『옛 잉글랜드의 청교도 혹은 비국교도가 지녔던 성품』에서 이렇게 언급한다. "당시 청교도들은 그리스도인의 삶을 하나의 영적 전쟁으로 여겼다. 주님이 친히 그들의 대장이 되셨으며, 눈물과 기도가 그들의 무기였다. 그분의 십자가는 그들의 깃발이 되었으며, 그들의 구호는 이러했다. '승리는 인내하는 자의 것이다.' Vincit quit patitur"[20]

사탄은 우리를 유혹해서 악을 선으로, 선을 악으로 여기도록 만들려고 한다.[사 5:20] 그는 죄를 일종의 미덕처럼 포장한다. 그리하여 이기적인 탐욕은 '절약하는 태도'가 되고, 정욕은 '사랑'으로 둔갑한다. 낙태는 '자기 돌봄', 술 취함은 '약물 치료', 게으름은 '휴식'으로 치부된다. 사탄은 '그럴듯해' 보이는 거짓 교사들을 이용해서 하나님의 백성을 거짓 교리에 빠뜨리며, 이들은 마치 양의 옷을 입은 이리와 같은 자들이다.[마 7:15]

사탄은 정당하고 합법적인 일들을 통해서도 우리를 함정에 빠뜨린다. 열심히 일하는 것 자체는 유익하지만, 부와 명예를 탐내는 이들에게 그것은 하나의 유혹거리일 수 있다. 그리고 가장들은 자기 일에 몰두하다가 자칫 가정생활에 소홀해지기도 한다. 이처럼 우리의 가족과 친구, 일과 스포츠, 교육과 음악은 모두 사탄의 시험을 위한 도구가 될 수 있다. 사탄은 굳이 죄악 된 일들을 가지고 우리를 현혹할 필요가 없다. 우리에게는 하나님의 선물을 쉽게 오용하는 성향이 있기 때문에, 이 세상의 선한 일들을 살짝 왜곡시키는 것만으로도 사탄은 충분히 자기 목적을 달성할 수 있다.

죄란 무엇인가

사탄과 그 무리는 명백히 불법적인 일들을 가지고 우리를 유혹하기도 한다. 때로 그는 우리 마음속에 악한 생각들이 갑자기 떠오르게 만들며, 우리는 깊은 자괴감을 품고 다음과 같이 고뇌한다. '그리스도인인 내가 어떻게 그런 생각을 할 수 있지?' 왓슨에 따르면, "이 세상은 사탄이 정기적으로 방문하는 그의 교구와 같다. 우리는 삶의 모든 상황 속에서 그를 맞닥뜨리며, 이는 심지어 말씀을 읽고 기도하는 동안에도 그렇다. 참으로 기이한 일이지만, 우리는 자기 내면에서 그의 활동을 종종 마주한다. 우리가 미처 깨닫지 못할 때도 사탄은 우리 삶 속에 늘 자리 잡고 있다."[21] 마귀는 우리가 기도하거나 설교를 듣는 동안에도 우리 심령을 급습한다.

한 예로 엘리야의 경우를 생각해 보자. 그는 기도로 하늘의 비가 그치게 할 수 있었지만, 자기 마음이 시험에 드는 것을 막지는 못했다.왕상 19장 스퍼스토우는 기도에 힘쓸 것을 권면하면서, 클레르보의 베르나르두스가 남긴 다음의 말을 인용한다. "사탄의 유혹은 우리에게 깊은 상처를 남기지만, 우리의 기도는 그에게 더 큰 상처를 입힌다."[22] 우리는 주님이 주신 권면을 늘 기억해야 한다. "시험에 들지 않게 깨어 기도하라. 마음에는 원이로되 육신이 약하도다."마 26:41 오웬은 다음과 같이 가르쳤다. "유혹받지 않기를 원한다면 힘써 기도해야 한다."[23] 왓슨은 이렇게 말한다. "기도는 유혹에 대한 최상의 해독제다."[24] 마귀는 우리가 쏘는 기도의 화살을 몹시 싫어하며, 그 화살은 그리스도의 주권적인 능력 아래서 정확히 그에게로 날아가 꽂힌다.

세상의 위협

사도 요한은 우리 영혼에 대한 세상의 위험성을 분명히 알았다. 그는 당대의 그리스도인을 향해 이렇게 권면한다. "이 세상이나 세상에 있는 것들을 사랑하지 말라. 누구든지 세상을 사랑하면 아버지의 사랑이 그 안에 있지 아니하니 이는 세상에 있는 모든 것이 육신의 정욕과 안목의 정욕과 이생의 자랑이니 다 아버지께로부터 온 것이 아니요 세상으로부터 온 것이라."요일 2:15-16 이런 정욕들은 우리 안에 있으며, 이 세상은 그 정욕들을 발산하기 위한 유혹의 통로 역할을 한다.

오웬에 따르면, 이 죄악 된 세상은 우리의 육신적인 생각과 밀접히 결합된다. "그것들은 서로 뒤섞이고 연합해서 마침내 하나를 이룬다."25 우리의 정욕과 이 세상은 마치 오랜 친구와 같아서, 늘 서로를 격려하며 영향을 주고받는다.

우리는 이 세상에 동화되지 않도록 스스로를 지켜야 한다. 이런 현상은 우리 마음속에서 시작되는데, 이는 우리의 육신적인 자아가 세상의 거짓 약속에 애착을 품기 때문이다. 흔히 명예와 만족, 행복과 재물 등이 그 대상이다. 예수님은 다음과 같이 질문하셨다. "사람이 만일 온 천하를 얻고도 자기 목숨을 잃으면 무엇이 유익하리요."막 8:36 우리는 물론 이렇게 대답해야 한다. "아무 유익이 없습니다!" 세상은 우리 앞에 온갖 약속을 제시하지만, 실제로는 아무것도 주지 못한다. 오히려 우리에게서 참되고 영원한 기쁨을 빼앗아 갈 뿐이다. 오직 주님만이 그 기쁨을 베푸실 수 있다.

우리는 이 세상의 것들을 지극히 사랑하며, 그 강한 유혹의 영향력 아래서 살아간다. 세상의 유혹은 우리의 교만을 먹고 자란다. 우리는 본성상 자기 모습을 과대평가하는 성향이 있다. 그 때문에 우리는 자신의 이름을 널리 드러내려는 유혹을 받는다.^{창 11:4} 세상은 우리 육신의 정욕을 충족시킬 온갖 기회를 제공하며, 우리는 인간적인 영광을 얻는 데 어느 정도 성공하기도 한다. 사람들은 흔히 총장이나 박사, 대표 등의 호칭에 애착을 품는다. 하지만 그리스도 안에서 가장 귀한 이름을 얻는 데는 별 관심을 두지 않는데, 그것은 바로 '종'이다. 세상은 종종 우리가 갈망하는 것을 부당한 방식으로 쉽게 얻어 내라고 유혹한다. 이를테면 하나님이 그분의 선하신 뜻 아래서 복된 가정을 선물로 주실 때를 기다리는 대신에, 무질서한 혼전 성관계에 탐닉하라는 것이다. 기업들은 수많은 미디어 플랫폼에 힘입어 우리 눈과 마음에 불을 지필 유혹을 날마다 어마어마한 속도로 던져 댄다. 우리는 '당신의 삶에는 더 많은 물질이 필요하다'는 메시지를 계속 듣는다. 그래서 때로는 자신이 그 유혹에 걸려들었다는 사실조차 자각하지 못한 채 그 속박 아래 놓인다. 곧 그 유혹의 실체를 미처 깨닫기도 전에 그 힘에 굴복하고 마는 것이다.

적용

우리가 주님과 동행하는 삶을 살아갈 때, 우리의 육신과 세상, 마귀는 늘 강력한 대적이 된다. 우리 힘으로는 그 유혹을 온전히 물리칠 수 없으며, 스스로 그것에 굴복할 때도 많다. 그리스도의 영이신 성령께서 우리 심령 가운데 힘 있게 역사하시지 않는 한, 우리는 계속 넘어지고 실족할 수밖에 없다. 성령님은 우리를 그 위험에서 지켜 주시는데, 그 일은 주로 하나님이 정해 두신 통상적인 방편들을 통해 이루어진다. 성령의 사역은 신비하긴 하지만,^{요 3:8} 결코 '마술적인' 것은 아니다. 우리는 유혹에서 건져 주시기를 늘 기도해야 한다. 그 유혹이 개인적이며 내적인 것이든, 아니면 여러 일들의 결과로 찾아온 외적인 것이든 마찬가지다. 우리는 성령 안에서 "믿음의 선한 싸움"을 감당하며,^{딤전 6:12} 우리 영혼을 "거슬러 싸우는" 그 원수들을 대적해야 한다.^{벧전 2:11} 그 유혹은 날마다, 순간마다 우리를 급습하기 때문이다.

우리는 하나님의 약속을 굳게 붙들며, 그분이 주신 은혜의 방편들을 적절히 활용해야 한다. 말씀과 기도, 성례 등이 그 방편이며, 주님은 이를 통해 우리의 구원에 필요한 모든 것을 내려 주신다. 그리하여 우리는 이 땅의 삶에서 "은혜 안에 자라 가며",^{벧후 3:18} 마침내 영원한 영광으로 나아간다. 그리스도께서 친히 본을 보이셨듯이, 우리는 하나님의 말씀을 바르게 분별하며 온전히 신뢰해야 한다. 주님이 광야에서 마귀의 유혹을 대적하실 때, 그분은 성령 안에서 하나님 말씀에 의지해서 그 악한 자를 물리치셨다.

히브리서의 저자는 이렇게 권면한다. "모든 무거운 것과 얽매이기 쉬운 죄를 벗어 버리고……믿음의 주요 또 온전하게 하시는 이인 예수를 바라보자."^{히 12:1-2} 이렇게 할 때 우리는 모든 유혹을 물리칠 수 있다. 바울은 고린도 교회의 신자들을 향해 이렇게 권고한다. "사람이 감당할 시험밖에는 너희가 당한 것이 없나니 오직 하나님은 미쁘사 너희가 감당하지 못할 시험 당함을 허락하지 아니하시고 시험 당할 즈음에 또한 피할 길을 내사 너희로 능히 감당하게 하시느니라."^{고전 10:13} 이 가르침을 생각하면서, 우리는 계속되는 유혹과의 싸움 속에서도 소망을 간직할 수 있다.

우리가 주님께 철저히 의존하며 복종할 때, 믿음 안에 견고히 서서 마귀를 대적할 수 있다. 그리하면 그는 우리를 피해 달아나게 될 것이다.약 4:7, 벧전 5:8-9 마귀는 실로 강력하며 우리 자신의 힘은 연약하기 때문에, 우리는 종종 깊은 두려움을 품는다. 하지만 하나님과 그리스도, 성령님의 돌보심이 있기에, 우리는 결국 승리하게 될 것이다.

17 } 죄의 크기: 작은 거짓말[1]

사소하거나 치명적이거나

어떤 죄는 다른 죄들보다 더 심각한 죄일까? 성경은 분명히 '그렇다'고 말한다. 물론 어떤 이들은 모든 죄가 하나님 앞에서 똑같이 나쁘다고 여기기도 한다. 여기서 주의할 점은, 그들의 주장과 다음의 명제 사이에 미묘한 차이점이 있다는 것이다. '모든 죄는 거룩하고 의로우신 하나님 앞에서 무한히 심각한 성격을 띠며, 그분의 한없는 정죄를 받아 마땅하다. 이는 그 죄의 정도가 아무리 사소할지라도 그렇다.' 성경에서는 이 후자의 명제가 옳음을 인정하지만, 다음과 같은 주장은 받아들이지 않는다. 이를테면 어떤 할머니에게서 푼돈을 훔치는 것이 그분을 살해하는 것과 똑같은 죄라는 것이다. 동일하다는 입장을 옹호하는 이들조차 본능적으로는 다양한 수준의 죄가 존재한다는 점을 이해한다. 하나님 앞에서 어떤 죄는 다른 죄들보다 실제로 더 악한 성격을 띤다. 이 문제를 숙고할 때 우리는 죄의 본질에 관한 성경의 가르침을 깊이 깨닫는다.

먼저 여러 수준의 죄가 있음을 보여주는 성경의 고전적인 본문

죄란 무엇인가

을 살펴보자. 이는 자신을 심문하는 빌라도를 향한 예수님의 대답이 담긴 구절이다. "위에서 주지 아니하셨더라면 나를 해할 권한이 없었으리니 그러므로 나를 네게 넘겨준 자의 죄는 더 크다."요 19:11 토머스 왓슨에 따르면 "모든 죄는 우리 양심에 상처를 남기지만, 어떤 죄들의 경우에는 그 상처가 더 치명적이다."[2] 예를 들어 감기는 암과 다르며, 상한 우유는 독약이 아니다. 그리고 약간의 긁힌 상처 역시 다리가 부러지는 것과는 다르다. 이와 마찬가지로 모든 죄가 다 같은 정도로 나쁜 것은 아니다. 그렇다면 이처럼 죄의 정도가 상이함에 관해, 성경은 어떤 근거를 제시하고 있을까?

성경의 근거들

어떤 죄를 다른 죄들보다 더 심각하게 여길 때, 우리는 제임스 피셔 1697-1775가 남긴 말에 동의하는 셈이다. "다른 죄들보다 더욱 가증하고 참담한 죄들이 있다"("더 큰 가증한 일"에 관해서는 겔 8:6, 13, 15 참고).[3] 물론 모든 죄는 하나님 앞에서 역겨운 것들이며, 가장 사소한 죄조차 그분의 영원한 진노 아래 놓인다. 하지만 어떤 죄는 다른 죄보다 더 사악한 성격을 띤다. 이제 성경에서 몇 가지 근거를 살펴보자.

첫째, 성경은 최후 심판 날에 악인들이 각기 다른 심판을 받는다고 언급한다. 주님은 고라신과 벳새다 사람들을 책망하면서, "심판 날에 두로와 시돈이 너희보다 견디기 쉬우리라"라고 말씀하셨다.마 11:22 그리고 주님은 다시 가버나움 사람들이 음부에까지 낮아지리라고 언급하신 뒤, "심판 날에 소돔 땅이 너보다 견디기 쉬우리라"고 선포하셨다.마 11:24 당시 고라신과 벳새다 사람들은 이미 예수님의 놀라운 사역을 경험했지만, 온전한 회개와 믿음으로 그분의 부르심에 응답하지 않았다. 이처럼 어떤 이들이 진리의 빛을 접하고도 돌이키지 않을 때, 그들은 더욱 엄한 심판을 받게 된다. 그들은 자신들이 접한 복음의 메시지를 불신하고 배척했으며, 이는 그 말씀을 제대로 들어 보지 못한 이들의 경우보다 더 중한 죄다. 당시 가버나움 사람들은 영적인 교만에 빠져 있었기 때문에, 예수 그리스도의 얼굴에 나타난 하나님의 영광을 미처 헤아리지 못했다(이는 교만한 자들이 항상 겪는 문제다). 그들은 상당히 종교적인 이들이었지만, 사악함의 대명사인 소돔보다도 못한 처지에 놓이고 말았다.

둘째, 다른 모독과 죄들은 사함을 받지만 성령님에 대한 모독은 사함을 받지 못한다.마 12:31 잘 알려진 바와 같이 이 '용서받지 못할 죄'의 개념을 파악하기는 쉽지 않다. 이는 흔히 그리스도께서 행하신 사역을 사탄의 행위로 돌리는 일을 지칭하는 것으로 여겨진다. 이같이 사악한 죄는 결코 사함을 받을 수 없다. 많은 이들이 언급하듯이, 당시 이 바리새인들의 죄는 아마도 예수님을 대하는 그들의 일관된 태도와 연관이 있었을 것이다. 그 죄는 완고하게 주님을 대적하는 그들의 깊은 속마음에서 나왔으며, 그저 어쩌다가 그분을 모독하는 말을 내뱉은 정도의 문제가 아니었다. 당시 바리새인들은 주님의 선한 사역을 악하게 여겼으며, 메시아이신 그분을 끝까지 미워하고 증오했다. 따라서 그들의 죄는 도저히 용서받을 수 없었다.

셋째, 구약의 율법에서는 실수로 범한 죄와 의도적인 죄('손을 높이 들고' 지은 죄)를 서로 구분 짓고 있다. 민수기 15:28-31에 따르면, 의도치 않게 죄를 지은 이들은 그 일에 합당한 제사를 드려야 한다.

그리고 제사장은 하나님 앞에서 그들의 '실수'(부지중에 범한 죄)를 속 죄하는 사역을 행하게 된다. 그러나 의도적으로 죄를 범한 자들은 하 나님의 백성 가운데서 '끊어져야만' 한다. 이는 그들이 하나님의 말씀 과 계명을 공개적으로 멸시했기 때문이다. 이런 자들의 죄악은 '그들 자신의 것으로 돌려지게' 된다.

죄의 등급

제임스 피셔는 자신의 웨스트민스터 소요리문답 해설서에서 죄의 등 급에 관해 몇 가지 질문을 다루었다. 그는 이렇게 언급한다. "어떤 죄 들의 경우, 좀 더 직접적으로 하나님을 거스르거나 십계명의 첫째 돌 판을 위반하는 성격을 띤다. 이 죄들은 동료 인간들을 해치거나 둘 째 돌판의 계명들을 어기는 경우보다 더욱 사악할 때가 많다."[4] 하나 님을 모독하는 죄는 주위의 사람을 모욕하는 것보다 더 중한 허물이 다. 물론 둘 다 하나님의 뜻에 어긋나지만, 그 대상이 하나님 자신일 때는 그 죄책이 한층 더 심각해진다. 둘째 돌판에 속한 계명들 가운데 서도, 우리는 일종의 위계질서를 발견하게 된다. 대개 살인은 거짓 증 언보다 더 나쁘다(거짓 증언 때문에 많은 이들이 죽임을 당하는 경우가 아 니라면). 그리고 간음은 도둑질보다 더 심각한 범죄다. 모든 간음에는 도둑질(타인의 배우자를 빼앗음—옮긴이)이 포함되지만, 반대의 경우는 성립하지 않기 때문이다. 나아가 다른 이의 아내를 살해하는 일은 그 아내를 탐내는 일보다 더 악하다.

　또 우리는 하나의 죄가 어떻게 더 악화되는지를 생각해 봐야 한 다. 이는 마치 어떤 남자가 망치질하다가 실수로 엄지손가락을 찧은 뒤, 이튿날 아침에 차 문을 닫을 때 그 손가락이 끼어서 상태가 더 심각해지는 것과 같다. 예를 들어 우리가 주일 예배 시간에 분노를 품을 때, 그 죄는 더욱 무거워진다. 피셔는 이 문제를 다룰 때 다음의 특성을 고려해야 한다고 지적한다. 그 죄를 범한 자는 누구이며(가해자), 그 대상은 누구인지(피해자), 그 죄의 본질은 어떠하며(행위 그 자체), 그 죄가 저질러진 '시공간적 환경'은 어떠한지(정황) 등이 그것이다. 그리고 그 죄인의 나이대와 능력, 사회적 지위나 직책도 감안해야 한다.[5]

다음의 두 사람을 생각해 보자. 먼저는 한 목회자가 도박 빚을 갚고 성매매를 하기 위해 교회의 헌금을 훔치는 경우다. 그리고 둘째로는 일곱 살 된 소년이 같은 반 학생의 용돈을 훔쳐서 과자를 사 먹는 경우가 있다. 이 중 어떤 것이 더 중한 죄일까? 위의 범주들에 근거해서 살필 때, 전자의 허물이 더욱 심각하고 무거움을 분명히 알 수 있다. 죄의 정도를 살필 때, 우리는 다음의 말씀을 꼭 기억해야 한다. "무릇 많이 받은 자에게는 많이 요구할 것이요 많이 맡은 자에게는 많이 달라 할 것이니라."[눅 12:48]

우리는 이 진리를 기독교적인 삶의 여러 영역에 적용할 수 있다. 예를 들어 집안의 가장인 아버지들에게는 자기 가정의 삶을 경건하게 이끌 막중한 책임이 있다. 그들의 책임은 자녀들의 것보다 더 크고 무거운 것이다. 이와 마찬가지로, 교회 공동체가 진리 안에서 자라도록 인도할 목회자들의 책임은 다른 성도들의 것보다 더 크고 중하다.

주 예수님께서는 우리의 구속자로서 선지자와 제사장, 왕의 직무들을 수행하실 중대한 책임이 있었다. 만약 그분이 죄를 범했다면, 이는 상상할 수 없이 사악한 행위가 되었을 것이다. 이 경우, 평범한 피조물이 죄를 지었을 때보다 하나님의 영광과 명예가 무한히 더 손상되었을 것이기 때문이다.

이 점에서 성경의 경고들은 많은 교훈을 준다. 예를 들어 어쩌다 주일 예배에 불참하는 것도 좋은 일은 아니지만, (정당한 사유 없이) 예배 참석을 계속 거부하는 것은 더욱 심각하다. 어쩌면 그것은 배교의 길로 들어섰다는 신호일 수도 있다. 배교의 위험성을 지적하는 히브리서 10:25-31을 살필 때, 우리는 신약에서 가장 엄중한 경고의 대상이 종교 지도자들이거나[23] 혹은 신앙을 고백하는 그리스도인들임을 되새기게 된다. 성경은 자기 동생을 때리는 아이를 "하나님의 아들을 짓밟고……은혜의 성령을 욕되게 하는 자"로 언급하지 않는다. 오히려 이 표현은 다른 하나님의 백성들과 함께 모이는 일을 소홀히 하는 이들에게 적용된다.[히 10:24-25, 29]

알면서도 짓는 죄

우리는 죄가 악화되는 문제를 다양한 측면에서 살필 수 있다. 왓슨은 어떤 죄가 더 무거워지는 몇 가지 경우를 언급했으며, 그의 논의는 이 주제의 심각성을 잘 드러내 준다. 여기서는 그중 일부를 다루어 보려 한다.

첫째, 기독교적인 삶의 의무들을 고의로 무시할 때 우리의 죄가 가중된다. "그들은 하나님 말씀을 읽는 것이 신자의 의무임을 알면서도, 마치 녹슨 갑옷처럼 성경책을 옆에다 방치한다.……그들은 가족 기도의 필요를 느끼지만, 몇 달이 지나도록 기도하지 않는다. 하나님을 자기 아버지라고 부르지만, 좀처럼 그분의 은총을 구하지 않는다."[6]

둘째, 다른 이들의 죄를 지적하면서도 똑같은 모습으로 살아갈 때 우리의 죄가 가중된다.[롬 2:1] [7] 다른 사람의 눈에서 티를 빼려 하기 전에, 먼저 자기 눈의 들보를 제거해야 한다. 그래야 위선자가 되는 일을 피할 수 있다.[마 7:4-5]

셋째, 하나님 앞에서 엄숙히 행한 서약을 깨뜨릴 때 우리의 죄가 가중된다. "하나님께 헌신을 맹세한 뒤에 자기 영혼을 마귀에게 파는 자는 가장 무거운 유죄 판결 아래 놓인다."[8] 하나님 앞에서 행한 서약을 위반하기보다, 차라리 아무것도 서약하지 않는 편이 낫다.[전 5:5]

넷째, 신실한 벗들의 조언과 권면을 듣고도 악한 행실을 고집할 때 우리의 죄가 가중된다.[잠 27:6] 하나님은 믿음직한 조언자들을 주셔서, 우리로 그분의 뜻을 더 깊이 알아 가게 하셨다. 그들의 권고를 거부하는 것은 곧 그들을 보내 주신 하나님의 섭리를 배척하는 일이다.

다섯째, 하나님의 경고를 듣고도 어떤 죄를 범할 때 우리의 죄가 가중된다.[히 10:24-31] "하나님의 예리한 진노가 죄인의 가슴팍을 겨누지만, 그들은 여전히 죄를 짓는다. 그분의 심판에 대한 두려움보다 악한 행실이 주는 쾌락이 더 크게 느껴지기 때문이다.……그들은 결국 하나님의 불같은 진노가 쏟아질 것을 알면서도 그 악한 길을 고집한다. 이들은 성령님의 조명과 경고를 거스르면서 고의로 죄를 짓는다."[9]

여섯째, 하나님의 징벌 아래서도 계속 죄를 지을 때 우리의 죄는 가중된다. 예를 들어 어떤 그리스도인 남성이 도박하다가 큰돈을 잃고 자기 가족을 위기에 빠뜨릴 수 있다. 이런 상황 속에서도 여전히 도박장에 드나든다면, 그 허물은 더 무거워진다. 유다의 아하스 왕은 "곤고할 때에" 더욱 우상 숭배에 몰두하는 죄를 범했다.대하 28:22 그는 마땅히 회개하며 하나님께로 돌아서야 했지만, 여전히 불신앙의 태도를 고수했다. 이처럼 하나님의 심판 아래서도 끝까지 죄의 길로 갈 때, 우리는 자신의 악행을 뉘우치는 자들보다 더 중한 죄책을 짊어지게 된다.

일곱째, 자신의 죄들을 뽐내고 자랑할 때 우리의 죄가 가중된다. 우리가 대담하고 뻔뻔한 자세로 어떤 죄를 범할 때, 이는 연약함 때문에 죄를 짓고 눈물로 회개하는 이들의 경우보다 훨씬 악한 일이 된다.계 22:15, 롬 1:28-32 바울은 당시 고린도의 그리스도인들 사이에 바로 이런 문제가 있음을 지적했다. "너희 중에 심지어 음행이 있다 함을 들으니 그런 음행은 이방인 중에서도 없는 것이라. 누가 그 아버지의 아내를 취하였다 하는도다. 그리하고도 너희가 오히려 교만하여져서 어찌하여 통한히 여기지 아니하고 그 일 행한 자를 너희 중에서 쫓아내지 아니하였느냐?"고전 5:1-2

여덟째, 다른 이들이 죄를 짓게 만들 때 우리의 죄가 가중된다. 이단에 속한 거짓 교사가 사람들을 오류에 빠뜨린다든지, 한 소년이 동생을 꾀어서 이웃집의 물건들을 같이 파손하는 일 등이 그런 경우다. 다른 이들을 자기 죄에 연루시킬 때, 우리의 허물은 더욱 무거워진다. 주님은 이렇게 경고하셨다. "누구든지 나를 믿는 이 작은 자들 중 하나라도 실족하게 하면 차라리 연자맷돌이 그 목에 매여 바다에 던져지는 것이 나으리라."막 9:42

적용

우리의 모든 죄는 하나님 앞에 정죄를 받아 마땅하다. 하지만 그 죄들이 다 똑같이 나쁜 것은 아니다. 어떤 죄가 얼마나 심각한지 판단하기 위해서는 그 일의 맥락을 고려해야 한다. 이 시대의 목회자들은 흔히 간음을 범하고 교회 헌금을 훔치며 거짓말을 하고서도, 그 일이 들통날 때는 잠시 사역을 쉰 다음에 돌아와서 이렇게 선언하면 된다고 여긴다. "하나님과의 관계가 예전보다 더욱 온전히 회복되었습니다!" 하지만 그들은 안수받은 교회의 직분자들이므로, 그들의 죄는 다른 그리스도인들의 죄보다 더욱 엄중히 다루어야 한다. 물론 그들도 자기 죄를 용서받고 원래의 자리로 회복될 수 있다. 그러나 목회자의 고귀한 소명을 생각할 때, 그들의 삶에는 더 높은 기준이 적용되어야 한다. 이는 우리의 시민적인 삶을 대표하는 정치인들의 경우와 다르지 않다. 모든 죄에는 결과가 따르며, 우리의 죄가 심각할수록 그 결과 역시 그렇다. 어떤 죄의 결과가 중대할 때도 있고, 그렇지 않을 때도 있다. 각각의 죄에는 저마다 다른 징벌이 주어지는 것이다. 예를 들어 한 아이가 과자를 훔쳤다고 해서 사형에 처하지는 않는다. 그러나 어떤 이가 이웃을 살해한 경우, 자기 죄가 그 아이의 죄와 똑같다고 여겨서는 안 된다.

우리는 그리스도 안에 있는 하나님의 은혜에 의지해서, 자신의 죄가 어떻게 가중되는지 늘 살펴야 한다. 죄의 유혹을 받을 때 나는 누구이며 그 죄의 대상은 누구인지, 그리고 내가 범하게 될 죄의 본질은 무엇인지 생각해 볼 필요가 있다. 이는 우리가 죄의 길을 피하는 데 큰 힘이 된다. 그리고 우리 자신의 정체성이 그리스도 안에 있다는 점을 기억해야 한다. 우리는 늘 한 사람의 신자로서 죄를 범하며, 대개는 주위 사람 역시 그런 시각을 품고 바라본다. 하나님이 우리의 하늘 아버지이시기에, 우리가 그분 앞에서 짓는 죄는 더욱 통탄할 만한 것이 된다.

끝으로 우리는 다음의 진리를 늘 붙들어야 한다. 이는 우리 죄가 심각하며 그 허물이 종종 가중될지라도, 그보다 더 큰 은혜를 베푸시는 구주가 계신다는 것이다. 찬송가 '놀랍다 주님의 큰 은혜'^{Grace Greater Than Our Sin}에서 고백하듯이, 주님은 "비할 수 없는 그 은혜를 믿는 자에게 거저" 베푸신다. 그것은 진실로 "우리의 모든 죄보다 더 큰 은혜"이며, 우리가 범할 수 있는 최악의 죄보다 더 깊은 은혜다.

18 } 하지 않는 죄: 사랑은 어디에[1]

먹을 것을 주지 아니하였다

죄 문제를 다룰 때, 우리는 하나님이 금하신 일들만을 생각하며 그분이 하라고 명하신 일은 소홀히 여기는 성향이 있다. 우상 숭배에 빠지면 하나님을 멀리하고 그들 자신에게만 몰두한다. 그런데 이와 더불어 다른 이들에게 선을 행하는 일 역시 멀리하게 된다.

웨스트민스터 소요리문답 14문에서는 죄를 이렇게 정의한다. "하나님의 법을 순종함에 부족한 것이나 혹은 어기는 것." 이 정의는 물론 완벽한 것이 아니지만, 이 장에서 우리가 살펴볼 내용과 일치한다. 간단히 말해, 죄는 곧 하나님이 명하신 일을 하지 않거나 그분이 금하신 일을 행하는 것이다. 그분이 "하라!" 하신 일들을 외면하고, "하지 말라!" 하신 일들을 저지르는 것이 우리의 모습이다. 예수님은 당시의 바리새인들이 그릇 행하는 것을 보고 몹시 분노하셨다. 그들이 하나님께서 금하신 일들을 행할 뿐 아니라, 그분이 명하신 일들 역시 외면했기 때문이다. 이는 모두 하나님의 말씀을 거스르는 일이었다. 예수님은 그 바리새인들을 향해 이렇게 말씀하셨다. "화 있을진

죄란 무엇인가

저, 외식하는 서기관들과 바리새인들이여! 너희가 박하와 회향과 근채의 십일조는 드리되 율법의 더 중한 바 정의와 긍휼과 믿음은 버렸도다. 그러나 이것도 행하고 저것도 버리지 말아야 할지니라."마 23:23 당시 그들은 자비롭고 신실하신 하나님의 백성답게 살지 못했으며, 그로 인해 정죄를 받았다.

최후 심판의 날에 하나님은 우리가 그분의 뜻대로 행하지 않은 죄들을 지적하실 것이다. 예수님은 그날에 악한 자들이 지옥에 가게 될 이유를 이렇게 설명하셨다. "내가 주릴 때에 너희가 먹을 것을 주지 아니하였고 목마를 때에 마시게 하지 아니하였고 나그네 되었을 때에 영접하지 아니하였고 헐벗었을 때에 옷 입히지 아니하였고 병들었을 때와 옥에 갇혔을 때에 돌보지 아니하였느니라."마 25:42-43 이처럼 죄인들은 이 땅의 삶에서 미처 행하지 않았던 일들 때문에 영원한 형벌을 받게 된다.

범행인 동시에 누락인 우리의 죄

성경에서는 그리스도인들이 죄를 피하는 동시에 의를 실천해야 한다는 점을 분명히 밝힌다.엡 4:25-32 우리는 그저 골방이나 수도원에 몸을 숨기고는 '이제 하나님이 금하신 쾌락을 피할 수 있으니까 아무 문제가 없다'고 여길 수 없다. 이는 우리의 선한 행실로써 사람들 앞에 진리의 빛을 널리 드러내야 하기 때문이다.마 5:16 이를테면 우리를 핍박하는 이들까지 긍휼히 여기면서 화평을 추구해야 한다.마 5:9-15 때로는 사람들이 부당하게 대할지라도, 우리는 오직 선으로 악을 이기도록 부르심을 받았다.

우리 그리스도인들은 하나님의 뜻과 그분의 법을 배웠기에, 그분 앞에서 옳은 일을 행할 더 큰 책임을 진다. 야고보는 이렇게 선포한다. "사람이 선을 행할 줄 알고도 행하지 아니하면 죄니라."^{약 4:17} 17세기 후반에 잉글랜드의 궁정에서 전한 설교에서, 에드워드 스틸링플리트¹⁶³⁵⁻¹⁶⁹⁹는 이렇게 표현했다. "이 야고보서의 말씀에는 매우 [두려운] 함의가 담겨 있습니다."[2] 실제로 그 일을 두렵게 여길 만한 이유가 있다. 적극적인 범행의 죄와 소극적인 누락의 죄는 서로 밀접히 연관되어 있기 때문이다. 토머스 맨턴은 이렇게 언급한다. "이 문제를 자세히 살필 때, 사람들의 죄 가운데는 범행^{commission}과 누락^{omission}의 측면이 모두 담겨 있음을 알게 된다. 하나님의 법을 거슬러서 어떤 일을 범할 때, 그들은 그분을 향한 자신의 의무를 경시하는 셈이다. 그들이 이같이 행하는 이유는 무언가를 하나님보다 더 사랑하고 중시하기 때문이다."[3] 같은 맥락에서 스펄전은 다음과 같이 언급했다. "어떤 의미에서, 하나님의 법을 거스르는 죄는 모두 '누락의 죄'로 분류될 수 있다. 모든 적극적인 범행 가운데는 일종의 누락 역시 포함되어 있기 때문이다. 죄를 범하는 자들의 마음속에는 늘 하나님을 향한 경건한 두려움이 결여되어 있다. 그렇지 않았다면, 그들은 결코 그 불순종의 일을 행하지 못했을 것이다."[4]

그런데 적극적인 범행과 누락 사이의 구분 자체는 여전히 유효하다. 엘리와 그 아들들의 경우, 능동적으로 악을 행한 것은 바로 그 아들들이었다("그의 아들들이……회막 문에서 수종 드는 여인들과 동침하였[다]"^{삼상 2:22}). 하지만 엘리는 그들의 악행을 제지하지 못했기에 마땅히 '누락'의 책임을 져야 했다.^{삼상 3:13}

죄란 무엇인가

그리스도인들의 삶 속에는 옛사람을 벗어 버리는 일과 새사람을 입는 일이 동반된다.[엡 4:22-24] 신자들이 어떤 죄를 범할 때, 그 가운데는 늘 의무의 누락이 포함되어 있다. 우리가 하나님의 법을 어길 때, 이는 곧 그분이 주신 계명들의 원리를 무시하는 것이기 때문이다. 남편이 아내를 거칠게 대할 때, 그는 일곱 번째 계명("간음하지 말라"—옮긴이)을 위반한 자가 된다. 이때 그의 허물 가운데는 아내에게 애정을 담아 부드럽게 말을 건네지 못한 일 역시 포함되는 것이다. 바울은 이렇게 권고한다. "남편들아, 아내를 사랑하며 괴롭게 하지 말라."[골 3:19] 이 권고 속에는 적극적인 명령("아내를 사랑하며")과 소극적인 금지령("괴롭게 하지 말라")이 모두 담겨 있다. 물론 아내를 괴롭히지 않는 것 역시 사랑의 한 형태다. 하지만 그 금지령을 지키기 위해 침묵한 것만으로는 아내 사랑의 명령을 다 지켰다고 할 수 없다. '나는 아예 입을 다물어 버릴 거야. 그러면 말다툼도 없을 테니까'라고 생각하는 이들은 적극적인 사랑의 명령을 간과하고 만다.

누락의 심각성

우리는 흔히 하나님이 금하신 일들을 행하는 것을 최악의 죄로 여긴다. 하지만 맨턴에 따르면 "많은 경우, 적극적인 범행보다 누락의 죄들이 더 사악하고 가증한 성격을 띤다. 이 세상을 황폐하게 만드는 것은 대부분 누락의 죄들이다."[5] 이 문제에 관해, 스틸링플리트는 다음과 같이 설명한다. "우리는 늘 하나님을 바라보고 의지하는 마음의 성향과 습관을 품어야 한다.……이것은 흔히 '하나님 사랑'으로 지칭되는 내적인 태도로서, 죄를 사랑하는 일과는 정반대된다."[6] 인간에게는 창조주 하나님을 사랑할 의무가 있지만, 그들 자신의 죄 때문에 그 일에 실패하고 만다. 하지만 하나님을 사랑하라는 성경의 명령은 여전히 유효하며, 이는 그리스도 안에 있든 바깥에 있든 똑같이 적용된다. 실제로 그 일을 행할 능력을 지닌 것은 우리 신자들뿐이다. 우리는 성령 안에서 마음과 생각을 하나님과 그리스도께 고정함으로써 그 의무를 감당할 수 있다.

맨턴은 누락의 죄에 관해 다음과 같이 언급한다. "사악한 범행을 저지를 때, 우리는 분명한 양심의 가책과 수치에 시달린다. 하지만 [누락으로 인한] 죄의 경우, 미처 깨닫지 못하는 사이에 우리 마음이 조금씩 굳어져서 하나님의 계명들을 경시하게 된다."[7] 나아가 누락의 죄를 지을 때, 적극적인 범행을 저지를 가능성 역시 커진다. 맨턴은 이렇게 덧붙인다. "매일 겸손히 하나님 말씀에 귀 기울이지 않는 이들은 중대한 죄를 범하게 되기 쉽다. 어떤 사람이 선을 행하지 않을 때, 결국 악을 행하는 자가 되고 만다."[8] 다윗이 밧세바와 간음한 것은 그가 이미 빠져 있었던 누락의 죄 때문이었다. 당시 그는 마땅히 하나님 나라의 전투에 출전해야 했지만 그러지 않았다.^{삼하 11:1} 다윗은 이처럼 자기 의무를 소홀히 했기에 하나님과 가족, 이웃을 상대로 큰 죄를 지은 것이다. 이와 마찬가지로 적극적인 범행의 죄 역시 소극적인 누락의 죄를 불러오며, 의로운 일을 행하려는 의지가 점점 약해짐에 따라 그렇게 된다. 예를 들어 어떤 죄에 빠진 사람이 그로 인해 성경 읽기를 멈추거나 교회 출석을 그만두는 것은 흔한 일이다. 그들은 자신 안에 내주하시는 성령님의 사역을 소멸시키고 있기 때문이다.^{살전 5:19}

많은 세상 사람들은 심지어 스스로를 선량하게 여긴다. 그들이 생각하기에 자신은 '진짜 나쁜 일'을 저지르지 않았기 때문이다. 한 예로 그들은 이렇게 주장한다. "나는 아무도 죽이지 않았어요." 하지만 그들은 이보다 덜 심각한 죄들 역시 하나님의 계명을 어긴 일이 된다는 점을 간과하고 있다. 예수님은 "살인하지 말라"는 계명을 언급하신 뒤,^{마 5:21} 형제에게 분을 품은 자들까지도 "심판을 받게" 될 것임을 선언하신다.^{22절} 다른 이들에게 분노하는 이는 마음속으로 살인을 저지른 것과 다름없기 때문이다. 비록 물리적인 살인만큼 사악한 행위는 아니더라도, 그것은 여전히 살인이다. 웨스트민스터 대요리문답 135문에서는 이렇게 언급한다.

> 여섯 번째 계명에서 요구하는 의무는, 우리 자신과 다른 이들의 생명을 보존하기 위해 모든 측면에서 주의 깊게 숙고하며 노력을 기울이라는 것입니다. 우리는 누군가의 생명을 부당하게 해칠 수 있는 온갖 생각과 목표에 저항하며, 악한 정욕을 제어하고, 그럴 위험성이 있는 모든 기회와 유혹, 관행을 피해야 합니다. 또 폭력에 맞서 모든 이의 생명을 정당하게 옹호하고, 하나님의 섭리를 인내로써 견디며, 평온한 마음과 활기찬 정신을 유지해야 합니다. 그리고 음식과 음료, 약과 잠, 노동과 오락을 신중하게 활용하며, 자비와 사랑, 긍휼을 드러내고, 온유하고 너그러우며 친절한 마음을 품어야 합니다. 또 부드럽고 정중하며 평화적인 언행을 실천하고, 관용과 화해를 베풀며, 자신이 받은 상처를 끈기 있게 감내하고 용서해야 합니다. 또한 악을 선으로 갚으며, 고통받는 이들을 위로하며 구제하고, 무고한 이들을 보호하며 지켜 주어야 합니다.

이처럼 다른 사람에 대한 관용이 부족한 것 역시 이 여섯째 계명과 결부되며, 소극적인 누락의 죄가 된다.

위에서 언급한 '선량한' 사람들의 경우, 그들이 실제로 살인을 저지르지는 않았겠지만, 위의 문답에서 보여주듯 여섯째 계명 가운데는 인간의 생명을 힘써 보존할 의무 역시 포함됨을 깨닫지 못하고 있다. 우리는 자신의 선한 행실과 "부드럽고 정중한 언행", 그리고 "자신이 받은 상처를 끈기 있게 감내하고 용서하는" 일들을 통해 "다른 이들의 생명을 보존하도록" 부름받은 이들이다. 이 일에 실패하는 것은 곧 죄다.

종교적인 누락의 죄

다니엘의 이야기는 여러 면에서 우리에게 감명을 준다. 특히 극심한 핍박 속에서 기도 생활을 이어 간 이야기는 더욱 그렇다. 다니엘은 자신이 주님께 기도하는 것을 금하는 왕의 칙령이 내려졌음을 알았다. 하지만 그는 여전히 "전에 하던 대로 하루 세 번씩 무릎을 꿇고 기도하며 그의 하나님께 감사하였[다]."단 6:10 이처럼 다니엘은 하나님과의 교제를 유지하면서 그분 앞에 감사의 기도를 이어 갔다. 오늘날 많은 이들은 아무 위협이 없는데도 기도와 감사를 소홀히 한다. 하지만 다니엘은 자기 목숨이 위태로움을 알면서도 끝까지 기도했다. 우리는 늘 사람보다 하나님께 순종하는 것이 마땅함을 기억해야 한다.행 5:29

어떤 의무는 그리스도인의 삶에서 타협 불가능한 성격을 띤다. 그 의무들을 소홀히 할 때 하나님과 동행하는 일에 치명적인 문제를 겪을 것이다. 한 예로, 우리는 매일 기도에 전념해야 한다. 이는 주님이 일용할 양식을 구하도록 분부하셨기 때문에 특히 그렇다.마 6:11 회개 역시 평생의 습관이 되어야 한다. 스틸링플리트에 따르면, "우리가 죄를 범했음을 깨달을 때마다 회개의 자리로 나아가야 한다. 이 회개가 누락될 때 우리의 죄책이 더 무거워진다."9 사람들은 흔히 회개할 일이 생길 때도 그 일을 간과하는데, 이는 하나님의 자녀에게 무척 해로운 삶의 자세다. 그리스도인에게는 분명한 사죄의 확신과 회개가 필요하기 때문이다. 참회개는 하나님이 베푸시는 구원의 은혜이며, 이를 통해 하나님이 그리스도 안에서 우리의 모든 허물을 용서해 주신다는 확신을 얻는다.

우리가 하나님 말씀에 관해 무지한 것 역시 누락의 죄가 될 수 있다. 성경 읽기를 일부러 외면하거나 기독교의 가르침 듣기를 게을리하는 이들의 경우가 그렇다. 오늘날 성경은 수많은 나라의 언어로 번역되어 있다. 하지만 많은 사람들은 이 귀한 보물을 무시하며 소홀히 한다. 교부 히에로니무스347?-420는 이렇게 지적했다.

나는 다음과 같은 그리스도의 분부를 좇아, 성경을 바르게 해석하려고 애쓴다. "성경을 부지런히 연구하고 찾으라. 그러면 나를 발견하게 될 것이다." 이같이 노력할 때, 주님은 나를 이렇게 책망하지 않으실 것이다. "[네가] 성경도, 하나님의 능력도 알지 못하는 고로 오해하였도다." 바울은 그리스도께서 하나님의 능력이자 지혜이심을 선포했으며, 성경을 알지 못하는 이들은 그 능력과 지혜를 깨달을 수 없다. 그렇기에 성경에 대한 무지는 곧 그리스도에 대한 무지가 된다.10

하나님 말씀을 믿음으로 읽고 깨달을 때 우리는 그리스도 안에서 자란다. 지속적인 성경 묵상과 연구를 통해, 죄악 된 생각과 유혹의 독소를 우리 마음속에서 제거해 나가야 한다. 이 일을 소홀히 할 때, 우리는 세상의 온갖 그릇되고 불경건한 주장들 앞에 그대로 노출된다. 함께 모여 예배하는 일을 게을리하는 일이 위험한 이유는 바로 이 때문이다. 히브리서에서는 이렇게 말한다. "서로 돌아보아 사랑과 선행을 격려하며 모이기를 폐하는 어떤 사람들의 습관과 같이 하지 말고 오직 권하여 그 날이 가까움을 볼수록 더욱 그리하자."히 10:24-25 의무(공예배)를 누락하는 이들은 대개 여러 다른 의무(개인 예배와 가정 예배, 주중에 말씀의 인도를 받는 일 등)도 소홀히 한다. 이처럼 함께 모여 하나님 말씀으로 양육받지 못할 때, 우리의 심령은 굶주리게 된다. 또 함께 주님의 살과 피를 먹고 마시지 않을 때, 우리는 중요한 은혜의 방편을 놓치고 만다. 이때에는 결국 어떤 인간이나 사물이 그분의 자리를 대신하게 될 것이다.

우리는 창조주 하나님의 영광을 드러내지 못하고 오히려 그분께 냉담한 마음을 품을 때가 많다. 우리는 그리스도인의 의무를 제대로 감당하지 못했으며, 하나님의 뜻보다 사람들의 생각을 중시하면서 두려움에 사로잡히곤 했다. 우리가 진리를 옹호하는 데 종종 실패하는 이유는, 하나님의 칭찬보다 사람들의 칭찬을 더 사랑하기 때문이다.요 12:43

도로시 세이어즈는 7대 중죄 중 하나인 나태함sloth이 소극적인 누락의 죄임을 잘 보여준다. 그것은 그 중죄에 속한 다른 죄들에 대한 형벌이다. 그녀는 이렇게 언급한다. "나태의 죄에 빠진 이들은 아무

것도 믿지 않고, 어떤 것에도 마음을 쓰지 않으며, 아무것도 알려 하지 않고, 어떤 일에도 개입하지 않는다. 그들은 아무 일도 즐거워하지 않으며, 사랑하거나 미워하는 대상도 전혀 없다. 그들은 어떤 일에서도 의미를 찾지 못하며, 아무런 삶의 목적을 발견하지 못한다. 그들이 살아 있는 것은 그저 죽을 이유가 없기 때문이다."[11] 우리는 하나님의 영광에 대한 자신의 게으름과 무관심을 흔히 '타인에 대한 배려와 관용'으로 포장한다. 하지만 그분의 이름과 영광을 위한 의로운 투쟁에 헌신하지 못하는 이유는 대개 나태함의 죄 때문이다.

적용

이 죄에 관해 그리스도인에게는 두 가지 자세가 요구된다. 첫째로 우리가 세상을 떠나기 전에 하나님과 대화를 나눌 수 있다면, 아마도 아일랜드의 제임스 어셔 대주교Archbishop James Usher, 1581-1656가 임종 때에 남겼던 고백을 드려야 할 것이다. "오, 주님! 나를 용서하소서. 특히 내가 지은 누락의 죄들을 사해 주소서."[12]

둘째, 우리는 예수 그리스도께서 우리를 위해 하나님 앞에서 어떻게 순종하셨는지 깨닫고 깊이 경탄해야 한다. 그분은 이 땅의 삶에서 죄짓는 일을 멀리했을 뿐 아니라, 하나님의 법과 계명들에 적극적으로 순종하셨다. 주님은 늘 하나님과 이웃을 향한 사랑으로 충만한 분이셨다. 우리가 믿음으로 주님을 영접할 때, 그분의 이 순전하신 의가 우리에게 전가된다. 하나님이 우리를 배척하시지 않는 이유는 이제 우리가 그리스도 안에서 그분의 법을 성취한 이들이 되었기 때문이다. 이제는 주님의 의가 온전히 우리의 것이 되었다. 어떤 이가 조금이라도 자신의 순종에 근거해서 하나님 앞에 설 수 있으며 또한 영생에 들어갈 수 있다고 여긴다면, 이는 인간의 광기가 얼마나 극심할 수 있는지를 보여주는 셈이다. 우리의 죄는 바다의 모래처럼 헤아릴 수 없이 많지만, 그리스도는 자신의 온전하고 흠이 없는 의로써 우리의 곤경에 응답하신다. 다른 누구도 우리에게 줄 수 없는 구원을 그분이 베풀어 주신다. 그리스도인이든 비그리스도인이든, 온 인류의 가장 큰 필요는 바로 죄인을 구원하기 위해 이 세상에 오신 그분을 만나는 것이다.^{딤전 1:15}

들어가는 말

1. *Rock You Like a Hurricane*, 독일의 록 밴드 스콜피언스가 1984년에 발표한 노래 제목—옮긴이

2. Ralph Venning, *Sin, the Plague of Plagues* (London, 1669), 211.

3. Thomas Watson, *The Doctrine of Repentance, Useful for These Times* (London, 1668), 137. (『회개』 복 있는 사람)

4. Thomas Brooks, *The Select Works of the Rev. Thomas Brooks*, 6 vols. (London: L.B. Seeley & Son, 1824), 1:41.

5. 같은 책, 1:41.

6. David Clarkson, *The Works of David Clarkson*, 2 vols. (Edinburgh: James Nichol, 1865), 216.

01 } 죄의 기원: 마귀의 편에 설 때

1. *Sympathy for the Devil*, 영국의 록 밴드 롤링 스톤스가 1968년에 발표한 노래 제목—옮긴이

2. G. C. Berkouwer, *Sin*, trans. Philip C. Holtrop (Grand Rapids: Eerdmans, 1971), 10-11.

3. Herman Bavinck, *Reformed Dogmatics*, 4 vols., trans. John Vriend, ed. John Bolt (Grand Rapids: Baker, 2006), 3:28-29. (『개혁교의학』 부흥과개혁사)

4. Thomas Watson, *A Body of Divinity* (Edinburgh: Banner of Truth Trust, 1974), 140-42. (『신학의 체계』 CH북스)

5. 같은 책, 137.

6. Augustine, *The Enchiridion on Faith, Hope and Love*, trans. J. F. Shaw (Washington, DC: Regnery, 1996), 33 (8.27). (『신망애 편람』 마르투스)

7. John Owen, *The Works of John Owen*, 24 vols., edited by W. H. Goold (Edinburgh: T&T Clark, 1850-53), 8:35.

8. John Duncan, *Colloquia Peripatetica: Deep-Sea Soundings*, 5th edition (Edinburgh: R. & R. Clark, 1879), 94.

02 } 죄의 전염력: 이렇게 태어났을 뿐

1. *Born This Way*, 미국의 아티스트인 레이디 가가가 2011년에 발표한 노래 제목—옮긴이

2. Thomas Goodwin, *The Works of Thomas Goodwin*, 12 vols., ed. Thomas Smith (Edinburgh: James Nichol, 1861-1866; repr. Grand Rapids: Reformation Heritage Books, 2006), 6:54.

3. Herman Bavinck, *Reformed Dogmatics*, 4 vols., trans. John Vriend, ed. John Bolt (Grand Rapids: Baker, 2006), 3:292. (『개혁교의학』 부흥과개혁사)

4. John Owen, *The Works of John Owen*, 24 vols., ed. W. H. Goold (Edinburgh: T&T Clark, 1850-53), 3:168-69.

5. Stephen Charnock, *The Complete Works of Stephen Charnock*, 5 vols. (Edinburgh: James Nichol, 1864-66; repr. Edinburgh: Banner of Truth Trust, 1985), 4:194.

6. Henri Blocher, *Original Sin: Illuminating the Riddle*, NSBT, ed. D. A. Carson (Grand Rapids: Eerdmans, 1997), 84. Reinhold Neibuhr, *Man's Nature and His Communities* (New York: Scribner's, 1965), 24의 내용을 언급한 Ted Peters, *Radical Evil in Soul and Society* (Grand Rapids: Eerdmans, 1994), 326에서 다시 인용함.

7. *The New-England Primer: Improved for the More Easy Attaining the True Reading of English* (Boston: Edward Draper, 1777), 9.

8. Thomas Watson, *A Body of Divinity* (Edinburgh: Banner of Truth Trust, 1974), 144. (『신학의 체계』 CH북스)

9. Goodwin, *Works*, 10:9을 보라.

10. 같은 책, 10:10-11.

11. 같은 책, 10:12.

12. 같은 책, 10:17-19.

13. Owen, *Works*, 5:324.

14. 같은 책, 5:324.

15. 이 점에 관해서는 John Murray, *The Imputation of Adam's Sin* (Grand Rapids: Eerdmans, 1959), 43을 보라. (『아담의 죄는 왜 원죄인가』 형상사)

16. Owen, *Works*, 5:324.

17. Goodwin, *Works*, 10:15.

18. Francis Turretin, *Institutes of Elenctic Theology*, 3 vols., ed. James T. Dennison Jr., trans. George Musgrave Giger (Phillipsburg, NJ: P&R, 1992), 9.9.17. (『변증신학 강요』 부흥과개혁사)

19. Owen, *Works*, 5:324.

20. Watson, *Body of Divinity*, 132.

21. John Calvin, *Institutes of the Christian Religion*, ed. John T. McNeill, trans. Ford Lewis Battles (Philadelphia: Westminster Press, 1960), II.1.8. (『기독교강요』 CH북스)

22. Goodwin, *Works*, 4:154.

23. "Sin," in *The New Bible Dictionary* (Downers Grove, IL: IVP, 1962).

24. Canons of Dort III/IV, Article 1.

25. 같은 책, Article 1.

26. 같은 책, Article 3.

03 | 죄에는 없는 것: 넌 사랑의 감정을 잃었어

1. *You've Lost That Lovin' Feeling*, 미국의 음악 그룹 라이처스 브라더스가 1965년에 발표한 노래 제목─옮긴이

2. Thomas Goodwin, *The Works of Thomas Goodwin*, 12 vols. ed. Thomas Smith (Edinburgh: James Nichol, 1861–1866; repr. Grand Rapids: Reformation Heritage Books, 2006), 10:85.

3. 같은 책, 10:85.

4. Herman Bavinck, *Reformed Dogmatics*, 4 vols. trans. John Vriend, ed. John Bolt (Grand Rapids: Baker, 2006), 3:136. (『개혁교의학』 부흥과개혁사)

5. Jeremiah Burroughs, *The eighth book of Mr Jeremiah Burroughs. Being a treatise of the evil of evils, or the exceeding sinfulness of sin. Wherein is shewed, 1 There is more evil in the least sin, than there is in the greatest affliction……* (London: Thomas Goodwyn, William Bridge, Sydrach Sympson, William Adderly, William Greenhil, Philip Nye, John Yates, 1654), 11.

6. Bavinck, *Reformed Dogmatics*, 3:137을 보라.

7. 같은 책, 3:139.

8. Francis Turretin, *Institutes of Elenctic Theology*, 3 vols., ed. James T. Dennison Jr., trans. George Musgrave Giger (Phillipsburg, NJ: P&R, 1992), 9.2.57. (『변증신학 강요』 부흥과개혁사)

9. Bavinck, *Reformed Dogmatics*, 3:144.

10. Thomas Manton, *The Complete Works of Thomas Manton*, 22 vols. (London: J. Nisbet, 1870), 4:395-96.

11. Stephen Charnock, *The Complete Works of Stephen Charnock*, 5 vols. (Edinburgh: James Nichol, 1864-66; repr. Edinburgh: Banner of Truth Trust, 1985), 2:230.

12. 같은 책, 2:230.

13. 같은 책, 2:231.

14. 같은 책, 2:231.

15. Augustine, "Homilies on the First Epistle of John," in *Nicene and Post-Nicene Fathers*, ed. Philip Schaff (Grand Rapids: Eerdmans, 1956), 7:505.

16. Bavinck, *Reformed Dogmatics*, 3:145.

17. Robert Kolb and Charles P. Arand, *The Genius of Luther's Theology: A Wittenberg Way of Thinking for the Contemporary Church* (Grand Rapids: Baker Academic, 2008), 104에서 재인용.

04 } 죄에 관한 말들: 어둠 속으로 스러지다

1. *Fade to Black*, 미국의 헤비메탈 밴드 메탈리카가 1984년에 발표한 노래 제목―옮긴이

2. 나는 다음의 책에서 이 진리를 처음으로 접했다. Richard B. Gaffin, *By Faith, Not by Sight* (Phillipsburg, NJ: P&R Publishing, 2013). (『구원이란 무엇인가』 크리스찬출판사)

05 } 죄가 남기는 것: 안녕, 오랜 친구인 어둠이여

1. *Hello Darkness, My Old Friend*, 미국의 포크 듀오 사이먼앤가펑클이 1964년에 발표한 노래 *Sound of Silence*의 첫 소절―옮긴이

2. Thomas Watson, *The Beatitudes: Or, A Discourse Upon Part of Christ's Famous Sermon on the Mount* (London, 1671), 73. (『팔복 해설』 CLC)

3. 같은 책, 73.

4. John Haydon, *The Saints Complaint under the Remains of Indwelling Sin. The Substance of Two Sermons on Rom. vii. 24, etc.* 3rd ed. (London: R. Hett, 1770), 8.

5. Samuel Bolton, *The True Bounds of Christian Freedom* (London, 1656), 18. (『크리스천,

자유를 묻다』 생명의말씀사)

6. C. E. B. Cranfield, *Romans: A Shorter Commentary* (Edinburgh: T&T Clark, 2001), 157.

7. John Owen, *The Works of John Owen*, 24 vols., ed. W. H. Goold (Edinburgh: T&T Clark, 1850-53), 6:158.

8. 같은 책, 6:159.

9. 같은 책, 6:159.

10. 같은 책, 6:159.

11. 같은 책, 6:160을 보라.

12. 같은 책, 6:161.

13. 같은 책, 6:166.

14. 같은 책, 6:167.

15. John Newton, *The Christian Correspondent; or a Series of Religious Letters Written by The Rev. John Newton* (Hull, East Yorkshire, UK: George Prince, 1790), 787. (『존 뉴턴 서한집』 CH북스)

16. Owen, *Works*, 6:191.

17. 같은 책, 6:191.

18. 같은 책, 6:193.

19. Alexander Moody Stuart, *Recollections of the Late John Duncan* (Edinburgh: Edmonston and Douglas, 1872), 150.

06 } 죄를 슬퍼하기: 미안하다는 말이 힘들어

1. *Hard to Say I'm Sorry*, 미국의 록 밴드 시카고가 1982년에 발표한 노래 제목—옮긴이

2. William G. T. Shedd, *Dogmatic Theology*, Volume 1 (New York: Charles Scribner's Sons, 1888), 175.

3. Thomas Goodwin, *The Works of Thomas Goodwin*, 12 vols., ed. Thomas Smith (Edinburgh: James Nichol, 1861-1866; repr. Grand Rapids: Reformation Heritage Books, 2006), 4:155.

4. Stephen Charnock, *The Complete Works of Stephen Charnock*, 5 vols. (Edinburgh: James Nichol, 1864-66; repr. Edinburgh: Banner of Truth Trust, 1985), 2:140.

5. 같은 책, *Works*, 2:140.

6. Goodwin, *Works*, 10:63.

7. 같은 책, 10:63.

8. Thomas Manton, *The Complete Works of Thomas Manton*, 22 vols. (London: James

Nisbet, 1870-1875), 1:209.

9. 같은 책, 1:209.

10. Charnock, *Works*, 5:394.

11. Andrew Bonar, *Memoir and Remains of the Rev. Robert Murray M'Cheyne* (Dundee, UK: Hamilton, Adams, and Co., 1845), 154. (『로버트 맥체인 회고록』 부흥과개혁사)

12. Thomas Brooks, *The Select Works of the Rev. Thomas Brooks*, 6 vols. (London: L.B. Seeley & Son, 1824), 3:392.

13. 같은 책, 3:392.

14. Thomas Watson, *A Body of Practical Divinity in a Series of Sermons on the Shorter Catechism* (Aberdeen, Scotland: George King, 1838), 779. (『웨스트민스터 소요리문답 해설』 CH북스)

15. Charnock, *Works*, 5:391.

16. Brooks, *Works*, 3:397.

17. 같은 책, 3:394.

18. Jonathan Aitken, *John Newton: From Disgrace to Amazing Grace* (Wheaton, IL: Crossway, 2007), 347에서 재인용.

19. John Owen, *The Works of John Owen*, 24 vols., ed. W. H. Goold (Edinburgh: T&T Clark, 1850-53), 2:152.

07 } 죄보다 나은 선택지: 아프지만 좋아

1. *Hurts so Good*, 미국의 가수 존 멜런캠프가 1982년에 발표한 노래 제목— 옮긴이

2. Jeremiah Burroughs, *The eighth book of Mr Jeremiah Burroughs. Being a treatise of the evil of evils, or the exceeding sinfulness of sin. Wherein is shewed, 1 There is more evil in the least sin, than there is in the greatest affliction......* (London: Thomas Goodwyn, William Bridge, Sydrach Sympson, William Adderly, William Greenhil, Philip Nye, John Yates, 1654), 3.

3. 같은 책, 2.

4. William Gurnall, *The Christian in Complete Armour* (London: Thomas Tegg, 1845), 590. (『그리스도인의 전신갑주』 CH북스)

5. Burroughs, *Evil of Evils*, 4-5.

6. 같은 책, 18.

7. 같은 책, 18.

8. 같은 책, 36.

9. 같은 책, 43.

10. 같은 책, 43-44.

11. Richard Sibbes, *The Complete Works of Richard Sibbes*, 7 vols. (Edinburgh: James Nichol, 1863), 1:47.

08 | 은밀한 죄: 네게 마법을 걸었어

1. *I Put a Spell on You*, 미국의 가수 스크리밍 제이 호킨스가 1956년에 발표한 노래 제목—옮긴이

2. Richard Sibbes, *The Complete Works of Richard Sibbes*, 7 vols. (Edinburgh: James Nichol, 1863), 1:145.

3. Stephen Charnock, *The Complete Works of Stephen Charnock*, 5 vols. (Edinburgh: James Nichol, 1864-66; repr. Edinburgh: Banner of Truth Trust, 1985), 1:479.

4. Obadiah Sedgwick, *The Anatomy of Secret Sins, Presumptuous Sins, Sins in Dominion, & Uprightness* (London, 1660), 8. (『하나님의 백성들의 은밀한 죄와 거룩』 지평서원)

5. Sedgwick, *Anatomy of Secret Sins*, 8.

6. John Bunyan, *The Pilgrim's Progress: From This World to That Which Is to Come* (New York: R. Carter & Bros., 1860), 51. (『천로역정』 포이에마)

7. Sedgwick, *Anatomy of Secret Sins*, 9.

8. Thomas Watson, *A Body of Practical Divinity in a Series of Sermons on the Shorter Catechism* (Aberdeen, Scotland: George King, 1838), 793. (『웨스트민스터 소요리문답 해설』 CH북스)

9. Sedgwick, *Anatomy of Secret Sins*, 13.

10. 같은 책, 14.

11. 같은 책, 11.

12. 같은 책, 14-15.

13. 같은 책, 16.

14. John Milton, *The Poetical Works of John Milton*, 4 vols. (London, 1842), 2:45.

15. Sedgwick, *Anatomy of Secret Sins*, 20.

16. 같은 책, 22.

17. Samuel Stanhope Smith, *Sermons on Various Subjects* (London: Printed for J. Mawman, 1801), 303-04.

09 } 고의적인 죄: 지옥행 고속도로

1. *Highway to Hell*, 호주의 록 밴드 AC/DC가 1979년에 발표한 노래 제목—옮긴이
2. Thomas Manton, *The Complete Works of Thomas Manton*, 22 vols. (London: J. Nisbet, 1870), 4:396–97.
3. Obadiah Sedgwick, *The Anatomy of Secret Sins, Presumptuous Sins, Sins in Dominion, & Uprightness* (London, 1660), 54. (『하나님의 백성들의 은밀한 죄와 거룩』 지평서원)
4. Manton, *Works*, 21:341.
5. Sedgwick, *Anatomy of Secret Sins*, 54.
6. 같은 책, 58.
7. 같은 책, 58.
8. Manton, *Works*, 21:343.
9. 같은 책, 21:344.
10. 같은 책, 21:344.
11. 같은 책, 21:345.
12. 같은 책, 21:346.
13. 같은 책, 21:351.
14. John Owen, *The Works of John Owen*, 24 vols., ed. W. H. Goold (Edinburgh: T&T Clark, 1850–53), 3:343.

10 } 교만이라는 죄: 당당하게 일어서

1. *Stand Tall*, 캐나다의 가수 버튼 커밍스가 1976년에 발표한 노래 제목—옮긴이
2. Rebecca Konyndyk DeYoung, *Glittering Vices* (Grand Rapids: Baker, 2020), 21–25, 26, 31, 112, 237.
3. Archibald G. Brown, *Sermons Preached at Stepney Green Tabernacle ... 1868-9* (London: D. Francis, 1879), 73.
4. 같은 책, 73.
5. Richard Newton, *Leaves from the Tree of Life* (London & Edinburgh: William P. Nimmo, 1878), 102.
6. John Calvin, *Institutes of the Christian Religion*, trans. Ford Lewis Battles (Grand Rapids: Eerdmans, 1986), 1.1.1. (『기독교강요』 CH북스)
7. C. S. Lewis, *Mere Christianity* (New York: Simon & Schuster Touchstone edition, 1996), 109. (『순전한 기독교』 홍성사)

죄란 무엇인가

8. Thomas Watson, *The Godly Man's Picture, Drawn with a Scripture-pensil* (Glasgow: John Robertson, 1758), 174-75. (『경건』 복 있는 사람)

9. Brown, *Sermons Preached at Stepney Green Tabernacle*, 73.

10. Benjamin Franklin, *The Autobiography of Benjamin Franklin: 1706-1757* (Chicago: The Lakeside Press, 1903), 139. (『벤저민 프랭클린 자서전』 현대지성사)

11 } 자기애라는 죄: 네게 필요한 건 사랑뿐

1. *All You Need Is Love*, 영국의 록 밴드 비틀즈가 1967년에 발표한 노래 제목―옮긴이

2. Thomas Goodwin, *The Works of Thomas Goodwin*, 12 vols., ed. Thomas Smith (Edinburgh: James Nichol, 1861-1866; repr. Grand Rapids: Reformation Heritage Books, 2006), 10:218.

3. Stephen Charnock, *The Complete Works of Stephen Charnock*, 5 vols. (Edinburgh: James Nichol, 1864-66; repr. Edinburgh: Banner of Truth Trust, 1985), 1:223.

4. 같은 책, 1:224.

5. Thomas Manton, *The Complete Works of Thomas Manton*, 22 vols. (London: J. Nisbet, 1870), 12:68.

6. Charnock, *Works*, 1:224.

7. 같은 책, 1:224.

8. Richard Sibbes, *The Complete Works of Richard Sibbes*, 7 vols. (Edinburgh: James Nichol, 1863), 4:183.

9. Charnock, *Works*, 1:225.

10. Goodwin, *Works*, 10:302.

11. 같은 책, 10:302-303.

12. Charnock, *Works*, 1:224.

12 } 시기심이라는 죄: 이보게, 질투여

1. *Hey Jealousy*, 미국의 록 밴드 진 블라섬이 1992년에 발표한 노래 제목―옮긴이

2. John Milton, *The First Book of Milton's Paradise Lost*, translation and notes by John Hunter (London: Longman, Green, Longman and Roberts, 1861), 7. 강조는 저자의 것. (『실낙원』 CH북스)

3. Harvey Newcomb, *A Practical Directory for Young Christian Females*, 10th ed. (Boston: Massachusetts Sabbath School Society, 1833), 196.

4. 같은 책, 196.
5. 같은 책, 196.
6. 같은 책, 196.
7. 같은 책, 196.
8. Thomas Watson, *The Godly Man's Picture, Drawn with a Scripture-pensil* (Glasgow: John Robertson, 1758), 69. (『경건』 복 있는 사람)

13 } 불신이라는 죄: 믿음을 잃었어

1. *Losing My Religion*, 미국의 록 밴드 R.E.M.이 1991년에 발표한 노래 제목—옮긴이
2. Thomas Goodwin, *The Works of Thomas Goodwin*, 12 vols., ed. Thomas Smith (Edinburgh: James Nichol, 1861-1866; repr. Grand Rapids: Reformation Heritage Books, 2006), 10:231.
3. Stephen Charnock, *The Complete Works of Stephen Charnock*, 5 vols. (Edinburgh: James Nichol, 1864-66; repr. Edinburgh: Banner of Truth Trust, 1985), 4:220.
4. 같은 책, 4:220.
5. John Owen, *The Works of John Owen*, 24 vols., ed. W. H. Goold (Edinburgh: T&T Clark, 1850-53), 5:71-72.
6. Charnock, *Works*, 4:231.
7. 같은 책, 4:232.
8. 같은 책, 4:233.
9. 같은 책, 4:233.
10. 같은 책, 4:233.
11. 같은 책, 4:234.
12. 같은 책, 4:234-35.
13. 같은 책, 4:267.
14. 같은 책, 4:267.
15. 같은 책, 4:268.
16. 같은 책, 4:271.
17. 같은 책, 4:271.

14 } 조종이라는 죄: 벗어나고 싶어

1. *I Want to Break Free*, 영국의 록 밴드 퀸이 1984년에 발표한 노래 제목—옮긴이

15 | 생각으로 짓는 죄: 늘 내 마음속에 있던 너

1. *You Were Always on My Mind*, 미국의 가수 윌리 넬슨이 1982년에 발표한 노래 제목—옮긴이

2. Stephen Charnock, *The Complete Works of Stephen Charnock*, 5 vols. (Edinburgh: James Nichol, 1864-66; repr. Edinburgh: Banner of Truth Trust, 1985), 5:289.

3. Thomas Goodwin, *The Works of Thomas Goodwin*, 12 vols., ed. Thomas Smith (Edinburgh: James Nichol, 1861-1866; repr. Grand Rapids: Reformation Heritage Books, 2006), 3:510.

4. 같은 책, 3:510.

5. Charnock, *Works*, 5:290.

6. 같은 책, 5:291.

7. Goodwin, *Works*, 3:511.

8. 같은 책, 3:511.

9. Charnock, *Works*, 5:292.

10. Goodwin, *Works*, 3:520.

11. Charnock, *Works*, 5:299.

12. Goodwin, *Works*, 3:522.

13. 같은 책, 3:522.

14. 같은 책, 3:516.

15. Charnock, *Works*, 5:299.

16. Goodwin, *Works*, 3:523.

17. Charnock, *Works*, 5:300.

18. Goodwin, *Works*, 5:292.

19. Charnock, *Works*, 4:462.

16 | 죄의 유혹: 네 전부를 원해

1. *I Want It All*, 영국의 록 밴드 퀸이 1989년에 발표한 노래 제목—옮긴이

2. John Owen, *The Works of John Owen* 24 vols., ed. W. H. Goold (Edinburgh: T&T Clark, 1850-53), 6:96.

3. 같은 책, 6:104-05.

4. Thomas Watson, *A Body of Practical Divinity, In a Series of Sermons on the Shorter Catechism* (Aberdeen, Scotland: George King, 1838), 740. (『웨스트민스터 소요리문답 해설』

CH북스)

5. Owen, *Works*, 6:169.
6. 같은 책, 6:110.
7. 같은 책, 6:110.
8. 같은 책, 6:194.
9. Thomas Goodwin, *The Works of Thomas Goodwin*, 12 vols., ed. Thomas Smith (Edinburgh: James Nichol, 1861-1866; repr. Grand Rapids: Reformation Heritage Books, 2006), 10:65.
10. 같은 책, 10:66.
11. Robert Murray M'Cheyne, *Memoir and Remains of the Rev. Robert Murray M'Cheyne* (Dundee, Scotland: William Middleton, 1846), 154.
12. Watson, *A Body of Practical Divinity*, 772.
13. Stephen Charnock, *The Complete Works of Stephen Charnock*, 5 vols. (Edinburgh: James Nichol, 1864-66; repr. Edinburgh: Banner of Truth Trust, 1985), 2:364.
14. John Calvin, *Institutes of the Christian Religion*, ed. John T. McNeill, trans. Ford Lewis Battles (Philadelphia: Westminster Press, 1960), 1.14.13. (『기독교강요』 CH북스)
15. I. D. E. Thomas, comp., *The Golden Treasury of Puritan Quotations* (Chicago: Moody, 1975), 76에서 인용.
16. William Spurstowe, *The Wiles of Satan* (1666; repr. Morgan, PA: Soli Deo Gloria, 2004), 61.
17. William Gurnall, *The Christian in Complete Armour: A Treatise of the Saints' War against the Devil* (1662-1665; repr. Edinburgh: Banner of Truth Trust, 2002), 1:382. (『그리스도인의 전신갑주』 CH북스)
18. 같은 책, 2:76.
19. Thomas Brooks, "Heaven on Earth" in *The Works of Thomas Brooks*, ed. Alexander B. Grosart (1861-1867; repr. Edinburgh: Banner of Truth Trust, 2001), 2:322.
20. John Geree, *The Character of an Old English Puritane or Non-conformist* (London: Printed by A. Miller, 1649), 6.
21. Watson, *A Body of Practical Divinity*, 740.
22. Spurstowe, *The Wiles of Satan*, 90-91.
23. Owen, *Works*, 6:126.
24. Watson, *A Body of Practical Divinity*, 775.
25. Owen, *Works*, 6:113.

죄란 무엇인가

17 } 죄의 크기: 작은 거짓말

1. *Little Lies*, 영국의 록 밴드 플리트우드 맥이 1987년에 발표한 노래 제목—옮긴이
2. Thomas Watson, *A Body of Practical Divinity in a Series of Sermons on the Shorter Catechism* (Aberdeen, Scotland: George King, 1838), 457. (『웨스트민스터 소요리문답 해설』 CH북스)
3. James Fisher, *The Westminster Assembly's Shorter Catechism Explained* (Philadelphia: William S. Young, 1840), 139.
4. 같은 책, 140.
5. 같은 책, 140을 보라.
6. Watson, *A Body of Practical Divinity*, 458.
7. 같은 책, 458.
8. 같은 책, 458.
9. 같은 책, 458-59.

18 } 하지 않는 죄: 사랑은 어디에

1. *Where Is the Love?*, 미국의 팝 음악 그룹 블랙 아이드 피스가 2003년에 발표한 노래 제목—옮긴이
2. Edward Stillingfleet, *A Sermon Concerning Sins of Omission Preached before the King and Queen at White-Hall, on March 18th, 1693/4* (London: Printed by J. H. for Henry Mortlock, 1694), 3.
3. Thomas Manton, *The Complete Works of Thomas Manton*, 22 vols. (London: J. Nisbet, 1870), 10:102.
4. Charles Spurgeon, *Spurgeon's Sermons*, Volume 14:1868 (Woodstock, ON: Devoted Publishing, 2017), 379.
5. Manton, *Works*, 10:103.
6. Stillingfleet, *A Sermon Concerning Sins of Omission*, 9.
7. Manton, *Works*, 10:103-04.
8. 같은 책, 10:104.
9. Stillingfleet, *A Sermon Concerning Sins of Omission*, 10.
10. Jerome, *Commentary on Isaiah Prologue* (CCL 73), 1-3.
11. Dorothy L. Sayers, "The Other Six Deadly Sins," in *Letters to a Diminished Church: Passionate Arguments for the Relevance of Christian Doctrine* (repr. Thomas Nelson,

2004), 98. (『도그마는 드라마다』 IVP)

12. Alan Ford, *James Ussher: Theology, History, and Politics in Early-Modern Ireland and England* (Oxford: Oxford University Press, 2007), 271.

죄란 무엇인가